CODES
D'INSTRUCTION CRIMINELLE,
ET DES
DÉLITS ET DES PEINES.

CODES
D'INSTRUCTION CRIMINELLE,
ET
DES DÉLITS ET DES PEINES,

ÉDITION

CONFORME A L'ÉDITION ORIGINALE DU BULLETIN DES LOIS;

Suivis l'un et l'autre d'une Table Alphabétique et Raisonnée, rédigée avec la plus grande précision, qui réunit, sur chaque matière contenue dans le Code d'Instruction criminelle, toutes les dispositions relatives, et qui indique, à l'article de chaque fonctionnaire ou officier public, toutes les fonctions qui lui appartiennent, ou qu'il est tenu de remplir, en matière criminelle, correctionnelle et de simple police.

AVIGNON,
De l'Imprimerie de J.-J. CARIAS.
1810.

TABLE

DES LIVRES, TITRES, CHAPITRES, etc.

LIVRE SECOND.

DE LA JUSTICE.

Fin de la Table des livres, titres, chapitres, etc.

CODE
D'INSTRUCTION
CRIMINELLE.

(Décrété le 17 novembre 1808. Promulgué le 27 du même mois.)

DISPOSITIONS PRÉLIMINAIRES.

ART. 1 L'ACTION pour l'application des peines n'appartient qu'aux fonctionnaires auxquels elle est confiée par la loi.

L'action en réparation du dommage causé par un crime, par un délit ou par une contravention, peut être exercée par tous ceux qui ont souffert de ce dommage.

2. L'action publique pour l'application de la peine s'éteint par la mort du prévenu.

L'action civile, pour la réparation du dommage, peut être exercée contre le prévenu et contre ses représentants.

L'une et l'autre action s'éteignent par la prescription, ainsi qu'il est réglé au livre II, titre VII, chapitre V, *de la Prescription*.

3. L'action civile peut être poursuivie en même temps et devant les mêmes juges que l'action publique.

Elle peut aussi l'être séparément, dans ce cas, l'exercice en est suspendu, tant qu'il n'a pas été prononcé définitivement sur l'action publique intentée avant ou pendant la poursuite de l'action civile.

4. La renonciation à l'action civile ne peut arrêter ni suspendre l'exercice de l'action publique.

5. Tout Français qui se sera rendu coupable, hors du territoire de France, d'un crime attentatoire à la sûreté de l'État, de contrefaction du sceau de l'État, de monnoies nationales ayant cours, de papiers nationaux, de billets de banque autorisés par la loi, pourra être poursuivi, jugé et puni en France, d'après les dispositions des lois françaises.

6. Cette disposition pourra être étendue aux étrangers qui, auteurs ou complices des mêmes crimes, seraient arrêtés en France, ou dont le Gouvernement obtiendrait l'extradition.

7. Tout Français qui se sera rendu coupable, hors du territoire de l'Empire, d'un crime contre un Français, pourra, à son retour en France, y être poursuivi et jugé s'il n'a pas été poursuivi et jugé en pays étranger, et si le Français offensé rend plainte contre lui.

LIVRE PREMIER.

DE LA POLICE JUDICIAIRE, ET DES OFFICIERS DE POLICE QUI L'EXERCENT.

CHAPITRE PREMIER.

De la Police judiciaire.

8. La police judiciaire recherche les crimes, les délits et les contraventions, en rassemble les preuves, et en livre les auteurs aux tribunaux chargés de les punir.

9. La police judiciaire sera exercée sous l'autorité des cours impériales, et suivant les distinctions qui vont être établies,

Par les gardes champêtres et les gardes forestiers,

Par les commissaires de police,

Par les maires et les adjoints de maire,

Par les procureurs impériaux et leurs substituts

Par les juges de paix,

Par les officiers de gendarmerie,

Par les commissaires généraux de police,

Et par les juges d'instruction.

10. Les préfets des départements, et le préfet de police à Paris, pourront faire personnellement, ou requérir les officiers de police judiciaire, chacun en ce qui le concerne, de faire tous actes nécessaires à l'effet de constater les crimes, délits et contraventions, et d'en livrer les auteurs aux tribunaux chargés de les punir, conformément à l'article 8 ci-dessus.

CHAPITRE II.

Des Maires, des Adjoints de Maire, et des Commissaires de Police.

11. Les commissaires de police, et dans les communes où il n'y en a point, les maires, au défaut de ceux-ci, les adjoints de maire, rechercheront les contraventions de police, même celles qui sont sous la surveillance spéciale des gardes forestiers et champêtres, à l'égard desquels ils auront concurrence et même prévention.

Ils recevront les rapports, dénonciations et plaintes, qui seront relatifs aux contraventions de police.

Ils consigneront dans les procès-verbaux qu'ils rédigeront à cet effet, la nature et les circonstances des contraventions, le temps et le lieu où elles auront été commises, les preuves ou indices à la charge de ceux qui en seront présumés coupables.

12. Dans les communes divisées en plusieurs arrondissements, les commissaires de police exerceront ces fonctions dans toute l'étendue de la commune où ils sont établis, sans pouvoir alléguer que les contraventions ont été commises hors de l'arrondissement particulier auquel ils sont préposés.

Ces arrondissements ne limitent ni ne circonscrivent leurs pouvoirs respectifs, mais indiquent seulement les termes dans lesquels chacun d'eux est plus spécialement astreint à un exercice constant et régulier de ses fonctions.

13 Lorsque l'un des commissaires de police d'une même commune se trouvera légitimement empêché, celui de l'arrondissement voisin est

tenu de le suppléer, sans qu'il puisse retarder le service pour lequel il sera requis, sous prétexte qu'il n'est pas le plus voisin du commissaire empêché, ou que l'empêchement n'est pas légitime ou n'est pas prouvé.

14. Dans les communes où il n'y a qu'un commissaire de police, s'il se trouve légitimement empêché, le maire, ou à défaut de celui-ci, l'adjoint de maire le remplacera, tant que durera l'empêchement.

15. Les maires ou adjoints de maire remettront à l'officier par qui sera rempli le ministère public près le tribunal de police, toutes les pièces et renseignements dans les trois jours au plus tard, y compris celui où ils ont reconnu le fait sur lequel ils ont procédé.

CHAPITRE III.

Des Gardes champêtres et forestiers.

16. Les gardes champêtres et les gardes forestiers, considérés comme officiers de police judiciaire, sont chargés de rechercher, chacun dans le territoire pour lequel ils auront été assermentés, les délits et les contraventions de police qui auront porté atteinte aux propriétés rurales et forestières.

Ils dresseront des procès-verbaux, à l'effet de constater la nature, les circonstances, le temps, le lieu des délits et des contraventions, ainsi que les preuves et les indices qu'ils auront pu en recueillir.

Ils suivront les choses enlevées, dans les lieux où elles auront été transportées, et les mettront en séquestre; ils ne pourront néanmoins s'introduire dans les maisons, ateliers, bâtiments, cours adjacentes et enclos, si ce n'est en présence soit du juge de paix, soit de son suppléant, soit du commissaire de police, soit du maire du lieu, soit de son adjoint; et le procès-verbal qui devra en être dressé, sera signé par celui en présence duquel il aura été fait.

Ils arrêteront et conduiront devant le juge de paix ou devant le maire, tout individu qu'ils auront surpris en flagrant délit, ou qui sera dénoncé par la clameur publique, lorsque ce délit emportera la peine d'emprisonnement, ou une peine plus grave.

Ils se feront donner, pour cet effet, main-forte par le maire ou par l'adjoint de maire du lieu, qui ne pourra s'y refuser.

17. Les gardes champêtres et forestiers sont, comme officiers de police judiciaire, sous la surveillance du procureur impérial, sans préjudice de leur subordination à l'égard de leurs supérieurs dans l'administration.

18. Les gardes forestiers de l'administration, des communes et des établissements publics, remettront leurs procès-verbaux au conservateur, inspecteur ou sous-inspecteur forestier, dans le délai fixé par l'article 15.

L'officier qui aura reçu l'affirmation, sera tenu, dans la huitaine, d'en donner avis au procureur impérial.

19. Le conservateur, inspecteur ou sous-inspecteur, fera citer les prévenus ou les personnes civilement responsables devant le tribunal correctionnel.

20. Les procès-verbaux des gardes champêtres des communes, et ceux des gardes champêtres et forestiers des particuliers, seront, lorsqu'il s'agira de simples contraventions, remis par eux dans le délai fixé par l'article 15, au commissaire de police de la commune chef-lieu de la

justice de paix, ou au maire dans les communes où il n'y a point de commissaire de police; et lorsqu'il s'agira d'un délit de nature à mériter une peine correctionnelle, la remise sera faite au procureur impérial.

21. Si le procès-verbal a pour objet une contravention de police, il sera procédé par le commissaire de police de la commune chef-lieu de la justice de paix, par le maire, ou, à son défaut, par l'adjoint de maire, dans les communes où il n'y a point de commissaire de police, ainsi qu'il sera réglé au chapitre 1.er, titre 1.er, du livre 2 du présent Code.

CHAPITRE IV.

Des Procureurs Impériaux et de leurs substituts.

SECTION PREMIÈRE.

De la Compétence des Procureurs impériaux relativement à la Police judiciaire.

22. Les procureurs impériaux sont chargés de la recherche et de la poursuite de tous les délits dont la connaissance appartient aux tribunaux de police correctionnelle, ou aux cours spéciales, ou aux cours d'assises.

23. Sont également compétents pour remplir les fonctions déléguées par l'article précédent, le Procureur impérial du lieu du crime ou délit, celui de la résidence du prévenu, et celui du lieu où le prévenu pourra être trouvé.

24. Ces fonctions, lorsqu'il s'agira de crimes ou de délits commis hors du territoire français, dans les cas énoncés aux articles 5, 6 et 7, seront remplies par le procureur impérial du lieu où résidera le prévenu, ou par celui du lieu où il pourra être trouvé, ou par celui de sa dernière résidence connue.

25. Les procureurs impériaux et tous autres officiers de police judiciaire, auront, dans l'exercice de leurs fonctions, le droit de requérir directement la force publique.

26. Le procureur impérial sera, en cas d'empêchement, remplacé par son substitut, ou, s'il a plusieurs substituts, par le plus ancien.

S'il n'a pas de substitut, il sera remplacé par un juge commis à cet effet par le président.

27. Les procureurs impériaux seront tenus, aussitôt que les délits parviendront à leur connaissance, d'en donner avis au procureur général près la cour impériale, et d'exécuter ses ordres relativement à tous actes de police judiciaire.

28. Ils pourvoiront à l'envoi, à la notification et à l'exécution des ordonnances qui seront rendues par le juge d'instruction, d'après les règles qui seront ci-après établies au chapitre des juges d'instruction.

SECTION II.

Mode de procéder des Procureurs impériaux dans l'exercice de leurs fonctions.

29. Toute autorité constituée, tout fonctionnaire ou officier public, qui, dans l'exercice de ses fonctions, acquerra la connaissance d'un crime ou d'un délit, sera tenu d'en donner avis sur-le-champ au procureur impérial près le tribunal dans le ressort duquel ce crime ou délit aura été commis, ou dans lequel le prévenu pourrait être trouvé, et de transmettre à ce magistrat tous les renseignements, procès-verbaux et actes qui y sont relatifs.

30. Toute personne qui aura été témoin d'un attentat, soit contre la sûreté publique; soit

contre la vie ou la propriété d'un individu, sera pareillement tenue d'en donner avis au procureur impérial, soit du lieu du crime ou délit, soit du lieu où le prévenu pourra être trouvé.

31. Les dénonciations seront rédigées par les dénonciateurs, ou par leurs fondés de procuration spéciale, ou par le procureur impérial s'il en est requis; elles seront toujours signées par le procureur impérial à chaque feuillet, et par les dénonciateurs ou par leurs fondés de pouvoir.

Si les dénonciateurs ou leurs fondés de pouvoir ne savent ou ne veulent pas signer, il en sera fait mention.

La procuration demeurera toujours annexée à la dénonciation, et le dénonciateur pourra se faire délivrer, mais à ses frais, une copie de sa dénonciation.

32. Dans tous les cas de flagrant délit, lorsque le fait, sera de nature à entraîner une peine afflictive ou infamante, le procureur impérial se transportera sur le lieu, sans aucun retard, pour y dresser les procès-verbaux nécessaires à l'effet de constater le corps du délit, son état, l'état des lieux, et pour recevoir les déclarations des personnes qui auroient été présentes, ou qui auroient des renseignements à donner.

Le procureur impérial donnera avis de son transport au juge d'instruction, sans être toutefois tenu de l'attendre, pour procéder ainsi qu'il est dit au présent chapitre.

33. Le procureur impérial pourra aussi, dans le cas de l'article précédent, appeler à son procès-verbal les parens, voisins ou domestiques présumés en état de donner des éclaircissements sur le fait; il recevra leurs déclarations, qu'ils signeront; les déclarations reçues en conséquence du présent article et de l'article précédent,

seront signées par les parties, ou, en cas de refus, il en sera fait mention.

34 Il pourra défendre que qui que ce soit sorte de la maison, ou s'éloigne du lieu, jusqu'après la clôture de son procès-verbal.

Tout contrevenant à cette défense sera, s'il peut être saisi, déposé dans la maison d'arrêt : la peine encourue pour la contravention, sera prononcée par le juge d'instruction, sur les conclusions du procureur impérial, après que le contrevenant aura été cité et entendu ; ou par défaut, s'il ne comparaît pas, sans autre formalité ni délai, et sans opposition ni appel.

La peine ne pourra excéder dix jours d'emprisonnement et cent francs d'amende.

35. Le procureur impérial se saisira des armes et de tout ce qui paraîtra avoir servi ou avoir été destiné à commettre le crime ou le délit, ainsi que de tout ce qui paraîtra en avoir été le produit, enfin de tout ce qui pourra servir à la manifestation de la vérité : il interpellera le prévenu de s'expliquer sur les choses saisies qui lui seront représentées ; il dressera du tout procès-verbal, qui sera signé par le prévenu, ou mention sera faite de son refus.

36. Si la nature du crime ou du délit est telle, que la preuve puisse vraisemblablement être acquise par les papiers ou autres pièces et effets en la possession du prévenu, le procureur impérial se transportera de suite dans le domicile du prévenu, pour y faire la perquisition des objets qu'il jugera utiles à la manifestation de la vérité.

37. S'il existe dans le domicile du prévenu des papiers ou effets qui puissent servir à conviction ou à décharge, le procureur impérial en dressera procès-verbal, et se saisira desdits effets ou papiers.

38. Les objets saisis seront clos et cachetés, si faire se peut, ou s'ils ne sont pas susceptibles de recevoir des caractères d'écriture, ils seront mis dans un vase ou dans un sac, sur lequel le procureur impérial attachera une bande de papier qu'il scellera de son sceau.

39. Les opérations prescrites par les articles précédents seront faites en présence du prévenu, s'il a été arrêté; et s'il ne veut ou ne peut y assister, en présence d'un fondé de pouvoir qu'il pourra nommer. Les objets lui seront présentés à l'effet de les reconnaître et de les parapher, s'il y a lieu; et, au cas de refus, il en sera fait mention au procès-verbal.

40. Le procureur impérial, audit cas de flagrant délit, et lorsque le fait sera de nature à entraîner peine afflictive ou infamante, fera saisir les prévenus présents contre lesquels il existerait des indices graves.

Si le prévenu n'est pas présent: le procureur impérial rendra une ordonnance à l'effet de le faire comparaître; cette ordonnance s'appelle *mandat d'amener*.

La dénonciation seule ne constitue pas une présomption suffisante pour décerner cette ordonnance contre un individu ayant domicile.

Le procureur impérial interrogera sur-le-champ le prévenu amené devant lui.

41. Le délit qui se commet actuellement, ou qui vient de se commettre, est un flagrant délit.

Sera aussi réputé flagrant délit, le cas où le prévenu est poursuivi par la clameur publique, et celui où le prévenu est trouvé saisi d'effets, armes, instruments ou papiers faisant présumer qu'il est auteur ou complice, pourvu que ce soit dans un temps voisin du délit.

42. Les procès-verbaux du procureur impé-

rial, en exécution des articles précédents, seront faits et rédigés en la présence et revêtus de la signature du commissaire de police de la commune dans laquelle le crime ou le délit aura été commis, ou du maire, ou de l'adjoint du maire, ou de deux citoyens domiciliés dans la même commune.

Pourra néanmoins le procureur impérial dresser les procès-verbaux sans assistance de témoins, lorsqu'il n'y aura pas possibilité de s'en procurer de suite.

Chaque feuillet du procès-verbal sera signé par le procureur impérial, et par les personnes qui y auront assisté. En cas de refus ou d'impossibilité de signer de la part de celles-ci, il en sera fait mention.

43. Le procureur impérial se fera accompagner, au besoin, d'une ou de deux personnes, présumées par leur art ou profession capables d'apprécier la nature et les circonstances du crime ou délit.

44. S'il s'agit d'une mort violente, ou d'une mort dont la cause soit inconnue et suspecte, le procureur impérial se fera assister d'un ou de deux officiers de santé, qui feront leur rapport sur les causes de la mort et sur l'état du cadavre.

Les personnes appelées, dans les cas du présent article et de l'article précédent, prêteront, devant le procureur impérial, le serment de faire leur rapport et de donner leur avis en leur honneur et conscience.

45. Le procureur impérial transmettra, sans délai, au juge d'instruction, les procès-verbaux, actes, pièces et instruments dressés ou saisis en conséquence des articles précédents, pour être procédé ainsi qu'il sera dit au chapitre *des juges d'instruction*; et cependant le prévenu restera.

restera sous la main de la justice *en état de mandat d'amener*.

46. Les attributions faites ci-dessus au procureur impérial pour les cas de flagrant délit, auront lieu aussi toutes les fois que, s'agissant d'un crime ou délit, même non flagrant, commis dans l'intérieur d'une maison, le chef de cette maison requerra le procureur impérial de le constater.

47. Hors les cas énoncés dans les articles 32 et 46, le procureur impérial, instruit, soit par une dénonciation, soit par toute autre voie, qu'il a été commis, dans son arrondissement, un crime ou un délit, ou qu'une personne qui en est prévenue se trouve dans son arrondissement, sera tenu de requérir le juge d'instruction d'ordonner qu'il en soit informé, même de se transporter, s'il est besoin, sur les lieux à l'effet d'y dresser les procès-verbaux nécessaires, ainsi qu'il sera dit au chapitre *des juges d'instruction*.

CHAPITRE V.

Des officiers de police auxiliaires du Procureur impérial.

48. Les juges de paix, les officiers de gendarmerie, les commissaires généraux de police, recevront les dénonciations de crimes ou de délits commis dans les lieux où ils exercent leurs fonctions habituelles.

49. Dans les cas de flagrant délit, ou dans les cas de réquisition de la part d'un chef de maison, ils dresseront les procès-verbaux, recevront les déclarations des témoins, feront les visites et les autres actes qui sont, auxdits cas, de la compétence des procureurs impériaux; le tout dans les formes et suivant les règles établies au chapitre *des Procureurs impériaux*.

50. Les maires, adjoints de maires et les commissaires de police recevront également les dénonciations, et feront les actes énoncés en l'article précédent, en se conformant aux mêmes règles.

51. Dans les cas de concurrence entre les procureurs impériaux et les officiers de police énoncés aux articles précédents, le procureur impérial fera les actes attribués à la police judiciaire ; s'il a été prévenu, il pourra continuer la procédure, ou autoriser l'officier qui l'aura commencée à la suivre.

52. Le procureur impérial, exerçant son ministère dans les cas des articles 32 et 46, pourra, s'il le juge utile et nécessaire, charger un officier de police auxiliaire de partie des actes de sa compétence

53. Les officiers de police auxiliaires renverront sans délai les dénonciations, procès-verbaux et autres actes par eux faits dans les cas de leur compétence, au procureur impérial, qui sera tenu d'examiner sans retard les procédures, et de les transmettre, avec les réquisitions qu'il jugera convenables, au juge d'instruction.

54. Dans les cas de dénonciation de crimes ou délits autres que ceux qu'ils sont directement chargés de constater, les officiers de police judiciaire transmettront aussi sans délai au procureur impérial les dénonciations qui leur auront été faites, et le procureur impérial les remettra au juge d'instruction avec son réquisitoire.

CHAPITRE VI.

Des Juges d'instruction.

SECTION PREMIÈRE.

Du Juge d'instruction.

55. Il y aura, dans chaque arrondissement communal, un juge d'instruction. Il sera choisi par SA MAJESTÉ parmi les juges du tribunal civil, pour trois ans; il pourra être continué plus long-temps, et il conservera séance au jugement des affaires civiles, suivant le rang de sa réception.

56. Il sera établi un second juge d'instruction dans les arrondissements où il pourrait être nécessaire; ce juge sera membre du tribunal civil.

Il y aura à Paris six juges d'instruction.

57. Les juges d'instruction seront, quant aux fonctions de police judiciaire, sous la surveillance du procureur général impérial.

58. Dans les villes où il n'y a qu'un juge d'instruction, s'il est absent, malade, ou autrement empêché, le tribunal de première instance désignera l'un des juges de ce tribunal pour le remplacer.

SECTION II.

Fonctions du juge d'instruction.

DISTINCTION PREMIÈRE.

Des cas de flagrant délit.

59. Le juge d'instruction, dans tous les cas réputés flagrant délit, peut faire directement, et par lui-même, tous les actes attribués au procureur impérial, en se conformant aux règles établies au chapitre *des procureurs impériaux et de*

leurs substituts. Le juge d'instruction peut requérir la présence du procureur impérial, sans aucun retard néanmoins des opérations prescrites dans ledit chapitre.

60. Lorsque le flagrant délit aura déjà été constaté, et que le procureur impérial transmettra les actes et pièces au juge d'instruction, celui-ci sera tenu de faire, sans délai, l'examen de la procédure.

Il peut refaire les actes ou ceux des actes qui ne lui paraîtraient pas complets.

DISTINCTION II.

De l'Instruction.

§. Ier.

Dispositions générales.

61. Hors les cas de flagrant délit, le juge d'instruction ne fera aucun acte d'instruction et de poursuite qu'il n'ait donné communication de la procédure au procureur impérial. Il la lui communiquera pareillement lorsqu'elle sera terminée; et le procureur impérial fera les réquisitions qu'il jugera convenables, sans pouvoir retenir la procédure plus de trois jours.

Néanmoins le juge d'instruction délivrera, s'il y a lieu, le mandat d'amener, et même le mandat de dépôt, sans que ces mandats doivent être précédés des conclusions du procureur impérial.

62. Lorsque le juge d'instruction se transportera sur les lieux, il sera toujours accompagné du procureur impérial et du greffier du tribunal.

§. II.

Des Plaintes.

63. Toute personne qui se prétendra lésée par un crime ou délit, pourra en rendre plainte et

se constituer partie civile devant le juge d'instruction, soit du lieu du crime ou délit, soit du lieu de la résidence du prévenu, soit du lieu où il pourra être trouvé.

64. Les plaintes qui auraient éte adressées au procureur impérial, seront par lui transmises au juge d'instruction avec son réquisitoire; celles qui auraient été présentées aux officiers auxiliaires de police, seront par eux envoyées au procureur impérial, et transmises par lui au juge d'instruction, aussi avec son réquisitoire.

Dans les matières du ressort de la police correctionnelle, la partie lésée pourra s'adresser directement au tribunal correctionnel, dans la forme qui sera ci-après réglée.

65. Les dispositions de l'article 31 concernant les dénonciations, seront communes aux plaintes.

66. Les plaignants ne seront réputés partie civile, s'ils ne le déclarent formellement, soit par la plainte, soit par acte subséquent; ou s'ils ne prennent par l'un ou par l'autre des conclusions en dommages et intérêts : ils pourront se départir dans les vingt-quatre heures : dans le cas du désistement, ils ne sont pas tenus des frais depuis qu'il aura été signifié, sans préjudice néanmoins des dommages et intérêts des prévenus, s'il y a lieu.

67. Les plaignants pourront se porter partie civile en tout état de cause, jusqu'à la clôture des débats; mais, en aucun cas, leur désistement après le jugement ne peut être valable, quoiqu'il ait été donné dans les vingt-quatre heures de leur déclaration qu'il se porte partie civile.

68. Toute partie civile qui ne demeurera pas dans l'arrondissement communal où se fait l'instruction, sera tenue d'y élire domicile par acte passé au greffe du tribunal.

A défaut d'élection de domicile par la partie civile, elle ne pourra opposer le défaut de signification contre les actes qui auraient dû lui être signifiés, aux termes de la loi.

69. Dans le cas où le juge d'instruction ne serait ni celui du lieu du crime ou délit, ni celui de la résidence du prévenu, ni celui du lieu où il pourra être trouvé, il renverra la plainte devant le juge d'instruction qui pourrait en connaître.

70. Le juge d'instruction compétent pour connaître de la plainte, en ordonnera la communication au procureur impérial, pour être par lui requis ce qu'il appartiendra.

§. III.

De l'audition des Témoins.

71. Le juge d'instruction fera citer devant lui les personnes qui auront été indiquées par la dénonciation, par la plainte, par le procureur impérial ou autrement, comme ayant connaissance, soit du crime ou délit, soit de ses circonstances.

72. Les témoins seront cités par un huissier, ou par un agent de la force publique, à la requête du procureur impérial.

73. Ils seront entendus séparément, et hors de la présence du prévenu, par le juge d'instruction, assisté de son greffier.

74. Ils représenteront, avant d'être entendus, la citation qui leur aura été donnée pour déposer, et il en sera fait mention dans le procès-verbal.

75. Les témoins prêteront serment de dire toute la vérité, rien que la vérité; le juge d'instruction leur demandera leurs noms, prénoms, âge, état, profession, demeure, s'ils sont do-

mestiques, parents ou alliés des parties, et en quel degré : il sera fait mention de la demande et des réponses des témoins.

76 Les dépositions seront signées du juge, du greffier et du temoin, après que lecture lui en aura été faite, qu'il aura déclaré y persister.

Si le témoin ne veut ou ne peut signer, il en sera fait mention.

Chaque page du cahier d'informations sera signée par le juge et par le greffier.

77. Les formalités prescrites par les trois articles précédents, seront remplies, à peine de cinquante francs d'amende contre le greffier, même, s'il y a lieu, de prise à partie contre le juge d'instruction.

78. Aucun interligne ne pourra être fait : les ratures et les envois seront approuvés et signés par le juge d'instruction, par le greffier et par le témoin, sous les peines portées en l'article précédent. Les interlignes, ratures et renvois non approuvés, seront réputés non avenus.

79. Les enfants de l'un et de l'autre sexe au-dessous de l'âge de quinze ans, pourront être entendus par forme de déclaration et sans prestation de serment.

80. Toute personne citée pour être entendue en témoignage, sera tenue de comparaître et de satisfaire à la citation ; sinon elle pourra y être contrainte par le juge d'instuction, qui, à cet effet, sur les conclusions du procureur impérial, sans autre formalité ni délai, et sans appel, prononcera une amende qui n'excédera pas cent francs, et pourra ordonner que la personne citée sera contrainte par corps à venir donner son témoignage.

81. Le témoin ainsi condamné à l'amende sur le premier défaut, et qui, sur la seconde cita-

tion, produira devant le juge d'instruction des excuses légitimes, pourra, sur les conclusions du procureur impérial, être déchargé de l'amende.

82. Chaque témoin qui demandera une indemnité, sera taxé par le juge d'instruction.

83. Lorsqu'il sera constaté par le certificat d'un officier de santé, que des témoins se trouvent dans l'impossibilité de comparaître sur la citation qui leur aura été donnée, le juge d'instruction se transportera en leur demeure, quand ils habiteront dans le canton de la justice de paix du domicile du juge d'instruction.

Si les témoins habitent hors du canton, le juge d'instruction pourra commettre le juge de paix de leur habitation, à l'effet de recevoir leur déposition, et il enverra au juge de paix des notes et instructions qui feront connaître les faits sur lesquels les témoins devront déposer.

84. Si les témoins résident hors de l'arrondissement du juge d'instruction, celui-ci requerra le juge d'instruction de l'arrondissement dans lequel les témoins sont résidants, de se transporter auprès d'eux pour recevoir leurs dépositions.

Dans le cas où les témoins n'habiteraient pas le canton du juge d'instruction ainsi requis, il pourra commettre le juge de paix de leur habitation, à l'effet de recevoir leurs dépositions, ainsi qu'il est dit dans l'article précédent.

85. Le juge qui aura reçu les dépositions, en conséquence des articles 83 et 84 ci-dessus, les enverra closes et cachetées au juge d'instruction du tribunal saisi de l'affaire.

86. Si le témoin auprès duquel le juge se sera transporté, dans les cas prévus par les trois articles précédents, n'était pas dans l'impossi-

bilité de comparaître sur la citation qui lui avait été donnée, le juge décernera un mandat de dépôt contre le témoin et l'officier de santé qui aura délivré le certificat ci-dessus mentionné.

La peine portée en pareil cas sera prononcée par le juge d'instruction du même lieu, et sur la réquisition du procureur impérial, en la forme prescrite par l'article 80.

§. IV.

Des preuves par écrit, et des pièces de conviction.

87. Le juge d'instruction se transportera, s'il en est requis, et pourra même se transporter d'office dans le domicile du prévenu, pour y faire la perquisition des papiers, effets, et généralement de tous les objets qui seront jugés utiles à la manifestation de la vérité.

88. Le Juge d'instruction pourra pareillement se transporter dans les autres lieux où il présumerait qu'on aurait caché les objets dont il est parlé dans l'article précédent.

89. Les dispositions des articles 35, 36, 37, 38 et 39 concernant la saisie des objets dont la perquisition peut être faite par le procureur impérial, dans les cas de flagrant délit, sont communes au juge d'instruction.

90. Si les papiers ou les effets dont il y aura lieu de faire la perquisition, sont hors de l'arrondissement du juge d'instruction, il requerra le juge d'instruction du lieu où l'on peut les trouver, de procéder aux opérations prescrites par les articles précédents.

CHAPITRE VII.

Des Mandats de comparution, de dépôt, d'amener et d'arrêt.

91. Lorsque l'inculpé sera domicilié, et que le fait sera de nature à ne donner lieu qu'à une peine correctionnelle, le juge d'instruction pourra, s'il le juge convenable, ne décerner contre l'inculpé qu'un mandat de comparution, sauf, après l'avoir interrogé, à convertir le mandat en tel autre mandat qu'il appartiendra.

Si l'inculpé fait défaut, le juge d'instruction décernera contre lui un mandat d'amener.

Il décernera pareillement mandat d'amener contre toute personne, de quelque qualité que ce soit, inculpée d'un délit emportant peine afflictive ou infamante.

92. Il peut aussi donner des mandats d'amener contre les témoins qui refusent de comparaître sur la citation à eux donnée, conformément à l'article 80 ; et sans préjudice de l'amende portée en cet article.

93. Dans le cas de mandat de comparution, il interrogera de suite ; dans le cas de mandat d'amener, dans les vingt-quatre heures au plus tard.

94. Il pourra, après avoir entendu les prévenus, et le procureur impérial oui, décerner, lorsque le fait emportera peine afflictive ou infamante, ou emprisonnement correctionnel, un mandat d'arrêt dans la forme qui sera ci-après présentée.

95. Les mandats de comparution, d'amener et de dépôt, seront signés par celui qui les aura décernés, et munis de son sceau.

Le prévenu y sera nommé ou désigné le plus clairement qu'il sera possible.

96. Les mêmes formalités seront observées dans le mandat d'arrêt ; ce mandat contiendra de plus l'énonciation du fait pour lequel il est décerné, et la citation de la loi qui déclare que ce fait est un crime ou délit.

97. Les mandats de comparution, d'amener, de dépôt ou d'arrêt, seront notifiés par un huissier, ou par un agent de la force publique, lequel en fera l'exhibition au prévenu, et lui en délivrera copie.

Le mandat d'arrêt sera exhibé au prévenu, lors même qu'il serait déjà détenu, et il lui en sera délivré copie.

98. Les mandats d'amener, de comparution, de dépôt et d'arrêt, seront exécutoires dans tout le territoire de l'empire.

Si le prévenu est trouvé hors de l'arrondissement de l'officier qui aura délivré le mandat de dépôt ou d'arrêt, il sera conduit devant le juge de paix ou son suppléant, et à leur défaut, devant le maire ou l'adjoint de maire, ou le commissaire de police du lieu, lequel visera le mandat, sans pouvoir en empêcher l'exécution.

99. Le prévenu qui refusera d'obéir au mandat d'amener, ou qui, après avoir déclaré qu'il est prêt à obéir, tentera de s'évader, devra être contraint.

Le porteur du mandat d'amener emploiera, au besoin, la force publique du lieu le plus voisin.

Elle sera tenue de marcher, sur la réquisition contenue dans le mandat d'amener.

100. Néanmoins, lorsqu'après plus de deux jours depuis la date du mandat d'amener, le prévenu aura été trouvé hors de l'arrondissement de l'officier qui a délivré ce mandat, et à une distance de plus de cinq myriamètres du domi-

cile de cet officier, ce prévenu pourra n'être pas contraint de se rendre au mandat; mais alors le procureur impérial de l'arrondissement où il aura été trouvé, et devant lequel il sera conduit, décernera un mandat de dépôt, en vertu duquel il sera retenu dans la maison d'arrêt.

Le mandat d'amener devra être pleinement exécuté, si le prévenu a été trouvé muni d'effets, de papiers ou d'instruments qui feront présumer qu'il est auteur ou complice d'un crime ou délit pour raison duquel il est recherché, quels que soient le délai et la distance dans lesquels il aura été trouvé.

101. Dans les vingt-quatre heures de l'exécution du mandat de dépôt, le procureur impérial qui l'aura délivré en donnera avis, et transmettra les procès-verbaux, s'il en a été dressé, à l'officier qui a décerné le mandat d'amener.

102. L'officier qui a délivré le mandat d'amener, et auquel les pièces sont ainsi transmises, communiquera le tout, dans un pareil délai, au juge d'instruction près duquel il exerce; ce juge se conformera aux dispositions de l'article 90.

103. Le juge d'instruction saisi de l'affaire directement ou par renvoi, en exécution de l'article 90, transmettra, sous cachet, au juge d'instruction du lieu où le prévenu a été trouvé, les pièces, notes et renseignements relatifs au délit, afin de faire subir interrogatoire à ce prévenu.

Toutes les pièces seront ensuite également renvoyées, avec l'interrogatoire, au juge saisi de l'affaire.

104. Si, dans le cours de l'instruction, le juge saisi de l'affaire décerne un mandat d'arrêt, il pourra ordonner, par ce mandat, que le prévenu

prévenu sera transféré dans la maison d'arrêt du lieu où se fait l'instruction.

S'il n'est pas exprimé dans le mandat d'arrêt que le prévenu sera ainsi transféré, il restera en la maison d'arrêt de l'arrondissement dans lequel il aura été trouvé, jusqu'à ce qu'il ait été statué par la chambre du conseil, conformément aux articles 127, 128, 129, 130, 131, 132 et 133 ci-après.

105. Si le prévenu contre lequel il a été décerné un mandat d'amener ne peut être trouvé, ce mandat sera exhibé au maire ou à l'adjoint, ou au commissaire de police de la commune de la résidence du prévenu.

Le maire, l'adjoint ou le commissaire de police, mettra son visa sur l'original de l'acte de notification.

106. Tout dépositaire de la force publique, et même toute personne, sera tenu de saisir le prévenu surpris en flagrant délit, ou poursuivi, soit par la clameur publique, soit dans les cas assimilés au flagrant délit, et de le conduire devant le procureur impérial, sans qu'il soit besoin de mandat d'amener, si le crime ou délit emporte peine afflictive ou infamante.

107. Sur l'exhibition du mandat de dépôt le prévenu sera reçu et gardé dans la maison d'arrêt établie près le tribunal correctionnel; et le gardien remettra à l'huissier, ou à l'agent de la force publique chargé de l'exécution du mandat, une reconnaissance de la remise du prévenu.

108. L'officier chargé de l'exécution d'un mandat de dépôt ou d'arrêt, se fera accompagner d'une force suffisante pour que le prévenu ne puisse se soustraire à la loi.

Cette force sera prise dans le lieu le plus à portée de celui où le mandat d'arrêt ou de dépôt devra s'exécuter ; et elle est tenue de marcher, sur la réquisition directement faite au commandant et contenue dans le mandat.

109. Si le prevenu ne peut être saisi, le mandat d'arrêt sera notifié à sa dernière habitation ; et il sera dressé procès-verbal de perquisition.

Ce procès-verbal sera dressé en présence des deux plus proches voisins du prévenu que le porteur du mandat d'arrêt pourra trouver ; ils le signeront, ou, s'ils ne savent ou ne veulent pas signer, il en sera fait mention, ainsi que de l'interpellation qui en aura été faite.

Le porteur du mandat d'arrêt fera ensuite viser son procès-verbal par le juge de paix ou son suppléant, ou, à son défaut, par le maire, l'adjoint et le commissaire de police du lieu, et lui en laissera copie.

Le mandat d'arrêt et le procès-verbal seront ensuite remis au greffe du tribunal.

110. Le prevenu saisi en vertu d'un mandat d'arrêt ou de dépôt, sera conduit, sans délai, dans la maison d'arrêt indiquée par le mandat.

111. L'officier chargé de l'exécution du mandat d'arrêt ou de dépôt, remettra le prévenu au gardien de la maison d'arrêt, qui lui en donnera décharge ; le tout dans la forme prescrite par l'article 107.

Il portera ensuite au greffe du tribunal correctionnel les pièces relatives à l'arrestation, et en prendra une reconnoissance.

Il exhibera ces décharge et reconnoissance dans les vingt-quatre heures au juge d'instruction : celui-ci mettra sur l'une et sur l'autre son vu, qu'il datera et signera.

112. L'inobservation des formalités prescrites pour les mandats de comparution, de dépôt, d'amener et d'arrêt, sera punie d'une amende

de cinquante francs au moins contre le greffier, et, s'il y a lieu, d'injonctions au juge d'instruction et au procureur impérial, même de prise à partie s'il y échet.

CHAPITRE VIII.

De la Liberté provisoire et du Cautionnement.

113. La liberté provisoire ne pourra jamais être accordée au prévenu lorsque le titre de l'accusation emportera une peine afflictive ou infamante.

114. Si le fait n'emporte pas une peine afflictive ou infamante, mais seulement une peine correctionnelle, la chambre du conseil pourra, sur la demande du prévenu, et sur les conclusions du procureur impérial, ordonner que le prévenu sera mis provisoirement en liberté, moyennant caution solvable de se représenter à tous les actes de la procédure, et pour l'exécution du jugement, aussitôt qu'il en sera requis.

La mise en liberté provisoire avec caution pourra être demandée et accordée en tout état de cause.

115. Néanmoins les vagabonds et les repris de justice ne pourront, en aucun cas, être mis en liberté provisoire.

116. La demande en liberté provisoire sera notifié à la partie civile, à son domicile ou à celui qu'elle aura élu

117 La solvabilité de la caution offerte sera discutée par le procureur impérial, et par la partie civile, dûment appelée.

Elle devra être justifiée par des immeubles libres; pour le montant du cautionnement et une moitié en sus, si mieux n'aime la caution déposer dans la caisse de l'enregistrement et des domaines le montant du cautionnement en espèces.

118. Le prévenu sera toujours admis à être sa propre caution, soit en déposant le montant du cautionnement, soit en justifiant d'immeubles libres pour le montant du cautionnement, et une moitié en sus, et en faisant, dans l'un ou l'autre cas, la soumission dont il sera parlé ci-après.

119. Le cautionnement ne pourra être au-dessous de cinq cents francs.

Si la peine correctionnelle était à la fois l'emprisonnement et une amende dont le double excéderait cinq cents francs, le cautionnement ne pourrait pas être exigé d'une somme plus forte que le double de cette amende.

S'il avoit résulté du délit un dommage civil appréciable en argent, le cautionnement sera triple de la valeur du dommage, ainsi qu'il sera arbitré, pour cet effet seulement, par le juge d'instruction, sans néanmoins que, dans ce cas, le cautionnement puisse être au-dessous de cinq cents francs.

120. La caution admise fera sa soumission, soit au greffe du tribunal, soit devant notaires, de payer entre les mains du receveur de l'enregistrement le montant du cautionnement, en cas que le prévenu soit constitué en défaut de se représenter.

Cette soumission entraînera la contrainte par corps contre la caution ; une expédition en forme exécutoire en sera remise à la partie civile, avant que le prévenu soit mis en liberté provisoire.

121. Les espèces déposées et les immeubles servant de cautionnement seront affectés par privilège, 1° au paiement des réparations civiles et des frais avancés par la partie civile, 2° aux

amendes ; le tout néanmoins sans préjudice du privilége du trésor public, à raison des frais faits par la partie publique.

Le procureur impérial et la partie civile pourront prendre inscription hypothécaire, sans attendre le jugement définitif. L'inscription prise à la requête de l'un ou de l'autre profitera à tous les deux.

122. Le juge d'instruction rendra, le cas arrivant, sur les conclusions du procureur impérial ou sur la demande de la partie civile, une ordonnance pour le paiement de la somme cautionnée.

Ce paiement sera poursuivi à la requête procureur impérial, et à la diligence du directeur de l'enregistrement. Les sommes recouvrées seront versées dans la caisse de l'enregistrement, sans préjudice des poursuites et des droits de la partie civile.

123. Le juge d'instruction délivrera, dans la même forme et sur les mêmes réquisitions, une ordonnance de contrainte contre la caution ou les cautions d'un individu mis sous la surveillance spéciale du Gouvernement, lorsque celui-ci aura été condamné, par un jugement devenu irrévocable, pour un crime ou pour un délit commis dans l'intervalle déterminé par l'acte de cautionnement.

124. Le prévenu ne sera mis en liberté provisoire sous caution, qu'après avoir élu domicile dans le lieu où siége le tribunal correctionnel, par un acte reçu au greffe de ce tribunal.

125. Outre les poursuites contre la caution, s'il y a lieu, le prévenu sera saisi et écroué dans la maison d'arrêt, en exécution d'une ordonnance du juge d'instruction.

126. Le prévenu qui aurait laissé contraindre

sa caution au paiement, ne sera plus, à l'avenir, recevable, en aucun cas, à demander de nouveau sa liberté provisoire, moyennant caution.

CHAPITRE IX.

Du Rapport des juges d'instruction quand la procédure est complète.

127. Le juge d'instruction sera tenu de rendre compte, au moins une fois par semaine, des affaires dont l'instruction lui est dévolue.

Le compte sera rendu à la chambre du conseil, composé de trois juges au moins, y compris le juge d'instruction; communication préalablement donnée au procureur impérial, pour être par lui requis ce qu'il appartiendra.

128. Si les juges sont d'avis que le fait ne présente ni crime, ni délit, ni contravention, ou qu'il n'existe aucune charge contre l'inculpé, il sera déclaré qu'il n'y a pas lieu à poursuivre, et si l'inculpé avait été arrêté, il sera mis en liberté.

129. S'ils sont d'avis que le fait n'est qu'une simple contravention de police, l'inculpé sera renvoyé au tribunal de police, et il sera remis en liberté, s'il est arrêté.

Les dispositions du présent article et de l'article précédent ne pourront préjudicier aux droits de la partie civile ou de la partie publique, ainsi qu'il sera expliqué ci-après.

130. Si le délit est reconnu de nature à être puni par des peines correctionnelles, le prévenu sera renvoyé au tribunal de police correctionnelle.

Si, dans ce cas, le délit peut entraîner la peine d'emprisonnement, le prévenu, s'il est en arrestation, y demeurera provisoirement.

131. Si le délit ne doit pas entraîner la peine de l'emprisonnement, le prévenu sera mis en liberté, à la charge de se représenter, à jour fixe, devant le tribunal compétent.

132. Dans tous les cas de renvoi, soit à la police municipale, soit à la police correctionnelle, le procureur impérial est tenu d'envoyer, dans les vingt-quatre heures au plus tard, au greffe du tribunal qui doit prononcer, toutes les pièces, après les avoir cotées.

133. Si, sur le rapport fait à la chambre du conseil par le juge d'instruction, les juges ou l'un d'eux estiment que le fait est de nature à être puni de peines afflictives ou infamantes, et que la prévention contre l'inculpé est suffisamment établie, les pièces d'instruction, le procès-verbal constatant le corps du délit, et un état des pièces servant à conviction, seront transmis sans délai, par le procureur impérial, au procureur général de la cour impériale, pour être procédé ainsi qu'il sera dit au chapitre des *Mises en accusation.*

Les pièces de conviction resteront au tribunal d'instruction, sauf ce qui sera dit aux articles 248 et 291.

134. La chambre du conseil décernera, dans ce cas, contre le prévenu, une ordonnance de prise de corps, qui sera adressée, avec les autres pièces, au procureur général.

Cette ordonnance contiendra le nom du prévenu, son signalement, son domicile, s'ils sont connus, l'exposé du fait et la nature du délit.

135. Lorsque la mise en liberté des prévenus sera ordonnée, conformément aux articles 128, 129 et 131 ci-dessus, le procureur impérial, ou la partie civile, pourra s'opposer à leur élargissement. L'opposition devra être formée dans un

délai de vingt-quatre heures, qui courra, contre le procureur impérial à compter du jour de l'ordonnance de mise en liberté, et contre la partie civile à compter du jour de la signification à elle faite de ladite ordonnance au domicile par elle élu dans le lieu où siége le tribunal. L'envoi des pièces sera fait ainsi qu'il est dit à l'article 132.

Le prévenu gardera prison jusqu'après l'expiration du susdit délai.

139. La partie civile qui succombera dans son opposition, sera condamnée aux dommages et intérêts envers le prévenu.

FIN DU LIVRE PREMIER.

LIVRE II.

DE LA JUSTICE.

(Décrété le 19 novembre 1808. Prom. le 29. du même mois.)

TITRE PREMIER.

Des Tribunaux de police.

CHAPITRE PREMIER.

Des Tribunaux de simple police.

137. Sont considérés comme contraventions de police simple, les faits qui, d'après les dispositions du quatrième livre du Code pénal, peuvent donner lieu, soit à quinze francs d'amende ou au-dessous, soit à cinq jours d'emprisonnement ou au-dessous, qu'il y ait ou non confiscation des choses saisies, quelle qu'en soit la valeur.

138. La connaissance des contraventions de police est attribuée au juge de paix et au maire, suivant les règles et les distinctions qui seront ci-après établies.

§. 1er.

Du Tribunal du Juge de paix, comme Juge de police.

139. Les juges de paix connaîtront exclusivement,

1° Des contraventions commises dans l'étendue de la commune chef-lieu du canton;

2° Des contraventions dans les autres communes de leur arrondissement, lorsque, hors les cas où les coupables auront été pris en flagrant délit, les contraventions auront été commises par des personnes non domiciliées ou non présentes dans la commune; ou lorsque les témoins qui doivent déposer n'y sont pas résidants ou presents;

3° Des contraventions à raison desquelles la la partie qui réclame conclut, pour ses dommages et intérêts; à une somme indéterminée ou à une somme excédant quinze francs;

4° Des contraventions forestières poursuivies à la requête des particuliers;

5° Des injures verbales;

6° Des affiches, annonces, ventes, distributions ou débits d'ouvrages écrits ou gravures contraires aux mœurs;

7° De l'action contre les gens qui font le métier de deviner et pronostiquer, ou d'explique les songes.

140. Les juges de paix connaîtront aussi, mais concurremment avec les maires, de toutes autres contraventions commises dans leur arrondissement.

141. Dans les communes dans lesquelles il n'y á qu'un juge de paix, il connaîtra seul des affaires attribuées à son tribunal Les greffiers et les huissiers de la justice de paix feront le service pour les affaires de police.

142. Dans les communes divisées en deux justices de paix ou plus, le service au tribunal de police sera fait successivement par chaque juge de paix, en commençant par le plus ancien: il y aura, dans ce cas, un greffier particulier pour le tribunal de police.

145. Il pourra aussi, dans le cas de l'article

précédent, y avoir deux sections pour la police, chaque section sera tenue par un juge de paix ; et le greffier aura un commis assermenté pour le suppléer.

144. Les fonctions du ministère public, pour les faits de police, seront remplies par le commissaire du lieu où siégera le tribunal ; en cas d'empêchement du commissaire de police, ou s'il n'y en a point, elles seront remplies par le maire, qui pourra se faire remplacer par son adjoint.

S'il y a plusieurs commissaires de police, le procureur général près la cour impérial nommera celui ou ceux d'entre eux qui feront le service.

145. Les citations pour contravention de police seront faites à la requête du ministère public ou de la partie qui réclame.

Elles seront notifiées par un huissier ; il en sera laissé copie au prévenu, ou à la personne civilement responsable.

146 La citation ne pourra être donnée à un délai moindre que vingt-quatre heures, outre un jour par trois myriamètres, à peine de nullité tant de la citation que du jugement qui serait rendu par défaut. Néanmoins cette nullité ne pourra être proposée qu'à la première audience avant toute exception et défense.

Dans les cas urgents, les délais pourront être abrégés et les parties citées à comparaître même dans le jour et à heure indiquée, en vertu d'une cédule délivrée par le juge de paix.

148. Les parties pourront comparaître volontairement et sur un simple avertissement, sans qu'il soit besoin de citation.

149. Avant le jour de l'audience, le juge de paix pourra, sur la réquisitson du ministère public ou de la partie civile, estimer ou faire

estimer les dommages, dresser ou faire dresser des procès-verbaux, faire ou ordonner tous actes requérant célérité.

149. Si la personne citée ne comparait pas au jour et à l'heure fixés par la citation, elle sera jugée par défaut.

150. La personne condamnée par défaut ne sera plus recevable à s'opposer à l'exécution du jugement, si elle ne se présente à l'audience indiquée par l'article suivant, sauf ce qui sera ci-après réglé sur l'appel et le recours en cassation.

151. L'opposition au jugement par défaut pourra être faite par déclaration en réponse au bas de l'acte de signification, ou par acte notifié dans les trois jours de la signification, outre un jour par trois myriamètres.

L'opposition emportera de droit citation à la première audience, après l'expiration des délais, et sera réputée non avenue si l'opposant ne comparait pas.

152. La personne citée comparaîtra par elle-même ou par un fondé de procuration spéciale.

153. L'instruction de chaque affaire sera publique, à peine de nullité.

Elle se fera dans l'ordre suivant :

Les procès-verbaux, s'il y en a, seront lus par le greffier.

Les témoins, s'il en a été appelé par le ministère public ou la partie civile, seront entendus, s'il y a lieu : la partie civile prendra ses conclusions.

La personne citée proposera sa défense et fera entendre ses témoins, si elle en a amené ou fait citer, et si, aux termes de l'article suivant, elle est recevable à les produire.

Le ministère public résumera l'affaire et donnera

nera ses conclusions. La partie citée pourra proposer ses observations.

Le tribunal de police prononcera le jugement dans l'audience où l'instruction aura été terminée, et, au plus tard, dans l'audience suivante.

154. Les contraventions seront prouvées, soit par procès-verbaux ou rapports, soit par témoins à défaut de rapports et procès-verbaux, ou à leur appui.

Nul ne sera admis, à peine de nullité, à faire preuve par témoins outre ou contre le contenu aux procès-verbaux ou rapports des officiers de police ayant reçu de la loi le pouvoir de constater les délits ou les contraventions, jusqu'à inscription de faux. Quant aux procès-verbaux et aux rapports faits par des agents, préposés ou officiers, auxquels la loi n'a pas accordé le droit d'en être crus jusqu'à inscription de faux, ils pourront être débattus par des preuves contraires, soit écrites, soit testimoniales, si le tribunal juge à propos de les admettre.

155. Les témoins feront à l'audience, sous peine de nullité, le serment de dire toute la vérité, rien que la vérité; et le greffier en tiendra note ainsi que de leurs noms, prénoms, âge, profession et demeure, et de leurs principales déclarations.

156. Les ascendants ou descendants de la personne prévenue, ses frères et sœurs ou alliés en pareil degré, la femme ou son mari, même après le divorce prononcé, ne seront ni appelés ni reçus en témoignage, sans néanmoins que l'audition des personnes ci-dessus désignées puisse opérer une nullité, lorsque, soit le ministère public, soit la partie civile, soit le pré-

venu, ne se sont pas opposés à ce qu'elles soient entendues.

157. Les témoins qui ne satisferont pas à la citation, pourront y être contraints par le tribunal, qui, à cet effet et sur la réquisition du ministère public, prononcera dans la même audience, sur le premier défaut l'amende; et en cas d'un second défaut, la contrainte par corps.

158. Le témoin ainsi condamné à l'amende sur le premier défaut, et qui, sur la seconde citation, produira, devant le tribunal, des excuses légitimes, pourra, sur les conclusions du ministère public, être déchargé de l'amende.

Si le témoin n'est pas cité de nouveau, il pourra volontairement comparaître par lui, ou par un fondé de procuration spéciale, à l'audience suivante, pour présenter ses excuses, et obtenir, s'il y a lieu, décharge de l'amende.

159. Si le fait ne présente ni délit ni contravention de police, le tribunal annullera la citation et tout ce qui aura suivi, et statuera par le même jugement sur les demandes en dommages-intérêts.

160. Si le fait est un délit qui emporte une peine correctionnelle ou plus grave, le tribunal renverra les parties devant le procureur impérial.

161. Si le prévenu est convaincu de contravention de police, le tribunal prononcera la peine et statuera par le même jugement sur les demandes en restitution et en dommages-intérêts.

162. La partie qui succombera sera condamnée aux frais, même envers la partie publique.

Les dépens seront liquidés par le jugement.

163. Tout jugement définitif de condamnation

sera motivé, et les termes de la loi appliquée y seront insérés, à peine de nullité.

Il y sera fait mention s'il est rendu en dernier ressort ou en première instance.

164. La minute du jugement sera signée par le juge qui aura tenu l'audience, dans les vingt-quatre heures au plus tard, à peine de vingt-cinq francs d'amende contre le greffier, et de prise à partie, s'il y a lieu, tant contre le greffier que contre le président.

165. Le ministère public et la partie civile poursuivront l'exécution du jugement, chacun en ce qui le concerne.

§. II.

De la jurisdiction des Maires comme juges de police.

166. Les maires des communes non chef-lieux de canton, connaîtront, concurremment avec les juges de paix, des contraventions commises dans l'étendue de leur commune, par les personnes prises en flagrant délit, ou par des personnes qui résident dans la commune, ou qui y sont présentes lorsque les témoins y seront aussi résidants ou présents, et lorsque la partie réclamante conclura pour ses dommages-intérêts à une somme déterminée, qui n'excédera pas celle de quinze francs.

Ils ne pourront jamais connaître des contraventions attribuées exclusivement aux juges de paix par l'article 139, ni d'aucune des matières dont la connaissance est attribuée aux juges de paix considérés comme juges civils.

167. Le ministère public, sera exercé auprès du maire, dans les matières de police, par l'adjoint; en absence de l'adjoint, ou lorsque l'ad-

joint remplacera le maire comme juge de police, le ministère public sera exercé par un membre du conseil municipal, qui sera désigné à cet effet par le procureur impérial, pour une année entière.

168. Les fonctions de greffier des maires dans les affaires de police, seront exercées par un citoyen que le maire proposera, et qui prêtera serment en cette qualité au tribunal de police correctionnelle. Il recevra pour ses expéditions les émolumens attribués au greffier du juge de paix.

169. Le ministère des huissiers ne sera pas nécessaire pour les citations aux parties; elles pourront être faites par un avertissement du maire, qui annoncera au défendeur le fait dont il est inculpé, le jour et l'heure où il doit se présenter.

170. Il en sera de même des citations aux témoins; elles pourront être faites par avertissement qui indiquera le moment où leur déposition sera reçue.

171. Le maire donnera son audience dans la maison commune; il entendra publiquement les parties et les témoins.

Seront, au surplus, observées les dispositions des articles 149, 150, 151, 153, 154, 155, 156, 157, 158, 159 et 160, concernant l'instruction et les jugements au tribunal du juge de paix.

§. III.

De l'Appel des Jugemens de Police.

172. Les jugements rendus en matière de police pourront être attaqués par la voie de l'appel, lorsqu'ils prononceront un emprisonne-

ment, ou lorsque les amendes, restitutions et autres réparations civiles excéderont la somme de cinq francs, outre les dépens.

173. L'appel sera suspensif.

174. L'appel des jugements rendus par le tribunal de police sera porté au tribunal correctionnel. Cet appel sera interjeté dans les dix jours de la signification de la sentence à personne ou à domicile, il sera suivi et jugé dans la même forme que les appels des sentences des justices de paix.

175. Lorsque, sur l'appel, le procureur impérial ou l'une des parties le requerra, les témoins pourront être entendus de nouveau, et il pourra même en être entendu d'autres.

176. Les dispositions des articles précédents sur la solennité de l'instruction, la nature des preuves, la forme, l'authenticité et la signature du jugement définitif, et la condamnation aux frais, ainsi que les peines que ces articles prononcent, seront communes aux jugements rendus, sur l'appel, par les tribunaux correctionnels.

177. Le ministère public et les parties pourront, s'il y a lieu, se pourvoir en cassation contre les jugements rendus en dernier ressort par le tribunal de police, ou contre les jugements rendus par le tribunal correctionnel, sur l'appel des jugements de police.

Le recours aura lieu dans la forme et dans les délais qui seront prescrits.

178. Au commencement de chaque trimestre, les juges de paix et les maires transmettront au procureur impérial l'extrait des jugements de police qui auront été rendus dans le trimestre précédent, et qui auront prononcé

la peine d'emprisonnement. Cet extrait sera délivré sans frais par le greffier.

Le procureur impérial le déposera au greffe du tribunal correctionnel.

Il en rendra un compte sommaire au proureur général près la cour impériale.

CHAPITRE II.

Des Tribunaux en matière correctionnelle.

179. Les tribunaux de première instance en matière civile connaîtront en outre, sous le titre de tribunaux correctionnels, de tous les délits forestiers poursuivis à la requête de l'administration, et de tous les délits dont la peine excède cinq jours d'emprisonnement et quinze francs d'amende.

180. Ces tribunaux pourront, en matière correctionnelle, prononcer au nombre de trois juges.

181. S'il se commet un délit correctionnel dans l'enceinte et pendant la durée de l'audience, le président dressera procès-verbal du fait, entendra le prévenu et les témoins, et le tribunal appliquera, sans désemparer, les peines prononcées par la loi.

Cette disposition aura son exécution pour les délits correctionnels commis dans l'enceinte et pendant la durée des audiences de nos cours, et même des audiences du tribunal civil, sans préjudice de l'appel de droit des jugements rendus dans ces cas par les tribunaux civils ou correctionnels.

182. Le tribunal sera saisi, en matière correctionnelle, de la connaissance des délits de sa compétence, soit par le renvoi qui lui en sera fait d'après les articles 130 et 160 ci-dessus, soit par la citation donnée directement au pré-

venu et aux personnes civilement responsables du délit, par la partie civile, et, à l'égard des délits forestiers, par le conservateur, inspecteur ou sous-inspecteur forestier ou par les gardes généraux, et, dans tous les cas, par le procureur impérial.

183. La partie civile fera, par l'acte de citation, élection de domicile dans la ville où siége le tribunal. La citation énoncera les faits et tiendra lieu de plainte.

184. Il y aura au moins un délai de trois jours, outre un jour par trois myriamètres, entre la citation et le jugement, à peine de nullité de la condamnation qui serait prononcée par défaut contre la personne citée.

Néanmoins cette nullité ne pourra être proposée qu'à la première audience, et avant toute exception ou défense.

185. Dans les affaires relatives à des délits qui n'entraîneront pas la peine d'emprisonnement, le prévenu pourra se faire représenter par un avoué; le tribunal pourra néanmoins ordonner sa comparution en personne.

186. Si le prévenu ne comparaît pas, il sera jugé par défaut.

187. La condamnation par défaut sera comme non avenue, si, dans les cinq jours de la signification qui en aura été faite au prévenu ou à son domicile; outre un jour par cinq myriamètres, celui-ci forme opposition à l'exécution du jugement, et notifie son opposition tant au ministère public qu'à la partie civile.

Néanmoins les frais de l'expédition de la signification du jugement par défaut et de l'opposition, demeureront à la charge du prévenu.

188. L'opposition emportera de droit citation à la première audience; elle sera non avenue si

l'opposant n'y comparait pas, et le jugement que le tribunal aura rendu sur l'opposition, ne pourra être attaqué par la partie qui l'aura formée, si ce n'est par appel, ainsi qu'il sera dit ci-après.

Le tribunal pourra, s'il y échet, accorder une provision, et cette disposition sera exécutoire nonobstant l'appel.

189. La preuve des délits correctionnels se fera de la manière prescrite aux articles 154, 155 et 156 ci-dessus, concernant les contraventions de police. Les dispositions des articles 157, 158, 159, 160 et 161, sont communes aux tribunaux en matière correctionnelle.

190. L'instruction sera publique, à peine de nullité.

Le procureur impérial, la partie civile, ou son défenseur, et à l'égard des délits forestiers, le conservateur, inspecteur ou sous-inspecteur forestier, ou, à leur défaut, le garde général, exposeront l'affaire; les procès-verbaux ou rapports, s'il en a été dressé, seront lus par le greffier; les témoins pour et contre seront entendus, s'il y a lieu, et les reproches proposés et jugés; les pièces pouvant servir à conviction ou à décharge seront représentées aux témoins et aux parties; le prévenu sera interrogé; le prévenu et les personnes civilement responsables proposeront leur défense; le procureur impérial résumera l'affaire et donnera ses conclusions; le prévenu et les personnes civilement responsables du délit pourront répliquer.

Le jugement sera prononcé de suite, ou au plus tard à l'audience qui suivra celle où l'instruction aura été terminée.

191. Si le fait n'est réputé ni délit ni contravention de police, le tribunal annullera l'ins-

truction, la citation et tout ce qui aura suivi, renverra le prévenu, et statuera sur les demandes en dommages et intérêts.

192. Si le fait n'est qu'une contravention de police, et si la partie civile n'a pas demandé le renvoi, le tribunal appliquera la peine, et statuera, s'il y a lieu, sur les dommages-intérêts.

Dans ce cas, son jugement sera en dernier ressort.

193. Si le fait est de nature à mériter une peine afflictive ou infamante, le tribunal pourra décerner de suite le mandat de dépôt ou le mandat d'arrêt; et il renverra le prévenu devant le juge d'instruction compétent.

194. Tout jugement de condamnation rendu contre le prévenu et contre les personnes civilement responsables du délit, ou contre la partie civile, les condamnera aux frais, même envers la partie publique.

Les frais seront liquidés par le même jugement.

195. Dans le dispositif de tout jugement de condamnation, seront énoncés les faits dont les personnes citées seront jugées coupables ou responsables, la peine et les condamnations civiles.

Le texte de la loi dont on fera l'application, sera lu à l'audience par le président; il sera fait mention de cette lecture dans le jugement, et le texte de la loi y sera inséré, sous peine de cinquante francs d'amende contre le greffier.

196. La minute du jugement sera signée au plus tard dans les vingt-quatre heures, par les juges qui l'auront rendu.

Les greffiers qui délivreront expédition d'un jugement avant qu'il ait été signé, seront poursuivis comme faussaires.

Les procureurs impériaux se feront représenter tous les mois les minutes des jugements, et en cas de contravention au présent article, ils en dresseront procès-verbal, pour être procédé ainsi qu'il appartiendra.

197. Le jugement sera exécuté à la requête du procureur impérial et de la partie civile, chacun en ce qui le concerne.

Néanmoins les poursuites pour le recouvrement des amendes et confiscations seront faites au nom du procureur impérial, par le directeur de la régie des droits d'enregistrement et domaines.

198. Le procureur impérial sera tenu, dans les quinze jours qui suivront la prononciation du jugement, d'en envoyer un extrait au procureur général impérial.

199. Les jugements rendus en matière correctionnelle pourront être attaqués par la voie de l'appel.

200. Les appels des jugements rendus en police correctionnelle seront portés des tribunaux d'arrondissement au tribunal du chef-lieu du département.

Les appels des jugements rendus en police correctionnelle; au chef-lieu du département, seront portés au tribunal du chef-lieu du département voisin, quand il sera dans le ressort de la même cour impériale, sans néanmoins que les tribunaux puissent, dans aucun cas, être respectivement juges d'appel de leurs jugements.

Il sera formé un tableau des tribunaux de chef-lieu auxquels les appels seront portés.

201. Dans le département où siége la cour impériale, les appels des jugements rendus en police correctionnelle seront portés à ladite cour.

Seront également portés à l'adite cour les

appels des jugements en police correctionnelle dans le chef-lieu d'un département voisin, lorsque la distance de cette cour ne sera pas plus forte que celle du chef-lieu d'un autre département.

202. La faculté d'appeler appartiendra,

1° Aux parties prévenues ou responsables;

2° A la partie civile, quant à ses intérêts civils seulement,

3° A l'administration forestière;

4° Au procureur impérial du tribunal de première instance, lequel, dans le cas où il n'appellerait pas, sera tenu, dans le délai de quinzaine, d'adresser un extrait du jugement au magistrat du ministère public, près du tribunal ou de la cour qui doit connaître de l'appel;

5° Au ministère public près le tribunal ou la cour qui doit prononcer sur l'appel.

203. Il y aura, sauf l'exception portée en l'article 205 ci-après, déchéance de l'appel, si la déclaration d'appeler n'a pas été faite au greffe du tribunal qui a rendu le jugement, dix jours au plus tard après celui où il a été prononcé; et si le jugement est rendu par défaut, dix jours au plus tard après celui de la signification qui en aura été faite à la partie condamnée ou à son domicile, outre un jour par trois myriamètres.

Pendant ce délai et pendant l'instance d'appel, il sera sursis à l'exécution du jugement.

204. La requête contenant les moyens d'appel pourra être remise, dans le même délai, au même greffe; elle sera signée de l'appelant, ou d'un avoué, ou de tout autre fondé de pouvoir spécial.

Dans ce dernier cas, le pouvoir sera annexé à la requête.

Cette requête pourra aussi être remise directement au greffe du tribunal où l'appel sera porté.

205. Le ministère public près le tribunal ou la cour qui doit connaître de l'appel devra notifier son recours, soit au prévenu, soit à la personne civilement responsable du délit, dans les deux mois à compter du jour de la prononciation du jugement, ou, si le jugement lui a été légalement notifié par l'une des parties, dans le mois du jour de cette notification; sinon il sera déchu.

206. La mise en liberté du prévenu acquitté ne pourra être suspendue, lorsqu'aucun appel n'aura été déclaré ou notifié dans les dix jours de la prononciation du jugement.

207. La requête, si elle a été remise au greffe du tribunal de première instance, et les pièces, seront envoyées, par le procureur impérial, au greffe de la cour ou du tribunal auquel l'appel sera porté, dans les vingt-quatre heures après la déclaration ou la remise de la notification d'appel.

Si celui contre lequel le jugement a été rendu est en état d'arrestation, il sera, dans le même délai, et par ordre du procureur impérial, transféré dans la maison d'arrêt du lieu où siége la cour ou le tribunal qui jugera l'appel.

208. Les jugements rendus par défaut sur l'appel pourront être attaqués par la voie de l'opposition, dans la même forme et dans les mêmes délais que les jugements par défaut rendus par les tribunaux correctionnels.

L'opposition emportera de droit citation à la première audience, et sera comme non avenue, si l'opposant n'y comparaît pas. Le jugement qui interviendra sur l'opposition ne pourra être attaqué

attaqué par la partie qui l'aura formée, si ce n'est devant la cour de cassation.

209. L'appel sera jugé à l'audience, dans le mois, sur un rapport fait par l'un des juges.

210. A la suite du rapport, et avant que le rapporteur et les juges émettent leur opinion, le prévenu, soit qu'il ait été acquitté, soit qu'il ait été condamné, les personnes civilement responsables du délit, la partie civile et le procureur impérial, seront entendus dans la forme et dans l'ordre prescrits par l'article 190.

211. Les dispositions des articles précédents sur la solennité de l'instruction, la nature des preuves, la forme, l'authenticité et la signature du jugement définitif de première instance, la condamnation aux frais, ainsi que les peines que ces articles prononcent, seront communes aux jugements rendus sur l'appel.

212. Si le jugement est réformé, parce que le fait n'est réputé délit ni contravention de police par aucune loi, la cour ou le tribunal renverra le prévenu et statuera, s'il y a lieu, sur ses dommages-intérêts.

213. Si le jugement est annullé, parce que le fait ne présente qu'une contravention de police, et si la partie publique et la partie civile n'ont pas demandé le renvoi, la cour ou le tribunal prononcera la peine, et statuera également, s'il y a lieu, sur les dommages-intérêts.

214. Si le jugement est annullé, parce que le délit est de nature à mériter une peine afflictive ou infamante, la cour ou le tribunal décernera, s'il y a lieu, le mandat de dépôt, et enverra le prévenu devant le fonctionnaire public compétent, autre toutefois que celui qui aura rendu le jugement ou fait l'instruction.

215. Si le jugement est annullé pour violation

ou omission non réparée de formes prescrites par la loi à peine de nullité, la cour ou le tribunal statuera sur le fond.

216. La partie civile, le prévenu, la partie publique, les personnes civilement responsables du délit, pourront se pourvoir en cassation contre le jugement.

TITRE SECOND.

(Décrété le 9 décembre 1808. Promulgué le 19 du même mois.)

Des Affaires qui doivent être soumises au juri.

CHAPITRE PREMIER.

Des Mises en accusation.

217. Le procureur général de la cour impériale, sera tenu de mettre l'affaire en état dans les cinq jours de la réception des pièces qui lui auront été transmises en exécution de l'article 133 ou de l'article 135, et de faire son rapport dans les cinq jours suivants, au plus tard.

Pendant ce temps, la partie civile et le prévenu pourront fournir tels mémoires qu'ils estimeront convenables, sans que le rapport puisse être retardé.

218. Une section de la cour impériale, spécialement formée à cet effet, sera tenue de se réunir, au moins une fois par semaine, à la chambre du conseil, pour entendre le rapport du procureur général et statuer sur ses réquisitions.

219. Le président sera tenu de faire prononcer

la section au plus tard dans les trois jours du rapport du procureur général.

220. Si l'affaire est de la nature de celles qui sont réservées à la haute-cour impériale, ou à la cour de cassation, le procureur général est tenu d'en requérir la suspension et le renvoi, et la section de l'ordonner.

221. Hors le cas prévu par l'article précédent, les juges examineront s'il existe contre le prévenu des preuves ou des indices d'un fait qualifié crime par la loi, et si ces preuves ou indices sont assez graves pour que la mise en accusation soit prononcée.

222. Le greffier donnera aux juges, en présence du procureur général, lecture de toutes les pièces du procès; elles seront ensuite laissées sur le bureau, ainsi que les mémoires que la partie civile et le prévenu auront fournis.

223. La partie civile, le prévenu, les témoins, ne paraîtront point.

224. Le procureur général, après avoir déposé sur le bureau sa réquisition écrite et signée, se retirera ainsi que le greffier.

225. Les juges délibéreront entre eux sans désemparer, et sans communiquer avec personne.

226. La cour statuera, par un seul et même arrêt, sur les délits connexes dont les pièces se trouveront en même temps produites devant elles.

227. Les délits sont connexes, soit lorsqu'ils ont été commis en même temps par plusieurs personnes réunies; soit lorsqu'ils ont été commis par différentes personnes même en différents temps et en divers lieux, mais par suite d'un concert formé à l'avance entre elles; soit lorsque les coupables ont commis les uns pour se procurer les moyens de commettre les autres,

pour en faciliter, pour en consommer l'exécution, ou pour en assurer l'impunité.

228. Les juges pourront ordonner, s'il y échet, des informations nouvelles.

Ils pourront également ordonner, s'il y a lieu, l'apport des pièces servant à conviction, qui seront restées déposées au greffe du tribunal de première instance;

Le tout dans le plus court délai.

229. Si la cour n'aperçoit aucune trace d'un délit prévu par loi, ou si elle ne trouve pas des indices suffisants de culpabilité, elle ordonnera la mise en liberté du prévenu; ce qui sera exécuté sur-le-champ, s'il n'est retenu pour autre cause.

Dans le même cas, lorsque la cour statuera sur une opposition à la mise en liberté du prévenu prononcée par les premiers juges, elle confirmera leur ordonnance; ce qui sera exécuté comme il est dit au précédent paragraphe.

230. Si la cour estime que le prévenu doit être renvoyé à un tribunal de simple police ou à un tribunal de police correctionnelle, elle prononcera le renvoi, et indiquera le tribunal qui doit en connaître.

Dans le cas de renvoi à un tribunal de simple police, le prévenu sera mis en liberté.

231. Si le fait est qualifié crime par la loi, et que la cour trouve des charges suffisantes pour motiver la mise en accusation, elle ordonnera le renvoi du prévenu soit aux assises, soit à la cour spéciale, dans le cas où cette cour serait compétente, d'après les règles établies au titre VI du présent livre.

Si le délit a été mal qualifié dans l'ordonnance de prise de corps, la cour l'annullera, et en décernera une nouvelle.

Si la cour, en prononçant l'accusation du prévenu, statue sur une opposition à sa mise en liberté, elle annullera l'ordonnance des premiers juges, et décernera une ordonnance de prise de corps.

232. Toutes les fois que la cour décernera des ordonnances de prise de corps, elle se conformera au second paragraphe de l'article 134.

233. L'ordonnance de prise de corps, soit qu'elle ait été rendue par les premiers juges, soit qu'elle l'ait été par la cour, sera insérée dans l'arrêt de mise en accusation, lequel contiendra l'ordre de conduire l'accusé dans la maison de justice établie près la cour où il sera renvoyé.

234. Les arrêts seront signés par chacun des juges qui les auront rendus ; il y sera fait mention, à peine de nullité, tant de la réquisition du ministère public, que du nom de chacun des juges.

235. Dans toutes les affaires, les cours impériales, tant qu'elles n'auront pas décidé s'il y a lieu de prononcer la mise en accusation, pourront d'office, soit qu'il y ait ou non une instruction commencée par les premiers juges, ordonner des poursuites, se faire apporter les pièces, informer ou faire informer, et statuer ensuite ce qu'il appartiendra.

236. Dans le cas du précédent article, un des membres de la section dont il est parlé en l'article 218, fera les fonctions du juge instructeur.

237. Le juge entendra les témoins, ou commettra, pour recevoir leurs dépositions, un des juges du tribunal de première instance dans le ressort duquel ils demeurent, interrogera le prévenu, fera constater par écrit toutes les

preuves ou indices qui pourront être recueillis, et décernera, suivant les circonstances, les mandats d'amener, de dépôt ou d'arrêt.

238. Le procureur général fera son rapport dans les cinq jours de la remise que le juge instructeur lui aura faite des pièces.

239. Il ne sera décerné préalablement aucune ordonnance de prise de corps; et s'il résulte de l'examen qu'il y a lieu de renvoyer le prévenu à la cour d'assises, ou à la cour spéciale, ou au tribunal de police correctionnelle, l'arrêt portera cette ordonnance, ou celle de se représenter, si le prévenu a été admis à la liberté sous caution.

240. Seront, au surplus, observées les autres dispositions du présent Code qui ne sont point contraires aux cinq articles précédents.

241. Dans tous les cas où le prévenu sera renvoyé à la cour d'assises ou à la cour spéciale, le procureur général sera tenu de rédiger un acte d'accusation.

L'acte d'accusation exposera, 1° la nature du délit qui forme la base de l'accusation, 2° le fait et toutes les circonstances qui peuvent aggraver ou diminuer la peine; le prévenu y sera dénommé et clairement désigné.

L'acte d'accusation sera terminé par le résumé suivant:

En conséquence N... est accusé d'avoir commis tel meurtre, tel vol, ou tel autre crime, avec telle et telle circonstance.

242. L'arrêt de renvoi et l'acte d'accusation seront signifiés à l'accusé; et il lui sera laissé copie du tout.

243. Dans les vingt-quatre heures qui suivront cette signification, l'accusé sera transféré de la

maison d'arrêt dans la maison de justice établie près la cour où il doit être jugé.

244. Si l'accusé ne peut être saisi ou ne se présente point, on procédera contre lui par contumace, ainsi qu'il sera réglé ci-après au chapitre II du titre IV du présent livre.

245 Le procureur général donnera avis de l'arrêt de renvoi à la cour d'assises ou à la cour spéciale, tant au maire du lieu du domicile de l'accusé, s'il est connu, qu'à celui du lieu où le délit a été commis.

246. Le prévenu à l'égard duquel la cour impériale aura décidé qu'il n'y a pas lieu au renvoi à l'une de ces cours, ne pourra plus y être traduit à raison du même fait, à moins qu'il ne survienne de nouvelles charges.

247. Sont considérés comme charges nouvelles, les déclarations des témoins, pièces et procès-verbaux, qui, n'ayant pu être soumis à l'examen de la cour impériale, sont cependant de nature, soit à fortifier les preuves que la cour aurait trouvées trop faibles, soit à donner aux faits de nouveaux développements utiles à la manifestation de la vérité.

248. En ce cas, l'officier de police judiciaire, ou le juge d'instruction, adressera, sans délai, copie des pièces et charges au procureur général de la cour impériale; et sur la réquisition du procureur général, le président de la section criminelle indiquera le juge devant lequel il sera, à la poursuite de l'officier du ministère public, procédé à une nouvelle instruction conformément à ce qui a été prescrit.

Pourra toutefois le juge d'instruction décerner, s'il y a lieu, sur les nouvelles charges, et avant leur renvoi au procureur général, un mandat de dépôt contre le prévenu qui aurait été déjà mis en liberté d'après les dispositions de l'article 229.

249. Le procureur impérial enverra, tous les huit jours, au procureur général, une notice de toutes les affaires criminelles, de police correctionnelle ou de simple police, qui seront survenues.

250. Lorsque, dans la notice des causes de police correctionnelle ou de simple police, le procureur général trouvera qu'elles présentent des caractères plus graves, il pourra ordonner l'apport des pièces dans la quinzaine seulement de la réception de la notice, pour ensuite être par lui fait, dans un autre délai de quinzaine du jour de la réception des pièces, telles réquisitions qu'il estimera convenables, et par la cour être ordonné, dans le délai de trois jours, ce qu'il appartiendra.

CHAPITRE II.

De la Formation des Cours d'assises.

251. Il sera tenu des assises dans chaque département, pour juger les individus que la cour impériale y aura renvoyés.

252. Dans le département où siége la cour impériale, les assises seront tenues par cinq de ses membres, dont l'un sera président.

Le procureur général, ou l'un de ses substituts, y remplira les fonctions du ministère public.

Le greffier de la cour y exercera ses fonctions.

253. Dans les autres départements, la cour d'assises sera composée, 1° d'un membre de la cour impériale, délégué à cet effet, et qui sera le président des assises; 2° de quatre juges pris parmi les présidents et les juges plus anciens du

tribunal de première instance du lieu de la tenue des assises; 3° d'un substitut du procureur général, qui portera le titre de procureur impérial criminel; 4° du greffier du tribunal de première instance.

254. La cour impériale pourra cependant déléguer un ou plusieurs de ses membres, pour compléter le nombre des quatre juges de la cour d'assises

255. Si le nombre de ces délégués est au-dessous de celui des juges qui, avec le président, doivent composer la cour, ce nombre sera complété dans le tribunal de première instance, suivant la règle établie en l'article 253.

256. Dans tous les cas, les juges auditeurs pourront être envoyés à la cour d'assises, pour y faire le service de juges, si toutefois ils ont l'âge requis.

257. Les membres de la cour impériale qui auront voté sur la mise en accusation, ne pourront, dans la même affaire, ni présider les assises, ni assister le président, à peine de nullité.

Il en sera de même à l'égard du juge d'instruction.

258. Les assises se tiendront ordinairement dans le chef-lieu de chaque département.

La cour impériale pourra néanmoins désigner un tribunal autre que celui du chef-lieu.

259. La tenue des assises aura lieu tous les trois mois.

Elles pourront se tenir plus souvent, si le besoin l'exige.

260. Le jour où les assises doivent s'ouvrir sera fixé par le président de la cour d'assises.

Les assises ne seront closes qu'après que toutes

les affaires criminelles qui étoient en état lors de leur ouverture, y auront été portées.

261. Les accusés qui ne seront arrivés dans la maison de justice qu'après l'ouverture des assises, ne pourront y être jugés que lorsque le procureur général l'aura requis, lorsque les accusés y auront consenti, et lorsque le président l'aura ordonné.

En ce cas, le procureur général et les accusés seront considérés comme ayant renoncé à la faculté de se pourvoir en nullité contre l'arrêt portant renvoi à la cour d'assises.

262. Le arrêts de la cour d'assises ne pourront être attaqués que par la voie de la cassation et dans les formes déterminées par la loi.

263. Si depuis la notification faite aux jurés, en exécution de l'article 389 du présent Code, le président de la cour d'assises se trouve dans l'impossibilité de remplir ses fonctions, il sera remplacé par le plus ancien des autres juges de la cour impériale nommés ou délégués pour l'assister; et, s'il n'a pour assesseur aucun juge de la cour impériale, par le président du tribunal de première instance.

264. Les juges de la cour impériale seront, en cas d'absence ou de tout autre empêchement, remplacés par d'autres juges de la même cour, et, à leur défaut, par des juges de première instance; ceux de première instance le seront par les suppléants.

Les juges auditeurs qui seront présents et auront l'âge requis, concourront pour le remplacement, avec les juges de première instance, suivant l'ordre de leur réception.

265. Le procureur général pourra, même étant présent, déléguer ses fonctions à l'un de ses substituts.

Cette disposition est commune à la cour impériale et à la cour d'assises.

§. Ier.

Fonctions du Président.

266. Le président est chargé, 1° d'entendre l'accusé lors de son arrivée dans la maison de justice ; 2° de convoquer les jurés, et de les tirer au sort.

Il pourra déléguer ces fonctions à l'un des juges.

267. Il sera de plus chargé personnellement de diriger les jurés dans l'exercice de leurs fonctions, de leur exposer l'affaire sur laquelle ils auront à délibérer, même de leur rappeler leur devoir, de présider à toute l'instruction, et de déterminer l'ordre entre ceux qui demanderont à parler.

Il aura la police de l'audience.

268 Le président est investi d'un pouvoir discrétionnaire, en vertu duquel il pourra prendre sur lui tout ce qu'il croira utile pour découvrir la vérité ; et la loi charge son honneur et sa conscience d'employer tous ses efforts pour en favoriser la manifestion.

269. Il pourra, dans le cours des débats, appeler, même par mandat d'amener, et entendre toutes personnes, ou se faire apporter toutes nouvelles pièces qui lui paraîtraient, d'après les nouveaux développements donnés à l'audience, soit par les accusés, soit par les témoins, pouvoir répandre un jour utile sur le fait contesté.

Les témoins ainsi appelés ne prêteront point serment, et leurs déclarations ne seront considérées que comme renseignements.

270. Le président devra rejeter tout ce qui tendrait à prolonger les débats sans donner lieu d'espérer plus de certitude dans les résultats.

§. II.

Fonctions du Procureur général impérial.

271. Le procureur général impérial poursuivra, soit par lui-même, soit par son substitut, toute personne mise en accusation suivant les formes prescrites au chapitre premier du présent titre. Il ne pourra porter à la cour aucune autre accusation, à peine de nullité, et, s'il y a lieu, de prise à partie.

272. Aussitôt que le procureur général ou son substitut aura reçu les pièces, il apportera tous ses soins à ce que les actes préliminaires soient faits, et que tout soit en état, pour que les débats puissent commencer à l'époque de l'ouverture des assises.

273. Il assistera aux débats, il requerra l'application de la peine, il sera présent à la prononciation de l'arrêt.

274. Le procureur général, soit d'office, soit par les ordres du grand-juge, ministre de la justice, charge le procureur impérial de poursuivre les délits dont il a connaissance.

275. Il reçoit les dénonciations et les plaintes qui lui sont adressées directement, soit par la cour impériale, soit par un fonctionnaire public, soit par un simple citoyen, et il en tient registre.

Il les transmet aux procureurs impériaux.

276. Il fait, au nom de la loi, toutes les réquisitions qu'il juge utiles; la cour est tenue de lui en donner acte et d'en délibérer.

277. Les réquisitions du procureur général doivent être de lui signées; celles faites dans le

cours

cours d'un débat seront retenues par le greffier sur son procès-verbal, et elles seront aussi signées par le procureur général : toutes les décisions auxquelles auront donné lieu ces réquisitions, seront signées par le juge qui aura présidé et par le greffier.

278. Lorsque la cour ne déférera pas à la réquisition du procureur général, l'instruction ni le jugement ne seront arrêtés ni suspendus, sauf après l'arrêt, s'il y a lieu, le recours en cassation par le procureur général.

279. Tous les officiers de police judiciaire, même les juges d'instruction, sont soumis à la surveillance du procureur général.

Tous ceux qui, d'après l'article 9 du présent Code, sont, à raison de fonctions même administratives, appelés par la loi à faire quelques actes de la police judiciaire, sont, sous ce rapport seulement, soumis à la même surveillance.

280. En cas de négligence des officiers de police judiciaire et des juges d'instuction, le procureur général les avertira : cet avertissement sera consigné par lui sur un registre tenu à cet effet.

281. En cas de récidive, le procureur général les dénoncera à la cour.

Sur l'autorisation de la cour, le procureur général les fera citer à la chambre du conseil.

La cour leur enjoindra d'être plus exacts à l'avenir, et les condamnera aux frais tant de la citation que de l'expédition et de la signification de l'arrêt.

282. Il y aura récidive, lorsque le fonctionnaire sera repris, pour quelque affaire que ce soit, avant l'expiration d'une année, à compter du jour de l'avertissement consigné sur le registre.

283. Dans tous les cas où les procureurs impériaux et les présidents sont autorisés à remplir les fonctions d'officier de police judiciaire ou de juge d'instruction, ils pourront déléguer au procureur impérial, au juge d'instruction, et au juge de paix même d'un arrondissement communal voisin du lieu du délit, les fonctions qui leur sont respectivement attribuées, autres que le pouvoir de délivrer les mandats d'amener, de dépôt et d'arrêt contre les prévenus.

§. III.

Fonctions du Procureur impérial criminel.

284. Le procureur impérial criminel dont il est parlé en l'article 253, remplacera, près la cour d'assises, le procureur général impérial dans les départements autres que celui où siége la cour impériale, sans préjudice de la faculté que le procureur général aura toujours de s'y rendre lui-même pour y exercer ses fonctions.

285. Ce substitut résidera dans le chef-lieu du département.

286. Si les assises se tiennent dans une autre ville que le chef-lieu, il s'y transportera.

287. Le procureur impérial criminel remplira aussi les fonctions du ministère public dans l'instruction et dans le jugement des appels de de police correctionnelle.

288. En cas d'empêchement momentané, il sera remplacé par le procureur impérial du tribunal de première instance du chef-lieu.

289. Il surveillera les officiers de police judiciaire du département.

290. Il rendra compte au procureur général impérial, une fois tous les trois mois, et plus souvent s'il en est requis, de l'état de la jus-

tice du département, en matière criminelle, de police correctionnelle et de simple police.

CHAPITRE III.

De la Procédure devant la Cour d'assises.

291. Quand l'accusation aura été prononcée, si l'affaire ne doit pas être jugée dans le lieu où siége la cour impériale, le procès sera, par les ordres du procureur général, envoyé, dans les vingt-quatre heures, au greffe du tribunal de première instance du chef-lieu du département, ou au greffe du tribunal qui pourrait avoir été désigné.

Dans tous les cas, les pièces servant à conviction, qui seront restées déposées au greffe du tribunal d'instruction, ou qui auraient été apportées à celui de la cour impériale, seront réunies dans le même délai au greffe où doivent être remises les pièces du procès.

292. Les vingt-quatre heures courront du moment de la signification faite à l'accusé de l'arrêt de renvoi devant la cour d'assises.

L'accusé, s'il est détenu, sera, dans le même délai, envoyé dans la maison de justice du lieu où doivent se tenir les assises.

293. Vingt-quatre heures au plus tard après la remise des pièces au greffe et l'arrivée de l'accusé dans la maison de justice, celui-ci sera interrogé par le président de la cour d'assises, ou par le juge qu'il aura délégué.

294. L'accusé sera interpellé de déclarer le choix qu'il aura fait d'un conseil pour l'aider dans sa défense, sinon le juge lui en désignera un sur-le-champ, à peine de nullité de tout ce qui suivra.

Cette désignation sera comme non avenue,

et la nullité ne sera pas prononcée, si l'accusé choisit un conseil.

295. Le conseil de l'accusé ne pourra être choisi par lui ou désigné par le juge que parmi les avocats ou avoués de la cour impériale ou de son ressort, à moins que l'accusé n'obtienne du président de la cour d'assises la permission de prendre pour conseil un de ses parents ou amis.

296. Le juge avertira de plus l'accusé, que dans le cas où il se croirait fondé à former une demande en nullité, il doit faire sa déclaration dans les cinq jours suivants; et qu'après l'expiration de ce délai, il n'y sera plus recevable.

L'exécution du présent article et des deux précédents sera constatée par un procès-verbal que signeront l'accusé, le juge et le greffier. Si l'accusé ne sait ou ne veut pas signer, le procès-verbal en fera mention.

297. Si l'accusé n'a point été averti, conformément au précédent article, la nullité ne sera pas couverte par son silence; ses droits seront conservés, sauf à les faire valoir après l'arrêt définitif.

298. Le procureur général est tenu de faire sa déclaration dans le même délai à compter de l'interrogatoire, et sous la même peine de déchéance portée en l'article 296.

299. La déclaration de l'accusé et celle du procureur général doivent énoncer l'objet de la demande en nullité.

Cette demande ne peut être formée que contre l'arrêt de renvoi à la cour d'assises, et dans les trois cas suivants:

1° Si le fait n'est pas qualifié crime par la loi;

2° Si le ministère public n'a pas été entendu;

3° Si l'arrêt n'a pas été rendu par le nombre de juges fixé par la loi.

300. La déclaration doit être faite au greffe.

Aussitôt qu'elle aura été reçue par le greffier, l'expédition de l'arrêt sera transmise par le procureur général de la cour impériale au procureur général de la cour de cassation, laquelle sera tenue de prononcer, toutes affaires cessantes.

301. Nonobstant la demande en nullité, l'instruction sera continuée jusqu'aux débats exclusivement.

302. Le conseil pourra communiquer avec l'accusé après son interrogatoire.

Il pourra aussi prendre communication de toutes les pièces, sans déplacement et sans retarder l'instruction.

303. S'il y a de nouveaux témoins à entendre et qu'ils résident hors du lieu où se tient la cour d'assises, le président ou le juge qui le remplace pourra commettre, pour recevoir leurs dépositions, le juge d'instruction de l'arrondissement où ils résident, ou même d'un autre arrondissement : celui-ci, après les avoir reçues, les enverra closes et cachetées au greffier qui doit exercer ses fonctions à la cour d'assises.

304. Les témoins qui n'auront pas comparu sur la citation du président ou du juge commis par lui, et qui n'auront pas justifié qu'ils en étaient légitimement empêchés, ou qui refuseront de faire leurs dépositions, seront jugés par la cour d'assises, et punis conformément à l'article 80.

305. Les conseils des accusés pourront prendre ou faire prendre, à leurs frais, copie de telles pièces du procès qu'ils jugeront utiles à leur défense.

Il ne sera délivré gratuitement aux accusés, en quelque nombre qu'ils puissent être, et dans tous les cas, qu'une seule copie des procès-verbaux constatant le délit, et des déclarations écrites des témoins.

Les présidents, les juges et le procureur général sont tenus de veiller à l'exécution du présent article.

306. Si le procureur général ou l'accusé ont des motifs pour demander que l'affaire ne soit pas portée à la première assemblée du jury, ils présenteront au président de la cour d'assises une requête en prorogation de délai.

Le président décidera si cette prorogation doit être accordée; il pourra, aussi d'office, proroger le délai.

307. Lorsqu'il aura été formé, à raison du même délit, plusieurs actes d'accusation contre différents accusés, le procureur général pourra en requérir la jonction, et le président pourra l'ordonner, même d'office.

308. Lorsque l'acte d'accusation contiendra plusieurs délits non connexes, le procureur général pourra requérir que les accusés ne soient mis en jugement, quant à présent, que sur l'un ou quelques uns de ces délits, et le président pourra l'ordonner d'office.

309. Au jour fixé pour l'ouverture des assises, la cour ayant pris séance, douze jurés se placeront, dans l'ordre désigné par le sort, sur des siéges séparés du public, des parties et des témoins, en face de celui qui est destiné à l'accusé.

CHAPITRE IV.

De l'Examen, du Jugement et de l'Exécution.

SECTION PREMIÈRE.

De l'Examen.

310. L'accusé comparaîtra libre, et seulement accompagné de gardes, pour l'empêcher de s'évader. Le président lui demandera son nom, ses prénoms, son âge, sa profession, sa demeure et le lieu de sa naissance.

311. Le président avertira le conseil de l'accusé, qu'il ne peut rien dire contre sa conscience ou contre le respect dû aux lois, et qu'il doit s'exprimer avec décence et modération.

312. Le président adressera aux jurés debout et découverts le discours suivant :

« Vous jurez et promettez, devant Dieu et « devant les hommes, d'examiner avec l'at« tention la plus scrupuleuse les charges qui « seront portées contre N.; de ne trahir ni les « intérêts de l'accusé, ni ceux de la société « qui l'accuse; de ne communiquer avec per« sonne jusqu'après votre déclaration; de n'é« couter ni la haine ou la méchanceté, ni la « crainte ou l'affection; de vous décider d'après « les charges et les moyens de défense, sui« vant votre conscience et votre intime convic« tion, avec l'impartialité et la fermeté qui « conviennent à un homme probe et libre. »

Chacun des jurés, appelé individuellement par le président, répondra, en levant la main, *Je le jure*; à peine de nullité.

313. Immédiatement après, le président aver-

tira l'accusé d'être attentif à ce qu'il va entendre.

Il ordonnera au greffier de lire l'arrêt de la cour impériale portant renvoi à la cour d'assises, et l'acte d'accusation.

Le greffier fera cette lecture à haute voix.

314. Après cette lecture, le président rappellera à l'accusé ce qui est contenu en l'acte d'accusation, et lui dira : « Voilà de quoi vous êtes accusé ; vous allez entendre les charges qui seront produites contre vous. »

315. Le procureur général exposera le sujet de l'accusation ; il présentera ensuite la liste des témoins qui devront être entendus, soit à sa requête, soit à la requête de la partie civile, soit à celle de l'accusé.

Cette liste sera lue à haute voix par le greffier.

Elle ne pourra contenir que les témoins dont les noms, profession et résidence auront été notifiés, vingt-quatre heures au moins avant l'examen de ces témoins, à l'accusé, par le procureur général ou la partie civile et au procureur général par l'accusé, sans préjudice de la faculté accordée au président par l'article 269.

L'accusé et le procureur général pourront, en conséquence, s'opposer à l'audition d'un témoin qui n'aurait pas été indiqué, ou qui n'aurait pas été clairement désigné dans l'acte de notification.

La cour statuera de suite sur cette opposition.

316. Le président ordonnera aux témoins de se retirer dans la chambre qui leur sera destinée. Ils n'en sortiront que pour déposer. Le président prendra des précautions, s'il en est besoin, pour empêcher les témoins de conférer

entre eux du délit et de l'accusé, avant leur déposition.

317. Les témoins déposeront séparément l'un de l'autre, dans l'ordre établi par le procureur général. Avant de déposer, il prêteront, à peine de nullité, le serment de parler sans haine et sans crainte, de dire toute la vérité, et rien que la vérité.

Le président leur demandera leurs nom, prénoms, âge, profession, leur domicile ou résidence, s'ils connaissaient l'accusé avant le fait mentionné dans l'acte d'accusation, s'ils sont parents ou alliés, soit de l'accusé, soit de la partie civile, et à quel degré; il leur demandera encore s'ils ne sont pas attachés au service de l'un ou de l'autre: cela fait, les témoins déposeront oralement.

318. Le président fera tenir note par le greffier, des additions, changements ou variations qui pourraient exister entre la déposition d'un témoin et ses précédentes déclarations

Le procureur général et l'accusé pourront requérir le président de faire tenir les notes de ces changements, additions et variations.

319. Après chaque déposition, le président demandera au témoin si c'est de l'accusé présent qu'il a entendu parler; il demandera ensuite à l'accusé s'il veut répondre à ce qui vient d'être dit contre lui.

Le témoin ne pourra être interrompu: l'accusé ou son conseil pourront le questionner par l'organe du président, après sa déposition, et dire, tant contre lui que contre son témoignage, tout ce qui pourra être utile à la défense de l'accusé.

Le président pourra également demander au témoin et à l'accusé tous les éclaircissements qu'il croira nécessaires à la manifestation de la vérité.

Les juges, le procureur général et les jurés auront la même faculté, en demandant la parole au président. La partie civile ne pourra faire de question, soit au témoin, soit à l'accusé, que par l'organe du président.

320. Chaque témoin, après sa déposition, restera dans l'auditoire, si le président n'en a ordonné autrement, jusqu'à ce que les jurés se soient retirés pour donner leur déclaration.

321. Après l'audition des témoins produits par le procureur général et par la partie civile, l'accusé fera entendre ceux dont il aura notifié la liste, soit sur des faits mentionnés dans l'acte d'accusation, soit pour attester qu'il est homme d'honneur, de probité et d'une conduite irréprochable.

Les citations faites à la requête des accusés seront à leurs frais, ainsi que les salaires des témoins cités, s'ils en requièrent; sauf au procureur général impérial à faire citer à sa requête les témoins qui lui seront indiqués par l'accusé; dans le cas où il jugerait que leur déclaration pût être utile pour la découverte de la vérité.

322. Ne pourront être reçues les dépositions,

1° Du père, de la mère, de l'aïeul, de l'aïeule, ou de tout autre ascendant de l'accusé, ou de l'un des coaccusés présents et soumis au même débat;

2° Du fils, fille, petit-fils, petite-fille ou de tout autre descendant;

3° Des frères et sœurs;

4° Les alliés aux mêmes degrés;

5° Du mari ou de la femme, même après le divorce prononcé,

6° Des dénonciateurs dont la dénonciation est récompensée pécuniairement par la loi :

Sans néanmoins que l'audition des personnes ci-dessus désignées puisse opérer une nullité, lorsque, soit le procureur général, soit la partie civile, soit les accusés, ne se sont pas opposés à ce qu'elles soient entendues.

323. Les dénonciateurs, autres que ceux récompensés pécuniairement par la loi, pourront être entendus en témoignage : mais le jury sera averti de leur qualité de dénonciateurs.

324. Les témoins produits par le procureur général ou par l'accusé, seront entendus dans le débat, même lorsqu'ils n'auraient pas préalablement déposé par écrit, lorsqu'ils n'auraient reçu aucune assignation, pourvu, dans tous les cas, que ces témoins soient portés sur la liste mentionnée dans l'article 315.

325. Les témoins, par quelque partie qu'ils soient produits, ne pourront jamais s'interpeller entre eux.

326. L'accusé pourra demander, après qu'ils auront déposé, que ceux qu'il désignera se retirent de l'auditoire, et qu'un ou plusieurs d'entre eux soient introduits et entendus de nouveau, soit séparément, soit en présence les uns des autres.

Le procureur général aura la même faculté.

Le président pourra aussi l'ordonner d'office.

327. Le président pourra, avant, pendant ou après l'audition d'un témoin, faire retirer un ou plusieurs accusés et les examiner séparément sur quelques circonstances du procès ; mais il aura soin de ne reprendre la suite des débats généraux, qu'après avoir instruit chaque accusé de ce qui se sera fait en son absence, et de ce qui en sera résulté.

328. Pendant l'examen, les jurés, le procureur général et les juges pourront prendre note de ce qui leur paraîtra important, soit dans les dépositions des témoins, soit dans la défense de l'accusé, pourvu que la discussion n'en soit pas interrompue.

329. Dans le cours ou à la suite des dépositions, le président fera représenter à l'accusé toutes les pièces relatives au délit, et pouvant servir à conviction, il l'interpellera de répondre personnellement s'il les reconnaît : le président les fera aussi représenter aux témoins, s'il y a lieu.

330. Si, d'après les débats, la déposition d'un témoin paraît fausse, le président pourra, sur la réquisition, soit du procureur général, soit de la partie civile, soit de l'accusé, et même d'office, faire sur-le-champ mettre le témoin en état d'arrestation. Le procureur général et le président, ou l'un des juges par lui commis, rempliront, à son égard, le premier, les fonctions d'officier de police judiciaire, le second, les fonctions attribuées aux juges d'instruction dans les autres cas.

Les pièces d'instruction seront ensuite transmises à la cour impériale, pour y être statué sur la mise en accusation.

331. Dans le cas de l'article précédent, le procureur général, la partie civile ou l'accusé, pourront immédiatement requérir, et la cour ordonner, même d'office, le renvoi de l'affaire à la prochaine session.

332. Dans le cas où l'accusé, les témoins ou l'un d'eux ne parleraient pas la même langue ou le même idiome, le président nommera d'office, à peine de nullité, un interprète âgé de vingt et un an au moins, et lui fera, sous la même peine, prê-

ter serment de traduire fidellement les discours à transmettre entre ceux qui parlent des langages différents.

L'accusé et le procureur général pourront récuser l'interprète, en motivant leur récusation.

La cour prononcera.

L'interprète ne pourra, à peine de nullité, même du consentement de l'accusé ni du procureur général, être pris parmi les témoins, les juges et les jurés.

333. Si l'accusé est sourd-muet, et ne sait pas écrire, le président nommera d'office pour son interprète la personne qui aura le plus d'habitude de converser avec lui.

Il en sera de même à l'égard du témoin sourd-muet.

Le surplus des dispositions du précédent article sera exécuté.

Dans le cas où le sourd-muet saurait écrire, le greffier écrira les questions et observations qui lui seront faites; elles seront remises à l'accusé ou au témoin, qui donneront par écrit leurs réponses ou déclarations. Il sera fait lecture du tout par le greffier.

334. Le président déterminera celui des accusés qui devra être soumis le premier aux débats, en commençant par le principal accusé, s'il y en a un.

Il sera fait ensuite un débat particulier sur chacun des autres accusés.

335. A la suite des dépositions des témoins, et des dires respectifs auxquels elles auront donné lieu, la partie civile ou son conseil et le procureur général seront entendus, et développeront les moyens qui appuient l'accusation.

L'accusé et son conseil pourront leur répondre.

La réplique sera permise à la partie civile et au procureur général; mais l'accusé ou son conseil auront toujours la parole les derniers.

Le président déclarera ensuite que les débats sont terminés.

336. Le président résumera l'affaire.

Il fera remarquer aux jurés les principales preuves pour ou contre l'accusé.

Il leur rappellera les fonctions qu'ils auront à remplir.

Il posera les questions ainsi qu'il sera dit ci-après.

337. La question résultant de l'acte d'accusation sera posée en ces termes :

« L'accusé est-il coupable d'avoir commis tel
« meurtre, tel vol, ou tel autre crime, avec
« toutes les circonstances comprises dans le
« résumé de l'acte d'accusation ? »

338. S'il résulte des débats une ou plusieurs circonstances aggravantes, non mentionnées dans l'acte d'accusation, le président ajoutera la question suivante :

« L'accusé a-t-il commis le crime avec telle
« ou telle circonstance ? »

339. Lorsque l'accusé aura proposé pour excuse un fait admis comme tel par la loi, la question sera ainsi posée :

« Tel fait est-il constant ? »

340. Si l'accusé a moins de seize ans, le président posera cette question :

« L'accusé a-t-il agi avec discernement ? »

341. Le président, après avoir posé les questions, les remettra aux jurés dans la personne du chef du jury; il leur remettra en même temps l'acte d'accusation, les procès-verbaux qui constatent le délit, et les pièces du procès, autres que les déclarations écrites des témoins.

Il avertira les jurés que, si l'accusé est déclaré coupable du fait principal à la simple majorité, ils doivent en faire mention en tête de leur déclaration.

Il fera retirer l'accusé de l'auditoire.

342. Les questions étant posées et remises aux jurés ils se rendront dans leur chambre pour y délibérer.

Leur chef sera le premier juré sorti par le sort, ou celui qui sera désigné par eux et du consentement de ce dernier.

Avant de commencer la délibération, le chef des jurés leur fera lecture de l'instruction suivante, qui sera, en outre, affichée en gros caractères dans le lieu le plus apparent de leur chambre.

« La loi ne demande pas compte aux jurés « des moyens par lesquels ils se sont convaincus; « elle ne leur prescrit point de règles desquelles « ils doivent faire particulièrement dépendre la « plénitude et la suffisance d'une preuve : elle « leur prescrit de s'interroger eux-mêmes dans « le silence et le recueillement, et de chercher « dans la sincérité de leur conscience, quelle « impression ont faites sur leur raison les preu- « ves rapportées contre l'accusé, et les moyens « de sa défense. La loi ne leur dit point, *Vous « tiendrez pour vrai tout fait attesté par tel ou tel « nombre de témoins*; elle ne leur dit pas non « plus, *Vous ne regarderez pas comme suffisam- « ment établie, toute preuve qui ne sera pas for- « mée de tel procès-verbal, de telles pièces, de « tant de témoins ou de tant d'indices*; elle ne « leur fait que cette seule question, qui ren- « ferme toute la mesure de leurs devoirs : « *Avez-vous une intime conviction?*

« Ce qu'il est bien essentiel de ne pas perdre « de vue, c'est que toute la délibération du

« jury porte sur l'acte d'accusation ; c'est aux « faits qui le constituent et qui en dépendent, « qu'ils doivent uniquement s'attacher ; et ils « manquent à leur premier devoir, lorsque, « pensant aux dispositions des lois pénales, ils « considèrent les suites que pourra avoir, par « rapport à l'accusé, la déclaration qu'ils ont « à faire. Leur mission n'a pas pour objet la « poursuite ni la punition des délits ; il ne sont « appelés que pour décider si l'accusé est ou « non coupable du crime qu'on lui impute. »

343. Les jurés ne pourront sortir de leur chambre qu'après avoir formé leur déclaration.

L'entrée n'en pourra être permise pendant leur délibération, pour quelque cause que ce soit, que par le président et par écrit.

Le président est tenu de donner au chef de la gendarmerie de service, l'ordre spécial et par écrit de faire garder les issues de leur chambre. Ce chef sera dénommé et qualifié dans l'ordre.

La cour pourra punir le juré contrevenant, d'une amende de cinq cents francs au plus. Tout autre qui aura enfreint l'ordre, ou celui qui ne l'aura pas fait exécuter, pourra être puni d'un emprisonnement de vingt-quatre heures.

344. Les jurés délibéreront sur le fait principal, et ensuite sur chacune des circonstances.

345. Le chef du jury les interrogera d'après les questions posées, et chacun d'eux répondra ainsi qu'il suit :

1° Si le juré pense que le fait n'est pas constant ou que l'accusé n'en est pas convaincu, il dira : *Non, l'accusé n'est pas coupable.*

En ce cas, le juré n'aura rien de plus à répondre.

2° S'il pense que le fait est constant, et que l'accusé en est convaincu, il dira :

Oui, l'accusé est coupable d'avoir commis le crime, avec toutes les circonstances comprises dans la position des questions.

3°. S'il pense que le fait est constant, que l'accusé en est convaincu; mais que la preuve n'existe qu'à l'égard de quelques-unes des circonstances, il dira :

Oui, l'accusé est coupable d'avoir commis le crime avec telle circonstance, mais il n'est pas constant qu'il l'ait fait avec telle autre.

4° S'il pense que le fait est constant, que l'accusé en est convaincu, mais qu'aucune des circonstances n'est prouvée, il dira :

Oui, l'accusé est coupable mais sans aucune des circonstances.

346. Le juré fera de plus, s'il y a lieu, une réponse particulière pour les cas prévus par les articles 339 et 340.

347. La décision du jury se formera pour ou contre l'accusé, à la majorité, à peine de nullité.

En cas d'égalité de voix, l'avis favorable à l'accusé prévaudra.

348. Les jurés rentreront ensuite dans l'auditoire, et reprendront leur place.

Le président leur demandera quel est le résultat de leur délibération.

Le chef du jury se levera, et la main placée sur son cœur, il dira : *Sur mon honneur et ma conscience, devant Dieu et devant les hommes, la déclaration du jury est : Oui, l'accusé, etc. Non, l'accusé, etc.*

349. La déclaration du jury sera signée par le chef et remise par lui au président, le tout en présence des jurés.

Le président la signera et la fera signer par le greffier.

350. La déclaration du jury ne pourra jamais être soumise à aucun recours.

351. Si néanmoins l'accusé n'est déclaré coupable du fait principal qu'à une simple majorité, les juges délibéreront entre eux sur le même point; et si l'avis de la minorité des jurés est adopté par la majorité des juges, de telle sorte qu'en réunissant le nombre des voix, ce nombre excède celui de la majorité des jurés et de la minorité des juges, l'avis favorable à l'accusé prévaudra.

352. Si, hors le cas prévu par le précédent article, les juges sont unanimement convaincus que les jurés, tout en observant les formes, se sont trompés au fond, la cour déclarera qu'il est sursis au jugement, et renverra l'affaire à la session suivante, pour être soumise à un nouveau jury, dont ne pourra faire partie aucun des premiers jurés.

Nul n'aura le droit de provoquer cette mesure; la cour ne pourra l'ordonner que d'office, et immédiatement après que la déclaration du jury aura été prononcée publiquement, et dans le cas où l'accusé aura été convaincu, jamais lorsqu'il n'aura pas été déclaré coupable.

La cour sera tenue de prononcer immédiatement après la déclaration du second jury, même quand elle serait conforme à la première.

353. L'examen et les débats, une fois entamés, devront être continués sans interruption, et sans aucune espèce de communication au dehors, jusqu'après la déclaration du jury inclusivement. Le président ne pourra les suspendre que pendant les intervalles nécessaires pour le repos des juges, des jurés, des témoins et des accusés.

354. Lorsqu'un témoin qui aura été cité, ne

comparaîtra pas, la cour pourra, sur la réquisition du procureur général, et avant que les débats soient ouverts par la déposition du premier témoin inscrit sur la liste, renvoyer l'affaire à la prochaine session.

355. Si, à raison de la non-comparution du témoin, l'affaire est renvoyée à la session suivante, tous les frais de citation, actes, voyages de témoins, et autres ayant pour objet de faire juger l'affaire, seront à la charge de ce témoin; et il y sera contraint, même par corps, sur la réquisition du procureur général, par l'arrêt qui renverra les débats à la session suivante.

Le même arrêt ordonnera, de plus, que ce témoin sera amené par la force publique devant la cour, pour y être entendu.

Et néanmoins, dans tous les cas, le témoin qui ne comparaîtra pas, ou qui refusera, soit de prêter serment, soit de faire sa déposition, sera condamné à la peine portée en l'article 80.

356. La voie de l'opposition sera ouverte contre ces condamnations, dans les dix jours de la signification qui en aura été faite au témoin condamné ou à son domicile, outre un jour par cinq myriamètres; et l'opposition sera reçue s'il prouve qu'il a été légitimement empêché, ou que l'amende contre lui prononcée doit être modérée.

SECTION II.

Du Jugement et de l'Exécution.

357. Le président fera comparaître l'accusé, et le greffier lira en sa présence la déclaration du jury.

358. Lorsque l'accusé aura été déclaré non coupable, le président prononcera qu'il est ac-

quitté de l'accusation, et ordonnera qu'il soit mis en liberté, s'il n'est retenu pour autre cause.

La cour statuera ensuite sur les dommages-intérêts respectivement prétendus, après que les parties auront proposé leurs fins de non-recevoir ou leurs défenses, et que le procureur général aura été entendu.

La cour pourra néanmoins, si elle le juge convenable, commettre l'un des juges pour entendre les parties, prendre connaissance des pièces, et faire son rapport à l'audience, où les parties pourront encore présenter leurs observations, et où le ministère public sera entendu de nouveau.

L'accusé acquitté pourra aussi obtenir des dommages-intérêts contre ses dénonciateurs pour fait de calomnie, sans néanmoins que les membres des autorités constituées puissent être ainsi poursuivis à raison des avis qu'ils sont tenus de donner concernant les délits dont ils ont cru acquérir la connaissance dans l'exercice de leurs fonctions, et sauf contre eux la demande en prise à partie, s'il y a lieu.

Le procureur général sera tenu, sur la réquisition de l'accusé, de lui faire connaître ses dénonciateurs.

359. Les demandes en dommages-intérêts, formées soit par l'accusé contre ses dénonciateurs ou la partie civile, soit par la partie civile contre l'accusé ou le condamné, seront portées à la cour d'assises.

La partie civile est tenue de former sa demande en dommages-intérêts avant le jugement; plus tard, elle sera non-recevable.

Il en est de même de l'accusé, s'il a connu son dénonciateur.

Dans le cas où l'accusé n'aurait connu son dénonciateur que depuis le jugement, mais avant la fin de la session, il sera tenu, sous peine de déchéance, de porter sa demande à la cour d'assises; s'il ne l'a connu qu'après la clôture de la session, sa demande sera portée au tribunal civil.

A l'égard des tiers qui n'auraient pas été parties au procès, ils s'adresseront au tribunal civil.

360. Toute personne acquittée légalement ne pourra plus être reprise ni accusée à raison du même fait.

361. Lorsque dans le cours des débats, l'accusé aura été inculpé sur un autre fait, soit par des pièces soit par les dépositions des témoins, le président, après avoir prononcé qu'il est acquitté de l'accusation, ordonnera qu'il soit poursuivi à raison du nouveau fait : en conséquence, il le renverra en état de mandat de comparution ou d'amener, suivant les distinctions établies par l'article 91, et même en état de mandat d'arrêt, s'il y échet, devant le juge d'instruction de l'arrondissement où siége la cour, pour être procédé à une nouvelle instruction.

Cette disposition ne sera toutefois exécutée que dans le cas où, avant la clôture des débats, le ministère public aura fait des réserves à fin de poursuite.

362. Lorsque l'accusé aura été déclaré coupable, le procureur général fera sa réquisition à la cour pour l'application de la loi.

La partie civile fera la sienne pour restitution et dommages-intérêts.

363. Le président demandera à l'accusé s'il n'a rien à dire pour sa défense.

L'accusé ni son conseil ne pourront plus plaider que le fait est faux, mais seulement qu'il n'est pas défendu ou qualifié délit par la loi, ou qu'il ne mérite pas la peine dont le procureur général a requis l'application, ou qu'il n'emporte pas de dommages-intérêts au profit de la partie civile, ou enfin que celle-ci élève trop haut les dommages-intérêts qui lui sont dus.

364. La cour prononcera l'absolution de l'accusé, si le fait dont il est déclaré coupable n'est pas défendu par une loi pénale.

365. Si ce fait est défendu, la cour prononcera la peine établie par la loi, même dans le cas où, d'après les débats, il se trouverait n'être plus de la compétence de la cour d'assises.

En cas de conviction de plusieurs crimes ou délits, la peine la plus forte sera seule prononcée.

366. Dans le cas d'absolution comme dans celui d'acquittement ou de condamnation, la cour statuera sur les dommages-intérêts prétendus par la partie civile ou par l'accusé; elle les liquidera par le même arrêt, ou commettra l'un des juges pour entendre les parties, prendre connaissance des pièces, et faire du tout son rapport, ainsi qu'il est dit article 358.

La cour ordonnera aussi que les effets pris seront restitués au propriétaire.

Néanmoins, s'il y a eu condamnation, cette restitution ne sera faite qu'en justifiant par le propriétaire que le condamné a laissé passer les délais sans se pourvoir en cassation, ou, s'il s'est pourvu, que l'affaire est définitivement terminée.

367. Lorsque l'accusé aura été déclaré excusable, la cour prononcera conformément au Code des délits et des peines.

368. L'accusé, ou la partie civile, qui succom-

bera, sera condamné aux frais envers l'Etat et envers l'autre partie.

369. Les juges délibéreront et opineront à voix basse : ils pourront, pour cet effet, se retirer dans la chambre du conseil ; mais l'arrêt sera prononcé à haute voix, par le président, en présence du public et de l'accusé.

Avant de le prononcer, le président est tenu de lire le texte de la loi sur laquelle il est fondé.

Le greffier écrira l'arrêt ; il y insérera le texte de la loi appliquée, sous peine de cent francs d'amende.

370. La minute de l'arrêt sera signée par les juges qui l'auront rendu, à peine de cent francs d'amende contre le greffier ; et, s'il y a lieu, de prise à partie tant contre le greffier que contre les juges.

Elle sera signée dans les vingt quatre heures de la prononciation de l'arrêt.

371. Après avoir prononcé l'arrêt, le président pourra, selon les circonstances, exhorter l'accusé à la fermeté, à la résignation, ou à réformer sa conduite.

Il l'avertira de la faculté qui lui est accordée de se pourvoir en cassation, et du terme dans lequel l'exercice de cette faculté est circonscrit.

372. Le greffier dressera un procès-verbal de la séance, à l'effet de constater que les formalités prescrites ont été observées.

Il ne sera fait mention au procès-verbal, ni des réponses des accusés, ni du contenu aux dépositions ; sans préjudice toutefois de l'exécution de l'article 318, concernant les changements, variations et contradictions dans les déclarations des témoins.

Le procès-verbal sera signé par le président et par le greffier.

Le défaut de procès verbal sera puni de cinq cents francs d'amende contre le greffier.

373. Le condamné aura trois jours francs après celui où son arrêt lui aura été prononcé, pour déclarer au greffe qu'il se pourvoit en cassation.

Le procureur général pourra, dans le même délai, déclarer au greffe qu'il demande la cassation de l'arrêt.

La partie civile aura aussi le même délai; mais elle ne pourra se pourvoir que quant aux dispositions relatives à ses intérêts civils.

Pendant ces trois jours, et s'il y a eu recours en cassation, jusqu'à la réception de l'arrêt de la cour de cassation, il sera sursis à l'exécution de l'arrêt de la cour.

374. Dans les cas prévus par les articles 409 et 412 du présent Code, le procureur général ou la partie civile n'auront que vingt-quatre heures pour se pourvoir.

375. La condamnation sera exécutée dans les vingt-quatre heures qui suivront les délais mentionnés en l'article 373, s'il n'y a pas de recours en cassation, ou en cas de recours, dans les vingt-quatre heures de la réception de l'arrêt de la cour de cassation qui aura rejeté la demande.

376. La condamnation sera exécutée par les ordres du procureur général; il aura le droit de requérir directement, pour cet effet, l'assistance de la force publique.

377. Si le condamné veut faire une déclaration, elle sera reçue par un des juges du lieu de l'exécution assisté du greffier.

378 Le procès-verbal d'exécution sera, sous peine de cent francs d'amende, dressé par le greffier, et transcrit par lui, dans les vingt-quatre heures, au pied de la minute de l'arrêt.

La

La transcription sera signée par lui ; et il fera mention du tout, sous la même peine, en marge du procès-verbal. Cette mention sera également signée, et la transcription sera reçue comme le procès-verbal même.

379. Lorsque, pendant les débats qui auront précédé l'arrêt de condamnation, l'accusé aura été inculpé, soit par des pièces, soit par des dépositions de témoins, sur d'autres crimes que ceux dont il était accusé ; si ces crimes nouvellement manifestés méritent une peine plus grave que les premiers, ou si l'accusé a des complices en état d'arrestation, la cour ordonnera qu'il soit poursuivi à raison de ces nouveaux faits, suivant les formes prescrites par le présent Code.

Dans ces deux cas, le procureur général surseoira à l'exécution de l'arrêt qui a prononcé la première condamnation, jusqu'à ce qu'il ait été statué sur le second procès.

380. Toutes les minutes des arrêts rendus aux assises seront réunies et déposées au greffe du tribunal de première instance du chef-lieu du département.

Sont exceptés les minutes des arrêts rendus par la cour d'assises du département où siége la cour impériale, lesquelles resteront déposées au greffe de ladite cour.

CHAPITRE V.

Du Jury et de la manière de le former.

SECTION PREMIÈRE.

Du Jury.

381. Nul ne peut remplir les fonctions de juré, s'il n'a trente ans accomplis, et s'il ne jouit des

droits politiques et civils, à peine de nullité.

382. Les jurés seront pris,

1° Parmi les membres des colléges électoraux;

2° Parmi les trois cents plus imposés domiciliés dans le département;

3° Parmi les fonctionnaires de l'ordre administratif à la nomination de l'Empereur;

4° Parmi les docteurs et licenciés de l'une ou de plusieurs des quatre facultés de droit, médecine, sciences et belles-lettres, les membres et correspondants de l'Institut et des autres sociétés savantes reconnues par le Gouvernement;

5° Parmi les notaires;

6° Parmi les banquiers, agents de change, négociants et marchands payant patente de l'une des deux premières classes;

7° Parmi les employés des administrations jouissant d'un traitement de quatre mille francs au moins.

Aucun juré ne pourra être pris que parmi les citoyens susdésignés, sauf toutefois ce qui est dit article 386.

383. Nul ne peut être juré dans la même affaire où il aura été officier de police judiciaire, témoin, interprète, expert ou partie, à peine de nullité.

384. Les fonctions de juré sont incompatibles avec celles de ministre, de préfet, de sous-préfet, de juge, de procureur général et impérial près les cours et tribunaux, et de leurs substituts.

Elles sont également incompatibles avec celles de ministre d'un culte quelconque.

365 Les conseillers d'État chargés d'une partie d'administration, les commissaires impériaux près les administrations ou régies, les septua-

génaires, seront dispensés, s'ils le requièrent.

386. Quiconque, ne se trouvant dans aucune des classes désignées en l'article 382, désirerait être admis à l'honneur de remplir les fonctions de juré, pourra être compris dans la liste, s'il le demande au préfet, et si, après que le préfet aura obtenu des renseignements avantageux sur le compte du requérant et les aura transmis au ministre de l'intérieur, le ministre accorde une autorisation à cet égard.

Le préfet pourra également faire d'office la proposition au ministre.

387. Les préfets formeront, sous leur responsabilité une liste de jurés, toutes les fois qu'ils en seront requis par les présidents des cours d'assises. Cette réquisition sera faite quinze jours au moins avant l'ouverture de la session.

Si la cour est divisée en une ou plusieurs sections, chaque président pourra, dans le cas où le nombre des affaires l'exigerait, requérir une liste de jurés pour la section qu'il préside.

Dans tous les cas, la liste sera composée de soixante citoyens : elle sera adressée de suite au président de la cour d'assises ou de section, qui sera tenu de la réduire à trente-six dans les vingt-quatre heures à compter du jour de sa réception, et de la renvoyer, dans le même délai, au préfet, qui la fera parvenir, ainsi qu'il sera dit ci-après à tous ceux qui doivent la recevoir.

388. Chaque préfet enverra la liste ainsi réduite au grand-juge ministre de la justice, au premier président de la cour impériale, au procureur général près de la même cour, au président de la cour d'assises ou de section, et de plus au procureur impérial criminel, s'il y en

a un dans le département pour lequel la liste est destinée.

389. La liste entière ne sera point envoyée aux citoyens qui la composent ; mais le préfet notifiera à chacun d'eux l'extrait de la liste qui constate que son nom y est porté. Cette notification leur sera faite huit jours au moins avant celui où la liste doit servir.

Ce jour sera mentionné dans la notification, laquelle contiendra aussi une sommation de se trouver au jour indiqué, sous les peines portées par le présent Code.

Au défaut de notification à la personne, elle sera faite à son domicile, ainsi qu'à celui du maire ou de l'adjoint du lieu : celui-ci est tenu de lui en donner connaissance.

390. La liste des jurés sera comme non avenue après le service pour lequel elle aura été formée.

391. Le juré qui aura été porté sur une liste, et aura satisfait aux réquisitions à lui faites, ne pourra être compris sur les listes des quatre sessions suivantes, à moins toutefois qu'il n'y consente.

En adressant les nouvelles listes de jurés au grand-juge ministre de la justice, les préfets y joindront la note de ceux qui, portés sur la liste précédente, n'auraient pas satisfait aux réquisitions. Le grand-juge fera, tous les ans, un rapport sur la manière dont les citoyens inscrits sur les listes auront rempli leurs fonctions.

Si quelque fonctionnaire appelé comme juré n'a point répondu à l'appel, le rapport l'indiquera particulièrement.

Sa Majesté impériale se réserve de donner aux jurés qui auront montré un zèle louable, des témoignages honorables de sa satisfaction.

392. Nul citoyen, âgé de plus de trente ans, ne pourra être admis aux places administratives et judiciaires, s'il ne prouve, par un certificat de l'officier du ministère public près la cour d'assises dans le ressort de laquelle il a résidé, qu'il a satisfait aux réquisitions qui lui ont été faites toutes les fois qu'il a été inscrit sur une liste de jurés, ou que les excuses par lui proposées ont été jugées valables, ou qu'il ne lui a encore été fait aucune réquisition.

Nulle pétition ne sera admise, si elle n'est accompagnée de ce certificat.

SECTION II.

De la manière de former et de convoquer le Jury.

393. Le nombre de douze jurés est nécessaire pour former un jury.

394. La liste des jurés sera notifiée à chaque accusé la veille du jour déterminé pour la formation du tableau : cette notification sera nulle, ainsi que tout ce qui aura suivi, si elle est faite plutôt ou plus tard.

395. Dans tous les cas, s'il y a, au jour indiqué, moins de trente jurés présents non excusés ou non dispensés, le nombre de trente jurés sera complété par le président de la cour d'assises ; ils seront pris publiquement et par la voie du sort entre les citoyens des classes désignées en l'article 382, et résidant dans la commune ; à l'effet de quoi, le préfet adressera tous les ans, à la cour, un tableau desdites personnes.

396. Tout juré qri ne se sera pas rendu à son poste sur la citation qui lui aura été notifiée,

sera condamné par la cour d'assises à une amende, laquelle sera,

Pour la première fois, de cinq cents francs :

Pour la seconde, de mille francs :

Et pour la troisième, de quinze cents francs.

Cette dernière fois, il sera de plus déclaré incapable d'exercer à l'avenir les fonctions de juré. L'arrêt sera imprimé et affiché à ses frais.

Dans tous les cas, le nom du juré condamné sera envoyé au préfet, pour être compris dans la note prescrite par l'article 391.

397. Seront exceptés ceux qui justifieront qu'ils étaient dans l'impossibilité de se rendre au jour indiqué.

La cour prononcera sur la validité de l'excuse.

398. Les peines portées en l'article 396 sont applicables à tout juré qui, même s'étant rendu à son poste, se retirerait avant l'expiration de ses fonctions, sans une excuse valable, qui sera également jugée par la cour.

399. Au jour indiqué, et pour chaque affaire, l'appel des jurés non excusés et non dispensés sera fait avant l'ouverture de l'audience, en leur présence, en présence de l'accusé et du procureur général.

Le nom de chaque juré répondant à l'appel sera déposé dans une urne.

L'accusé premièrement et le procureur général récuseront tels jurés qu'ils jugeront à propos, à mesure que leurs noms sortiront de l'urne, sauf la limitation exprimée ci-après.

L'accusé ni le procureur général ne pourront exposer leurs motifs de récusation.

Le jury de jugement sera formé à l'instant où il sera sorti de l'urne douze noms de jurés non récusés.

400. Les récusations que pourront faire l'ac-

cusé et le procureur général, s'arrêteront lorsqu'il ne restera que douze jurés.

401. Laccusé et le procureur général pourront exercer un égal nombre de récusations ; et cependant, si les jurés sont en nombre impair, les accusés pourront exercer une récusation de plus que le procureur général.

402 S'il y a plusieurs accusés, ils pourront se concerter pour exercer leurs récusations ; ils pourront les exercer séparément.

Dans l'un et l'autre cas, ils ne pourront excéder le nombre des récusations déterminées pour un seul accusé par les articles précédents.

403. Si les accusés ne se concertent pas pour récuser, le sort réglera entre eux le rang dans lequel ils feront les récusations. Dans ce cas, les jurés récusés par un seul, et dans cet ordre, le seront pour tous, jusqu'à ce que le nombre des récusations soit épuisé.

404 Les accusés pourront se concerter pour exercer une partie des récusations ; sauf à exercer le surplus suivant le rang fixé par le sort.

405. L'examen de l'accusé commencera immédiatement après la formation du tableau.

406. Si, par quelque événement, l'examen des accusés sur les délits ou sur quelques-uns des délits compris dans l'acte ou dans les actes d'accusation, est renvoyé à la session suivante, il sera fait une autre liste, il sera procédé à de nouvelles récusations, et à la formation d'un nouveau tableau de douze jurés, d'après les règles prescrites ci-dessus, à peine de nullité.

(Décrété le 10 décembre 1808. Prom. le 20 du même mois.)

TITRE TROISIÈME.

Des Manières de se pourvoir contre les Arrêts ou Jugements.

CHAPITRE PREMIER.

Des Nullités de l'Instruction et du Jugement.

407. Les arrêts et jugements rendus en dernier ressort, en matière criminelle, correctionnelle ou de police, ainsi que l'instruction et les poursuites qui les auront précédés, pourront être annullés dans les cas suivants, et sur des recours dirigés d'après les distinctions qui vont être établies.

§. 1.er

Matières criminelles.

408. Lorsque l'accusé aura subi une condamnation, et que, soit dans l'arrêt de la cour impériale qui aura ordonné son renvoi devant une cour d'assises, soit dans l'instruction et la procédure qui auront été faites devant cette dernière cour, soit dans l'arrêt même de condamnation, il y aura eu violation ou omission de quelques-unes des formalités que le présent Code prescrit sous peine de nullité, cette omission ou violation donnera lieu, sur la poursuite de la partie condamnée ou du

ministère public, à l'annullation de l'arrêt de condamnation et de ce qui l'a précédé, à partir du plus ancien acte nul.

Il en sera de même, tant dans les cas d'incompétence que lorsqu'il aura été omis ou refusé de prononcer, soit sur une ou plusieurs demandes de l'accusé, soit sur une ou plusieurs réquisitions du ministère public, tendant à user d'une faculté ou d'un droit accordé par la loi, bien que la peine de nullité ne fût pas textuellement attachée à l'absence de la formalité dont l'exécution aura été demandée ou requise.

409 Dans le cas d'acquittement de l'accusé, l'annullation de l'ordonnance qui l'aura prononcé, et de ce qui l'aura précédé, ne pourra être poursuivie par le ministère public que dans l'intérêt de la loi et sans préjudicier à la partie acquitée.

410. Lorsque la nullité procédera de ce que l'arrêt aura prononcé une peine autre que celle appliquée par la loi à la nature du crime, l'annullation de l'arrêt pourra être poursuivie tant par le ministère public que par la partie condamnée.

La même action appartiendra au ministère public contre les arrêts d'absolution mentionnés en l'article 364, si l'absolution a été prononcée sur le fondement de la non-existance d'une loi pénale, qui pourtant aurait existé.

411. Lorsque la peine prononcée sera la même que celle portée par la loi qui s'applique au crime, nul ne pourra demander l'annullation de l'arrêt, sous le prétexte qu'il y aurait erreur dans la citation du texte de la loi.

412. Dans aucun cas, la partie civile ne pourra poursuivre l'annullation d'une ordon-

nance d'acquittement ou d'un arrêt d'absolution ; mais, si l'arrêt a prononcé contre elles des condamnations civiles, supérieures aux demandes de la partie acquittée ou absoute, cette disposition de l'arrêt pourra être annullée sur la demande de la partie civile.

§. II.

Matières correctionnelles et de police.

413. Les voies d'annullation exprimées en l'article 408, sont, en matière correctionnelle et de police, respectivement ouvertes à la partie poursuivie pour un délit ou une contravention, au ministère public, et à la partie civile, s'il y en a une, contre tous arrêts ou jugements en dernier ressort, sans distinction de ceux qui ont prononcé le renvoi de la partie ou sa condamnation.

Néanmoins, lorsque le renvoi de cette partie aura été prononcé, nul ne pourra se prévaloir contre elle de la violation ou omission des formes prescrites pour assurer sa défense.

414. La disposition de l'article 411 est applicable aux arrêts et jugements en dernier ressort rendus en matière correctionnelle et de police.

§. III.

Disposition commune aux deux paragraphes précédents.

415. Dans le cas où, soit la cour de cassation, soit une cour impériale, annullera une instruction, elle pourra ordonner que les frais de la procédure à recommencer seront à la charge de l'officier ou juge instructeur qui aura commis la nullité.

Néanmoins la présente disposition n'aura lieu que pour des fautes très-graves, et à l'égard seulement des nullités qui seront commises deux ans après la mise en activité du présent Code.

CHAPITRE. II.

Des Demandes en cassation.

416. Le recours en cassation contre les arrêts préparatoires et d'instruction, ou les jugements en dernier ressort de cette qualité, ne sera ouvert qu'après l'arrêt ou jugement définitif; l'exécution volontaire de tels arrêts ou jugements préparatoires ne pourra, en aucun cas, être opposée comme fin de non-recevoir.

La présente disposition ne s'applique point aux arrêts ou jugements rendus sur la compétence. .

417. La déclaration de recours sera faite au greffier par la partie condamnée, et signée d'elle et du greffier; et si le déclarant ne peut ou ne veut signer, le greffier en fera mention.

Cette déclaration pourra être faite, dans la même forme, par l'avoué de la partie condamnée ou par un fondé de pouvoir spécial; dans ce dernier cas, le pouvoir demeurera annexé à la déclaration.

Elle sera inscrite sur un registre à ce destiné; ce registre sera public, et toute personne aura le droit de s'en faire délivrer des extraits

418. Lorsque le recours en cassation contre un arrêt ou jugement en dernier ressort, rendu en matière criminelle, correctionnelle ou de police, sera exercé soit par la partie civile,

s'il y en a une, soit par le ministère public, ce recours, outre l'inscription énoncée dans l'article précédent, sera notifié à la partie contre laquelle il sera dirigé, dans le délai de trois jours.

Lorsque cette partie sera actuellement détenue, l'acte contenant la déclaration de recours lui sera lu par le greffier; elle le signera et si elle ne le peut ou ne le veut, le greffier en fera mention.

Lorsqu'elle sera en liberté, le demandeur en cassation lui notifiera son recours, par le ministère d'un huissier, soit à sa personne, soit au domicile par elle élu : le délai sera, en ce cas, augmenté d'un jour par chaque distance de trois myriamètres.

419. La partie civile qui se sera pourvue en cassation, est tenue de joindre aux pièces une expédition authentique de l'arrêt.

Elle est tenue, à peine de déchéance, de consigner une amende de cent cinquante francs, ou de la moitié de cette somme, si l'arrêt est rendu par contumace ou par défaut.

420. Sont dispensés de l'amende, 1° les condamnés en matière criminelle ; 2° les agents publics, pour affaires qui concernent directement l'administration et les domaines ou revenus de l'État.

A l'égard de toutes autres personnes, l'amende sera encourue par celles qui succomberont dans leur recours : seront néanmoins dispensées de la consigner, celles qui joindront à leur demande en cassation, 1° un extrait du rôle des contributions, constatant qu'elles payent moins de six francs, ou un certificat du percepteur de leur commune, portant qu'elles ne sont point imposées ; 2° un certificat d'indigence à elles délivré par le maire

de

de la commune de leur domicile ou par son adjoint, visé par le sous-préfet et approuvé par le préfet de leur département.

421. Les condamnés, même en matière correctionnelle ou de police, à une peine emportant privation de la liberté, ne seront pas admis à se pourvoir en cassation lorsqu'ils ne seront pas actuellement en état, ou lorsqu'ils n'auront pas été mis en liberté sous caution.

L'acte de leur écrou ou de leur mise en liberté sous caution, sera annexé à l'acte de recours en cassation.

Néanmoins, lorsque le recours en cassation sera motivé sur l'incompétence, il suffira au demandeur, pour que son recours soit reçu, de justifier qu'il s'est actuellement constitué dans la maison de justice du lieu où siége la cour de cassation; le gardien de cette maison pourra l'y recevoir sur la représentation de sa demande adressée au procureur général près cette cour, et visée par ce magistrat.

422. Le condamné ou la partie civile, soit en faisant sa déclaration soit dans les dix jours suivants, pourra déposer au greffe de la cour ou du tribunal qui aura rendu l'arrêt ou le jugement attaqué, une requête contenant ses moyens de cassation. Le greffier lui en donnera reconnoissance, et remettra sur-le-champ cette requête au magistrat chargé du ministère public.

423. Après les dix jours qui suivront la déclaration, ce magistrat fera passer au grand-juge ministre de la justice les pièces du procès, et les requêtes des parties, si elles en ont déposé.

Le greffier de la cour ou du tribunal qui aura rendu l'arrêt ou le jugement attaqué, rédigera sans frais et joindra un inventaire des pièces, sous peine de cent francs d'amende, laquelle sera prononcée par la cour de cassation.

424. Dans les vingt-quatre heures de la réception de ces pièces, le grand-juge ministre de la justice les adressera à la cour de cassation, et il en donnera avis au magistrat qui les lui aura transmises.

Les condamnés pourront aussi transmettre directement au greffe de la cour de cassation, soit leur requête, soit les expéditions ou copies signifiées, tant de l'arrêt ou jugement que de leurs demandes en cassation. Néanmoins la partie civile ne pourra user du bénéfice de la présente disposition, sans le ministère d'un avocat à la cour de cassation.

425. La cour de cassation, en toute affaire criminelle, correctionnelle ou de police, pourra statuer sur le recours en cassation, aussitôt après l'expiration des délais portés au présent chapitre, et devra y statuer, dans le mois au plus tard, à compter du jour où ces délais seront expirés.

426. La cour de cassation rejettera la demande ou annullera l'arrêt ou le jugement, sans qu'il soit besoin d'un arrêt préalable d'admission.

427. Lorsque la cour de cassation annullera un arrêt uo un jugement rendu, soit en matière correctionnelle, soit en matière de police, elle renverra le procès et les parties devant une cour ou un tribunal de même qualité que celui qui aura rendu l'arrêt ou le jugement annullé.

428. Lorsque la cour de cassation annullera un arrêt rendu en matière criminelle, il sera procédé comme il est dit aux sept articles suivants.

429. La cour de cassation prononcera le renvoi du procès ; savoir,

Devant une cour impériale autre que celle qui aura réglé la compétence et prononcé la mise en accusation, si l'arrêt est annullé pour l'une des causes exprimées en l'article 299 ;

Devant une cour d'assises autre que celle qui aura rendu l'arrêt, si l'arrêt et l'instruction sont annullés pour cause de nullités commises à la cour d'assises ;

Devant un tribunal de première instance autre que celui auquel aura appartenu le juge d'instruction, si l'arrêt et l'instruction sont annullés aux chefs seulement qui concernent les intérêts civils : dans ce cas, le tribunal sera saisi sans citation préalable en conciliation.

Si l'arrêt et la procédure sont annullés pour cause d'incompétence, la cour de cassation renverra le procès devant les juges qui en doivent connaître, et les désignera : toutefois, si la compétence se trouvait appartenir au tribunal de première instance où siége le juge qui aurait fait la première instruction, le renvoi sera fait à un autre tribunal de première instance.

Lorsque l'arrêt sera annullé, parce que le fait qui aura donné lieu à une condamnation se trouvera n'être pas un délit qualifié par la loi, le renvoi, s'il y a une partie civile, sera fait devant un tribunal de première instance autre que celui auquel aura appartenu le juge d'instruction, et, s'il n'y a pas de partie civile, aucun renvoi ne sera prononcé.

430. Dans tous les cas où la cour de cassation est autorisée à choisir une cour ou un tribunal pour le jugement d'une affaire renvoyée, ce choix ne pourra résulter que d'une délibération spéciale, prise en la chambre du conseil, im-

médiatément après la prononciation de l'arrêt de cassation, et dont il sera fait mention expresse dans cet arrêt.

431. Les nouveaux juges d'instruction auxquels il pourrait être fait des délégations pour compléter l'instruction des affaires renvoyées, ne pourront être pris parmi les juges d'instruction établis dans le ressort de la cour dont l'arrêt aura été annullé.

432. Lorsque le renvoi sera fait à une cour impériale, celle-ci, après avoir réparé l'instruction en ce qui le concerne, désignera, dans son ressort, la cour d'assises par laquelle le procès devra être jugé.

433. Lorsque le procès aura été renvoyé devant une cour d'assises, et qu'il y aura des complices qui ne seront pas en état d'accusation, cette cour commettra un juge d'instruction, et le procureur général l'un de ses substituts, pour faire, chacun en ce qui le concerne, l'instruction dont les pièces seront ensuite adressées à la cour impériale, qui prononcera s'il y a lieu ou non à la mise en accusation.

434. Si l'arrêt a été annullé pour avoir prononcé une peine autre que celle que la loi applique à la nature du crime, la cour d'assises, à qui le procès sera renvoyé, rendra son arrêt sur la déclaration déjà faite par le jury.

Si l'arrêt a été annullé pour autre cause, il sera procédé à de nouveaux débats devant la cour d'assises à laquelle le procès sera renvoyé.

La cour de cassation n'annullera qu'une partie de l'arrêt, lorsque la nullité ne viciera qu'une ou quelques-unes de ses dispositions.

435. L'accusé dont la condamnation aura été

annullée et qui devra subir un nouveau jugement au criminel, sera traduit, soit en état d'arrestation, soit en exécution de l'ordonnance de prise de corps, devant la cour impériale ou d'assises, à qui son procès sera renvoyé.

436. La partie civile qui succombera dans son recours, soit en matière criminelle, soit en matière correctionelle ou de police, sera condamnée à une indemnité de cent cinquante francs, et aux frais envers la partie acquittée, absoute ou renvoyée : la partie civile sera de plus condamnée, envers l'État, à une amende de cent cinquante francs; ou de soixante-quinze francs seulement, si l'arrêt ou le jugement a été rendu par contumace ou défaut.

Les administrations ou régies de l'État, et les agents publics qui succomberont, ne seront condamnés qu'aux frais et à l'indemnité.

437. Lorsque l'arrêt ou le jugement aura été annullé, l'amende consignée sera rendue sans aucun délai, en quelques termes que soit conçu l'arrêt qui aura statué sur le recours, et quand même il aurait omis d'en ordonner la restitution.

438. Lorsqu'une demande en cassation aura été rejetée, la partie qui l'avait formée ne pourra plus se pourvoir en cassation contre le même arrêt ou jugement, sous quelque prétexte et par quelque moyen que ce soit.

439. L'arrêt qui aura rejeté la demande en cassation sera délivré dans les trois jours au procureur général près la cour de cassation, par simple extrait signé du greffier, lequel sera adressé au grand-juge ministre de la justice, et envoyé par celui-ci au magistrat chargé du ministère public près la cour ou le tribunal qui aura rendu l'arrêt ou le jugement attaqué.

440. Lorsqu'après une première cassation le

second arrêt ou le jugement sur le fond sera attaqué par les mêmes moyens, il sera procédé selon les formes prescrites par la loi du 16 septembre 1807. *

441. Lorsque, sur l'exhibition d'un ordre formel à lui donné par le grand-juge ministre de la justice, le procureur général près la cour de cassation dénoncera à la section criminelle des actes judiciaires, arrêts ou jugements contraires à la loi, ces actes, arrêts ou jugements pourront être annullés, et les officiers de police ou les juges poursuivis, s'il y a lieu, de la manière exprimée au chapitre III du titre IV du présent Livre.

442. Lorsqu'il aura été rendu par une cour impériale ou d'assises, ou par un tribunal correc-

---

* Loi du 16 septembre. Art. Ier. « Il y a lieu « à interprétation de la loi, si la cour de cassa- « tion annule deux arrêts ou jugements en der- « nier ressort, rendus dans la même affaire en- « tre les mêmes parties, et qui ont été attaqués « par les mêmes moyens.

2. « Cette interprétation est donnée dans la « forme des réglements d'administration publi- « que.

3. « Elle peut être demandée par la cour de « cassation avant de prononcer le second arrêt.

4. « Si elle n'est pas demandée, la cour de « cassation ne peut rendre le second arrêt que « les sections réunies et sous la présidence du « grand-juge.

5. « Dans le cas déterminé en l'article précé- « dent, si le troisième arrêt est attaqué, l'in- « terprétation est de droit, et il sera procédé comme il est dit à l'art. 2. »

tionnel ou de police, un arrêt ou jugement en dernier ressort, sujet à cassation, et contre lequel néanmoins aucune des parties n'aurait réclamé dans le délai déterminé, le procureur général près la cour de cassation pourra aussi d'office, et nonobstant l'expiration du délai, en donner connoissance à la cour de cassation; l'arrêt ou le jugement sera cassé, sans que les parties puissent s'en prévaloir pour s'opposer à son exécution.

CHAPITRE III.

Des demandes en révision.

443. Lorsqu'un accusé aura été condamné pour un crime, et qu'un autre accusé aura aussi été condamné par un autre arrêt comme auteur du même crime; si les deux arrêts ne peuvent se concilier, et sont la preuve de l'innocence de l'un ou de l'autre condamné, l'exécution des deux arrêts sera suspendue, quand même la demande en cassation de l'un ou de l'autre arrêt aurait été rejetée.

Le grand-juge ministre de la justice, soit d'office, soit sur la réclamation des condamnés ou de l'un d'eux, ou du procureur général, chargera le procureur général près la cour de cassation de dénoncer les deux arrêts à cette cour.

Ladite cour, section criminelle, après avoir vérifié que les deux condamnations ne peuvent se concilier, cassera les deux arrêts, et renverra les accusés, pour être procédé sur les actes d'accusation subsistants, devant une cour autre que celles qui auront rendu les deux arrêts.

444. Lorsqu'après une condamnation pour homicide, il sera, de l'ordre exprès du grand-

juge ministre de la justice, adressé à la cour de cassation, section criminelle, des pièces représentées postérieurement à la condamnation et propres à faire naître de suffisants indices sur l'existance de la personne dont la mort supposée aurait donné lieu à la condamnation, cette cour pourra préparatoirement désigner une cour impériale, pour reconnaître l'existence et l'indentité de la personne prétendue homicidée, et les constater par l'interrogatoire de cette personne, par audition de témoins, et par tous les moyens propres à mettre en évidence le fait destructif de la condamnation.

L'exécution de la condamnation sera de plein droit suspendue par l'ordre du grand-juge, jusqu'à ce que la cour de cassation ait prononcé, et, s'il y a lieu ensuite, par l'arrêt préparatoire de cette cour.

La cour désignée par celle de cassation prononcera simplement sur l'identité ou non-identité de la personne ; et après que son arrêt aura été, avec la procédure, transmis à la cour de cassation, celle-ci pourra casser l'arrêt de condamnation, et même renvoyer, s'il y a lieu, l'affaire à une cour d'assises autre que celles qui en auraient primitivement connu.

445. Lorsqu'après une condamnation contre un accusé, l'un ou plusieurs des témoins qui avaient déposé à charge contre lui, seront poursuivis pour avoir porté un faux témoignage dans le procès, et si l'accusation en faux témoignage est admise contre eux, ou même s'il est décerné contre eux des mandats d'arrêt, il sera sursis à l'exécution de l'arrêt de condamnation, quand même la cour de cassation aurait rejeté la requête du condamné.

Si les témoins sont ensuite condamnés pour

faux témoignage à charge, le grand juge ministre de la justice, soit d'office, soit sur la réclamation de l'individu condamné par le premier arrêt, ou du procureur général, chargera le procureur général près la cour de cassation, de dénoncer le fait à cette cour.

Ladite cour après avoir vérifié la déclaration du jury, sur laquelle le second arrêt aura été rendu, annullera le premier arrêt, si par cette déclaration les témoins sont convaincus de faux témoignage à charge contre le premier condamné; et pour être procédé contre l'accusé sur l'acte d'accusation subsistant, elle le renverra devant une cour d'assises autre que celles qui auront rendu, soit le premier, soit le second arrêt.

Si les accusés de faux témoignage sont acquittés, le sursis sera levé de droit, et l'arrêt de condamnation sera exécuté.

446. Les témoins condamnés pour faux témoignage ne pourront pas être entendus dans les nouveaux débats.

447. Lorsqu'il y aura lieu de réviser une condamnation pour la cause exprimée en l'article 444, et que cette condamnation aura été portée contre un individu mort depuis, la cour de cassation créera un curateur à sa mémoire, avec lequel se fera l'instruction, et qui exercera tous les droits du condamné.

Si, par le résultat de la nouvelle procédure, la première condamnation se trouve avoir été portée injustement, le nouvel arrêt déchargera la mémoire du condamné de l'accusation qui avait été portée contre lui.

(Décrété le 12 décembre 1808, du chapitre 1 à v; le 13, les chapitres VI et VII. Prom. les 22 et 23 du même mois.)

TITRE QUATRIÈME.

De quelques Procédures particulières.

CHAPITRE PREMIER.

Du Faux.

448. Dans tous les procès pour faux en écriture, la pièce arguée de faux, aussitôt qu'elle aura été produite, sera déposée au greffe, signée et paraphée à toutes les pages par le greffier, qui dressera un procès-verbal détaillé de l'état matériel de la pièce, et par la personne qui l'aura déposée, si elle sait signer, ce dont il sera fait mention; le tout à peine de cinquante francs d'amende contre le greffier qui l'aura reçue sans que cette formalité ait été remplie.

449. Si la pièce arguée de faux est tirée d'un dépôt public, le fonctionnaire qui s'en dessaisira la signera aussi et la paraphera comme il vient d'être dit, sous peine d'une pareille amende.

450. La pièce arguée de faux sera de plus signée par l'officier de police judiciaire et par la partie civile ou son avoué, si ceux-ci se présentent.

Elle le sera également par le prévenu, au moment de sa comparution.

Si les comparants, ou quelques-uns d'entre eux, ne peuvent pas ou ne veulent pas signer, le procès-verbal en fera mention.

En cas de négligence ou d'omission, le greffier sera puni de cinquante francs d'amende.

451. Les plaintes et dénonciations en faux pourront toujours être suivies, lors même que les pièces qui en sont l'objet auraient servi de fondement à des actes judiciaires ou civils.

452. Tout dépositaire public ou particulier de pièces arguées de faux est tenu, sous peine d'y être contraint par corps, de les remettre, sur l'ordonnance donnée par l'officier du ministère public ou par le juge d'instruction.

Cette ordonnance et l'acte de dépôt lui serviront de décharge envers tous ceux qui auront intérêt à la pièce.

453. Les pièces qui seront fournies pour servir de comparaison, seront signées et paraphées, comme il est dit aux trois premiers articles du présent chapitre, pour la pièce arguée du faux, et sous les mêmes peines.

454. Tous dépositaires publics pourront être contraints, même par corps, à fournir les pièces de comparaison qui seront en leur possession : l'ordonnance par écrit et l'acte de dépôt leur serviront de décharge envers ceux qui pourraient avoir intérêt à ces pièces.

455. S'il est nécessaire de déplacer une pièce authentique, il en sera laissé au dépositaire une copie collationnée, laquelle sera vérifiée sur la minute ou l'original par le président du tribunal de son arrondissement, qui en dressera procès-verbal ; et si le dépositaire est une personne publique, cette copie sera par lui mise au rang de ses minutes, pour en tenir lieu jusqu'au renvoi de la pièce, et il pourra en délivrer des grosses ou expéditions, en faisant mention du procès-verbal.

Néanmoins, si la pièce se trouve faire partie d'un registre de manière à ne pouvoir en être momentanément distraite, le tribunal pourra, en ordonnant l'apport du registre, dispenser de la formalité établie par le présent article.

456. Les écritures privées peuvent aussi être produites pour pièces de comparaison, et être admises à ce titre, si les parties intéressées les reconnaissent.

Néanmoins les particuliers qui, même de leur aveu, en sont possesseurs, ne peuvent être immédiatement contraints à les remettre, mais si, après avoir été cités devant le tribunal saisi pour faire cette remise ou déduire les motifs de leur refus, ils succombent, l'arrêt ou le jugement pourra ordonner qu'ils y seront contraints par corps.

457. Lorsque les témoins s'expliqueront sur une pièce du procès, ils la parapheront et la signeront et s'ils ne peuvent signer, le procès-verbal en fera mention

458. Si, dans le cours d'une instruction ou d'une procédure, une pièce produite est arguée de faux par l'une des parties, elle sommera l'autre de déclarer si elle entend se servir de la pièce.

459. La pièce sera rejetée du procès, si la partie déclare qu'elle ne veut pas s'en servir, ou si, dans le délai de huit jours, elle ne fait aucune déclaration, et il sera passé outre à l'instruction et au jugement.

Si la partie déclare qu'elle entend se servir de la pièce, l'instruction sur le faux sera suivie incidemment devant la cour ou le tribunal saisi de l'affaire principale.

460. Si la partie qui a argué de faux la pièce, soutient que celui qui l'a produite est l'auteur ou le complice du faux, ou s'il résulte de la procédure que l'auteur ou le complice du faux soit

soit vivant, et la poursuite du crime non éteinte par la prescription, l'accusation sera suivie criminellement dans les formes ci-dessus prescrites.

Si le procès est engagé au civil, il sera sursis au jugement jusqu'à ce qu'il ait été prononcé sur le faux.

S'il s'agit de crimes, délits ou contraventions la cour ou le tribunal saisi est tenu de décider préalablement, et après avoir entendu l'officier chargé du ministère public, s'il y a lieu ou non à surseoir.

461. Le prévénu ou l'accusé pourra être requis de produire et de former un corps d'écriture; en cas de refus ou de silence, le procès-verbal en fera mention.

462. Si une cour ou un tribunal trouve dans la visite d'un procès, même civil, des indices sur un faux et sur la personne qui l'a commis, l'officier chargé du ministère public ou le président transmettra les pièces au substitut du procureur général près le juge d'instruction, soit du lieu où le délit paraîtra avoir été commis, soit du lieu où le prévenu pourra être saisi, et il pourra même délivrer le maudat d'amener.

463. Lorsque des actes authentiques auront été déclarés faux en tout ou en partie, la cour ou le tribunal qui aura connu du faux ordonnera qu'ils soient rétablis, rayés ou réformés, et du tout il sera dressé procès-verbal.

Les pièces de comparaison seront renvoyées dans les dépôts d'où elles auront été tirées, ou seront remises aux personnes qui les auront communiquées, le tout dans le délai de quinzaine à compter du jour de l'arrêt ou jugement, à peine d'une amende de cinquante francs contre le greffier.

464. Le surplus de l'instruction sur le faux se fera comme sur les autres délits, sauf l'exception suivante :

Les présidents des cours d'assises ou spéciales, les procureurs généraux ou leurs substituts, les juges d'instruction et les juges de paix, pourront continuer, hors de leur ressort, les visites nécessaires chez les personnes soupçonnées d'avoir fabriqué, introduit, distribué de faux papiers nationaux, de faux billets de la banque de France, ou des banques des départements.

La présente disposition a lieu également pour le crime de fausse monnaie, ou de contrefaction du sceau de l'État.

CHAPITRE II.

Des Contumaces.

465. Lorsqu'après un arrêt de mise en accusation l'accusé n'aura pu être saisi ou ne se présentera pas dans les dix jours de la notification qui en aura été faite à son domicile ;

Ou, lorsqu'après s'être présenté ou avoir été saisi, il se sera évadé ;

Le président de la cour d'assises ou celui de la cour spéciale, chacun dans les affaires de leur compétence respective, ou, en leur absence le président du tribunal de première instance, et, à defaut de l'un et de l'autre, le plus ancien juge de ce tribunal, rendra une ordonnance portant qu'il sera tenu de se représenter dans un nouveau délai de dix jours, sinon qu'il sera déclaré rebelle à la loi, qu'il sera suspendu de l'exercice des droits de citoyen, que ses biens seront séquestrés pendant l'instruction de la contumace, que toute action en justice lui sera interdite pendant le même temps, qu'il sera procédé contre lui, et que toute personne est tenue d'indiquer le lieu où il se trouve.

Cette ordonnance fera de plus mention du crime et de l'ordonnance de prise de corps.

466. Cette ordonnance sera publiée à son de trompe ou de caisse le dimanche suivant, et affichée à la porte du domicile de l'accusé, à celle du maire, et à celle de l'auditoire de la cour d'assises ou de la cour spéciale.

Le procureur général ou son substitut adressera aussi cette ordonnance au directeur des domaines et droits d'enregistrement du domicile du contumax.

467. Après un délai de dix jours, il sera procédé au jugement de la contumace.

468. Aucun conseil, aucun avoué, ne pourra se présenter pour défendre l'accusé contumax.

Si l'accusé est absent du territoire européen de l'Empire, ou s'il est dans l'impossibilité absolue de se rendre, ses parents ou ses amis pourront présenter son excuse et en plaider la légitimité.

469. Si la cour trouve l'excuse légitime, elle ordonnera qu'il sera sursis au jugement de l'accusé et au séquestre de ses biens, pendant un temps qui sera fixé, eu égard à la nature de l'excuse et à la distance des lieux.

470. Hors ce cas, il sera procédé de suite à la lecture de l'arrêt de renvoi à la cour d'assises, ou à la cour spéciale, de l'acte de notification de l'ordonnance ayant pour objet la représentation du contumax, et des procès-ver-

baux dressés pour en constater la publication et l'affiche.

Après cette lecture, la cour, sur les conclusions du procureur général impérial ou de son substitut, prononcera sur la contumace.

Si l'instruction n'est pas conforme à la loi, la cour la déclarera nulle, et ordonnera qu'elle sera recommencée à partir du plus ancien acte illégal.

Si l'instruction est régulière, la cour prononcera sur l'accusation, et statuera sur les intérêts civils, le tout sans assistance ni intervention de jurés.

471. Si le contumax est condamné, ses biens seront, à partir de l'exécution de l'arrêt, considérés et régis comme biens d'absent; et le compte du séquestre sera rendu à qui il appartiendra, après que la condamnation sera devenue irrévocable par l'expiration du délai donné pour purger la contumace.

472. Extrait du jugement de condamnation sera, dans les trois jours de la prononciation, à la diligence du procureur général impérial ou de son substitut, affiché par l'exécuteur des jugements criminels, à un poteau qui sera planté au milieu de l'une des places publiques de la ville chef-lieu de l'arrondissement où le crime aura été commis.

Pareil extrait sera, dans le même délai, adressé au directeur des domaines, et droits d'enregistrement du domicile du contumax.

473. Le recours en cassation ne sera ouvert contre les jugements de contumace qu'au procureur général impérial et à la partie civile, en ce qui la regarde.

474. En aucun cas, la contumace d'un accusé ne suspendra ni ne retardera de plein droit

l'instruction à l'égard de ses coaccusés présents.

La cour pourra ordonner, après le jugement de ceux-ci, la remise des effets déposés au greffe comme pièces de conviction, lorsqu'ils seront réclamés par les propriétaires ou ayant-droit. Elle pourra aussi ne l'ordonner qu'à charge de représenter, s'il y a lieu.

Cette remise sera précédée d'un procès-verbal de description, dressé par le greffier, à peine de cent francs d'amende.

475. Durant le séquestre, il peut être accordé des secours à la femme, aux enfants, au père ou à la mère de l'accusé, s'ils sont dans le besoin.

Ces secours seront réglés par l'autorité administrative.

476. Si l'accusé se constitue prisonnier, ou s'il est arrêté avant que la peine soit éteinte par prescription, le jugement rendu par contumace, et les procédures faites contre lui depuis l'ordonnance de prise de corps ou de se représenter, seront anéantis de plein droit, et il sera procédé en son égard dans la forme ordinaire.

Si cépendant la condamnation par contumace était de nature à emporter la mort civile, et si l'accusé n'a été arrêté ou ne s'est représenté qu'après les cinq ans qui ont suivi l'exécution du jugement de contumace, ce jugement, conformément à l'article 30 du Code Napoléon, conservera, pour le passé, les effets que la mort civile aurait produits dans l'intervalle écoulé depuis l'expiration des cinq ans, jusqu'au jour de la comparution de l'accusé en justice.

477. Dans les cas prévus par l'article précédent, si, pour quelque cause que ce soit, des témoins ne peuvent être produits aux débats, leurs dépositions écrites et les réponses écrites

des autres accusés du même délit, seront lues à l'audience : il en sera de même de toutes les autres pièces qui seront jugées par le président être de nature à répandre la lumière sur le délit et les coupables.

478. Le contumax qui, après s'être représenté, obtiendrait son renvoi de l'accusation, sera toujours condamné aux frais occasionnés par sa contumace.

CHAPITRE III.

Des Crimes commis par des Juges, hors de leurs fonctions et dans l'exercice de leurs fonctions.

SECTION PREMIÈRE.

De la poursuite et instruction contre des juges pour crimes et délits par eux commis hors de leurs fonctions.

479. Lorqu'un juge de paix, un membre de tribunal correctionnel ou de première instance, ou un officier chargé du ministère public près l'un de ces tribunaux, sera prévenu d'avoir commis, hors de ses fonctions, un délit emportant une peine correctionnelle, le procureur général près la cour impériale le fera citer devant cette cour, qui prononcera sans qu'il puisse y avoir appel.

480. S'il sagit d'un crime emportant peine afflitive ou infamante, le procureur général près la cour impériale et le premier président de cette cour désigneront le premier, le magistrat qui exercera les fonctions d'officier de police judiciaire ; le second, le magistrat qui exercera les fonctions de juge d'instruction.

481. Si c'est un membre de cour impériale ou un officier exerçant près d'elle le ministère public, qui soit prévenu d'avoir commis un délit ou un crime hors de ses fonctions, l'officier qui aura reçu les dénonciations ou les plaintes, sera tenu d'en envoyer de suite des copies au grand-juge ministre de la justice, sans aucun retard de l'instruction qui sera continuée comme il est précédemment réglé, et il adressera pareillement au grand-juge une copie des pièces.

482. Le grand-juge transmettra les pieces à la cour de cassation, qui renverra l'affaire, s'il y a lieu, soit à un tribunal de police correctionnelle, soit à un juge d'instruction, pris l'un et l'autre hors du ressort de la cour à la quelle appartient le membre inculpé.

S'il s'agit de prononcer la mise en accusation, le renvoi sera fait à une autre cour impériale.

SECTION II.

De la poursuite et instruction contre des juges et tribunaux autres que ceux désignés par l'article 101 du sénatus-consulte du 28 floréal an 12 pour forfaiture et autres crimes ou délits relatifs à leurs fonctions.

383. Lorsqu'un juge de paix ou de police, ou un juge faisant partie d'un tribunal de commerce, un officier de police judiciaire, un membre de tribunal correctionnel ou de premièr instance, ou un officier chargé du ministère public près l'un de ces juges ou tribunaux, sera prévenu d'avoir commis, dans l'exercice de ses fonctions, un délit emportant une peine correc-

tionelle, ce délit sera poursuivi et jugé comme il est dit à l'article 479.

484. Lorsque des fonctionnaires de la qualité exprimée en l'article précédent seront prévenus d'avoir commis un crime emportant la peine de forfaiture ou autre plus grave, les fonctions ordinairement dévolues au juge d'instruction et au procureur impérial seront immédiatement remplies par le premier président et le procureur général près la cour impériale, chacun en ce qui le concerne, ou par tels autres officiers qu'ils auront respectivement et spécialement désignés à cet effet.

Jusqu'à cette délégation, et dans le cas où il existerait un corps de délit, il pourra être constaté par tout officier de police judiciaire; et pour le surplus de la procédure, on suivra les dispositions générales du présent Code.

485. Lorsque le crime commis dans l'exercice des fonctions et emportant la peine de forfaiture ou autre plus grave, sera imputé, soit à un tribunal entier de commerce, correctionel ou de première instance, soit individuellement à un ou plusieurs membres des cours impériales, et aux procureurs généraux et substituts près ces cours, il sera procédé comme il suit.

486. Le crime sera dénoncé au grand-juge ministre de la justice, qui donnera, s'il y a lieu, ordre au procureur général impérial près la cour de cassation, de le poursuivre sur la dénonciation.

Le crime pourra aussi être dénoncé directement à la cour de cassation par les personnes qui se prétendront lésées, mais seulement lorsqu'elles demanderont à prendre le tribunal ou le juge à partie, ou lorsque la dénonciation sera incidente à une affaire pendante à la cour de cassation.

487. Si le procureur général près la cour de cassation ne trouve pas dans les pièces à lui transmises par le grand-juge, ou produites par les parties, tous les renseignements qu'il jugera nécessaires, il sera, sur son réquisitoire, désigné par le premier président de cette cour, un de ses membres pour l'audition des témoins, et tous autres actes d'instruction qu'il peut y avoir lieu de faire dans la ville où siége la cour de cassation.

488. Lorsqu'il y aura des témoins à entendre ou des actes d'instruction à faire hors de la ville où siége la cour de cassation, le premier président de cette cour fera à ce sujet toutes délégations nécessaires à un juge d'instruction, même d'un département ou d'un arrondissement autres que ceux du tribunal ou du juge prévenu.

489. Après avoir entendu les témoins et terminé l'instruction qui lui aura été déléguée, le juge d'instruction mentionné en l'article précédent renverra les procès-verbaux et les autres actes clos et cachetés au premier président de la cour de cassation.

490. Sur le vu soit des pièces qui auront été transmises par le grand-juge, ou produites par les parties, soit des renseignements ultérieurs qu'il se sera procurés, le premier président décernera, s'il y a lieu, le mandat de dépôt.

Ce mandat désignera la maison d'arrêt dans laquelle le prévenu devra être déposé.

491. Le premier président de la cour de cassation ordonnera de suite la communication de la procédure au procureur général, qui, dans les cinq jours suivants, adressera à la section

des requêtes son réquisitoire contenant la dénonciation du prévenu.

492. Soit que la dénonciation portée à la section des requêtes, ait été ou non précédée d'un mandat de dépôt, cette section y statuera, toutes affaires cessantes.

Si elle la rejette, elle ordonnera la mise en liberté du prévenu.

Si elle l'admet, elle renverra le tribunal ou le juge prévenu, devant les juges de la section civile, qui prononceront sur la mise en accusation.

493. La dénonciation incidente à un affaire pendante à la cour de cassation, sera portée devant la section saisie de l'affaire; et si elle est admise, elle sera renvoyée de la section criminelle ou de celle des requêtes à la section civile, et de la section civile à celle des requêtes.

494. Lorsque, dans lexamen d'une demande en prise à partie ou de toute autre affaire, et sans qu'il y ait de dénonciation directe ni incidente, l'une des sections de la cour de cassation apercevra quelque délit de nature à faire poursuivre criminellement un tribunal ou un juge de la qualité exprimée en l'article 479, elle pourra d'office ordonner le renvoi, conformément à l'article précedent.

495. Lorsque l'examen d'une affaire portée devant les sections réunies donnera lieu au renvoi d'office exprimé dans l'article qui précède ce renvoi sera fait à la section civile.

496. Dans tous les cas, la section à laquelle sera fait le renvoi sur dénonciation ou d'office, prononcera sur la mise en accusation.

Son président remplira les fonctions que la loi attribue aux juges d'instruction.

497. Ce président pourra déléguer l'audition

des témoins et l'interrogatoire des prévenus à un autre juge d'instruction, pris même hors de l'arrondissement et du département où se trouvera le prévenu.

498. Le mandat d'arrêt que délivrera le président, désignera la maison d'arrêt dans laquelle le prévenu devra être conduit

499. La section de la cour de cassation, saisie de l'affaire, délibérera sur la mise en accusation, en séance non publique : les juges devront être en nombre impair.

Si la majorité des juges trouve que la mise en accusation ne doit pas avoir lieu, la dénonciation sera rejetée par un arrêt, et le procureur général fera mettre le prévenu en liberté.

500. Si la majorité des juges est pour la mise en accusation, cette mise en accusation sera prononcée par un arrêt, qui portera en même temps ordonnance de prise de corps.

En exécution de cet arrêt, l'accusé sera transféré dans la maison de justice de la cour d'assises qui sera désignée par celle de cassation, dans l'arrêt même.

501. L'instruction ainsi faite devant la cour de cassation, ne pourra être attaquée quant à la forme.

Elle sera commune aux complices du tribunal ou du juge poursuivi, lors même qu'ils n'exerceraient point de fonctions judiciaires.

502. Seront au surplus observées les autres dispositions du présent Code qui ne sont pas contraires aux formes de procéder prescrites par le présent chapitre.

503. Lorsqu'il se trouvera, dans la section criminelle saisie du recours en cassation dirigé contre l'arrêt de la cour d'assises à laquelle l'affaire aura été renvoyée, des juges qui auront

à la mise en accusation dans l'une des autres sections, ils s'abstiendront.

Et néanmoins, dans le cas d'un second recours qui donnera lieu à la réunion des sections, tous les juges en pourront connaître.

CHAPITRE IV.

Des délits contraires au respect dû aux autorités constituées.

504. Lorsqu'à l'audience ou en tout autre lieu où se fait publiquement une instruction judiciaire, l'un ou plusieurs des assistants donneront des signes publics, soit d'approbation, soit d'improbation, ou exciteront du tumulte, de quelque manière que ce soit, le président ou le juge les fera expulser; s'ils résistent à ses ordres, où s'ils rentrent, le président ou le juge ordonnera de les arrêter et conduire dans la maison d'arrêt : il sera fait mention de cet ordre dans le procès-verbal ; et sur l'exhibition qui en sera faite au gardien de la maison d'arrêt, les pertubateurs y seront reçus et retenus pendant vingt-quatre heures.

505. Lorsque le tumulte aura été accompagné d'injures ou voies de fait donnant lieu à l'application ultérieure des peines correctionnelles ou de police, ces peines pourront être, séance tenante et immédiatement après que les faits auront été constatés, prononcées, savoir :

Celles de simple police, sans appel, de quelque tribunal ou juge qu'elles émanent;

Et celles de police correctionnelle, à la charge de l'appel, si la condamnation a été portée par un tribunal sujet à appel, ou par un juge seul.

506. S'il s'agit d'un crime commis à l'audience d'un juge seul, ou d'un tribunal sujet à appel, le

le juge ou le tribunal, après avoir fait arrêter le délinquant et dressé procès-verbal des faits, enverra les pièces et le prévenu devant les juges compétents.

507. A l'égard des voies de fait qui auraient dégénéré en crimes, ou de tous autres crimes flagrants et commis à l'audience de la cour de cassation, d'une cour impériale ou d'une cour d'assises ou spéciale, la cour procédera au jugement de suite et sans désemparer.

Elle entendra les témoins, le délinquant et le conseil qu'il aura choisi ou qui lui aura été désigné par le président; et, après avoir constaté les faits et ouï le procureur général ou son substitut, le tout publiquement, elle appliquera la peine par un arrêt, qui sera motivé.

508. Dans le cas de l'article précédent, si les juges présents à l'audience sont au nombre de cinq ou six, il faudra quatre voix pour opérer la condamnation.

S'ils sont au nombre de sept, il faudra cinq voix pour condamner.

Au nombre de huit et au-delà, l'arrêt de condamnation sera prononcé aux trois quarts des voix, de manière toutefois que, dans le calcul de ces trois quarts, les fractions, s'il s'en trouve, soient appliquées en faveur de l'absolution.

509. Les préfets, sous-préfets, maires et adjoints, officiers de police administrative ou judiciaire, l'orsqu'ils rempliront publiquement quelques actes de leur ministère, exerceront aussi les fonctions de police réglées par l'article 504; et, après avoir fait saisir les pertubateurs, ils dresseront procès-verbal du délit, et enverront ce procès-verbal, s'il y a lieu, ainsi que les prévenus, devant les juges compétents.

CHAPITRE V.

De la manière dont seront reçues, en matière criminelle, correctionnelle et de police, les dépositions des princes et de certains fonctionnaires de l'Etat.

510. Les princes ou princesses du sang impérial, les grands dignitaires de l'Empire et le grand-juge ministre de la justice, ne pourront jamais être cités comme témoins, même pour les débats qui ont lieu en présence du jury, si ce n'est dans le cas où l'Empereur, sur la demande d'une partie et le rapport du grand-juge, aurait, par un décret spécial, autorisé cette comparution.

511. Les dépositions des personnes de cette qualité, seront, sauf l'exception ci-dessus prévue, rédigées par écrit et reçues par le premier président de la cour impériale, si les personnes dénommées en l'article précédent résident ou se trouvent au chef-lieu d'une cour impériale, sinon par le président du tribunal de première instance de l'arrondissement dans lequel elles auraient leur domicile ou se trouveraient accidentellement.

Il sera, à cet effet, adressé par la cour ou le juge d'instruction saisi de l'affaire, au président ci-dessus nommé, un état des faits, demandes et questions sur lesquels le témoignage est requis.

Ce président se transportera aux demeures des personnes dont il s'agit, pour recevoir leurs dépositions.

512. Les dépositions ainsi reçues seront immédiatement remises au greffe, ou envoyées closes et cachetées à celui de la cour ou du juge

requérant, et communiquées sans délai à l'officier chargé du ministère public.

Dans l'examen devant le jury, elles seront lues publiquement aux jurés et soumises aux débats, sous peine de nullité.

513. Dans le cas où l'Empereur aurait porté un décret ordonnant ou autorisant la comparution de quelques-unes des personnes ci-dessus désignées, devant le jury, le même décret impérial désignera le cérémonial à observer à leur égard.

514. A l'égard des ministres autres que le grand-juge, grands officiers de l'Empire, conseillers d'Etat chargés d'une partie de l'administration publique, généraux en chef, actuellement en service, ambassadeurs ou autres agents de l'Empereur accrédités près les cours étrangères, il sera procédé comme il suit :

Si leur déposition est requise devant la cour d'assises ou devant le juge d'instruction du lieu de leur résidence, ou de celui où ils se trouveraient accidentellement, ils devront la fournir dans les formes ordinaires.

S'il s'agit d'une déposition relative à une affaire poursuivie hors du lieu où ils résident pour l'exercice de leurs fonctions, et de celui où ils se trouveraient accidentellement, et si cette déposition n'est pas requise devant le jury, le président ou le juge d'instruction saisi de l'affaire adressera à celui du lieu où résident ces fonctionnaires, à raison de leurs fonctions, un état des faits, demandes et questions, sur lesquels leur témoignage est requis.

S'il s'agit du témoignage d'un agent résidant auprès d'un Gouvernement étranger, cet état sera adressé au grand-juge ministre de la justice, qui en fera le renvoi sur les lieux, et désignera la personne qui recevra la déposition.

515. Le président ou le juge d'instruction auquel sera adressé l'état mentionné en l'article précédent, fera assigner le fonctionnaire devant lui, et recevra sa déposition par écrit.

516. Cette déposition sera envoyée close et cachetée au greffe de la cour ou du juge requérant, communiquée et lue comme il est dit en l'article 512, et sous les mêmes peines.

517. Si les fonctionnaires de la qualité exprimée dans l'article 514, sont cités à comparaître comme témoin devant un jury assemblé hors du lieu où ils résident pour l'exercice de leurs fonctions, ou de celui où ils se trouveraient accidentellement, ils pourront en être dispensés par un décret de l'Empereur.

Dans ce cas ils déposeront par écrit, et l'on observera les dispositions prescrites par les art. 514, 515, et 516.

CHAPITRE VI.

De la Reconnaissance de l'Identité des individus condamnés, évadés et repris.

518. La reconnaissance de l'identité d'un individu condamné, évadé et repris, sera faite par la cour qui aura prononcé sa condamnation.

Il en sera de même de l'identité d'un individu condamné à la déportation ou au bannissement, qui aura enfreint son ban et sera repris; et la cour, en prononçant l'identité, lui appliquera, de plus, la peine attachée par la loi à son infraction.

519. Tous ces jugements seront rendus sans assistance de jurés, après que la cour aura entendu les témoins appelés tant à la requête

du procureur général qu'à celle de l'individu repris, si ce dernier en a fait citer.

L'audience sera publique, et l'individu repris sera présent, à peine de nullité.

520. Le procureur-général impérial et l'individu repris pourront se pourvoir en cassation, dans la forme et dans le délai déterminés par le présent Code, contre l'arrêt rendu sur la poursuite en reconnaissance d'identité.

CHAPITRE VII.

Manière de procéder en cas de destruction ou d'enlevement des pièces ou du jugement d'une affaire.

521. Lorsque, par l'effet d'un incendie, d'une inondation ou de toute autre cause extraordinaire, des minutes d'arrêts rendus en matière criminelle ou correctionnelle, et non encore exécutés, ou des procédures encore indécises, auront été détruites, enlevées, ou se trouveront égarées, et qu'il n'aura pas été possible de les rétablir, il sera procédé ainsi qu'il suit.

522. S'il existe une expédition ou copie authentique de l'arrêt, elle sera considérée comme minute, et en conséquence remise dans le dépôt destiné à la conservation des arrêts.

A cet effet, tout officier public ou tout individu dépositaire d'une expédition ou d'une copie authentique de l'arrêt, est tenu, sous peine d'y être contraint par corps, de la remettre au greffe de la cour qui l'a rendu, sur l'ordre qui en sera donné par le président de cette cour.

Cet ordre lui servira de décharge envers ceux qui auront intérêt à la pièce.

Le dépositaire de l'expédition ou copie authentique de la minute détruite, enlevée ou égarée, aura la liberté, en la remettant dans le dépôt public, de s'en faire délivrer une expédition sans frais.

523. Lorsqu'il n'existera plus, en matière criminelle, d'expédition ni de copie authentique de l'arrêt, si la déclaration du jury existe encore en minute ou en copie authentique, on procèdera, d'après cette déclaration, à un nouveau jugement.

524. Lorsque la déclaration du jury ne pourra plus être représentée, ou lorsque l'affaire aura été jugée sans jurés, et qu'il n'en existera aucun acte par écrit, l'instruction sera recommencée, à partir du point où les pièces se trouveront manquer, tant en minute qu'en expédition ou copie authentique.

(Décrété le 14 décembre 1808. Prom. le 24 du même mois.)

TITRE CINQUIÈME.

Des Règlements de Juges et des Renvois d'un Tribunal à un autre.

CHAPITRE PREMIER.

Des Règlements de Juges.

525. TOUTES demandes en règlement de juges seront instruites et jugées sommairement et sur simples mémoires.

526. Il y aura lieu à être réglé de juges par la cour de cassation, en matière criminelle, correctionnelle ou de police, lorsque des cours, tribunaux, ou juges d'instruction, ne ressor-

tissant point les uns aux autres, seront saisis de la reconnaissance du même délit ou de délits connexes, ou de la même contravention.

526. Il y aura lieu également à être réglé de juges par la cour de cassation, lorsqu'un tribunal militaire ou maritime, ou un officier de police militaire, ou tout autre tribunal d'exception, d'une part; une cour impériale ou d'assise, ou spéciale, un tribunal jugeant correctionnellement, un tribunal de police ou un juge d'instruction, d'autre part, seront saisis de la connaissance du même délit, ou de délits connexes, ou de la même contravention.

528. Sur le vu de la requête et des pièces, la cour de cassation, section criminelle, ordonnera que le tout soit communiqué aux parties, ou statuera définitivement, sauf l'opposition.

529. Dans le cas où la communication serait ordonnée sur le pourvoi en conflit du prévenu, de l'accusé ou de la partie civile, l'arrêt enjoindra à l'un et à l'autre des officiers chargés du ministère public près les autorités judiciaires concurremment saisies, de transmettre les pièces du procès et leur avis motivé sur le conflit.

530. Lorsque la communication sera ordonnée sur le pourvoi de l'un de ces officiers, l'arrêt ordonnera à l'autre de transmettre les pièces et son avis motivé.

531. L'arrêt de *soit communiqué* fera mention sommaire des actes d'où naîtra le conflit, et fixera, selon la distance des lieux, le délai dans lequel les pièces et les avis motivés seront apportés au greffe.

La notification qui sera faite de cet arrêt aux parties, emportera de plein droit sursis au jugement du procès; et, en matière criminelle, à la mise en accusation, ou, si elle a déjà été prononcée, à la formation du jury dans les cours d'assises, et à l'examen dans les cours spéciales, mais non aux actes et aux procédures conservatoires ou d'instruction.

Le prévenu ou l'accusé, et la partie civile, pourront présenter leurs moyens sur le conflit, dans la forme réglée par le chapitre II du titre III du présent livre pour le recours en cassation.

532. Lorsque, sur la simple requête, il sera intervenu arrêt qui aura statué sur la demande en règlement de juges, cet arrêt sera, à la diligence du procureur général près la cour de cassation, et par l'intermédiaire du grand-juge ministre de la justice, notifié à l'officier chargé du ministère public près la cour, le tribunal ou le magistrat daissaisi.

Il sera notifié de même au prévenu ou à l'accusé, et à la partie civile, s'il y en a une.

533. Le prévenu ou l'accusé et la partie civile pourront former opposition à l'arrêt dans le délai de trois jours, et dans les formes prescrites par le chapitre II du titre III du présent livre pour le recours en cassation.

534 L'opposition dont il est parl[illegible] précédent article, entraînera de plein droit sursis au jugement du procès, comme il est dit en l'article 531.

535. Le prévenu qui ne sera pas en arrestation, l'accusé qui ne sera pas retenu dans la maison de justice, et la partie civile, ne seront point admis au bénéfice de l'opposition, s'ils n'ont antérieurement, ou dans le délai fixé par l'article 533, élu domicile dans le lieu où siége l'une des autorités judiciaires en conflit.

A défaut de cette élection, ils ne pourront non plus exciper de ce qu'il ne leur aurait été fourni aucune communication, dont le poursuivant sera dispensé à leur égard.

536. La cour de cassation, en jugeant le conflit, statuera sur tous les actes qui pourraient avoir été faits par la cour, le tribunal ou le magistrat qu'elle dessaisira.

537. Les arrêts rendus sur des conflits ne pourront pas être attaqués par la voie de l'opposition, lorsqu'ils auront été précédés d'un arrêt de *soit communiqué*, dûment exécuté.

538. L'arrêt rendu, ou après un *soit communiqué*, ou sur une opposition, sera notifié aux mêmes parties et dans la même forme que l'arrêt qui l'aura précédé.

539. Lorsque le prévenu ou l'accusé, l'officier chargé du ministère public, ou la partie civile, aura excipé de l'incompétence d'un tribunal de première instance, ou d'un juge d'instruction, ou proposé un déclinatoire, soit que l'exception ait été admise ou rejetée, nul ne pourra recourir à la cour de cassation pour être réglé de juges; sauf à se pourvoir devant la cour impériale contre la décision portée par le tribunal de première instance ou le juge d'instruction, et à se pourvoir en cassation, s'il y a lieu, contre l'arrêt rendu par la cour impériale.

540. Lorsque deux juges d'instruction ou deux tribunaux de première instance, établis dans le ressort de la même cour impériale, seront saisis de la connaissance du même délit ou de délits connexes, les parties seront réglées de juges par cette cour, suivant la forme prescrite au présent chapitre, sauf le recours, s'il y a lieu, à la cour de cassation.

Lorsque deux tribunaux de police simple seront saisis de la connaissance de la même contravention, ou de contraventions connexes, les parties seront réglées de juges par le tribunal auquel ils ressortissent l'un et l'autre; et s'ils ressortissent à différents tribunaux, elles seront réglées par la cour impériale, sauf le recours, s'il y a lieu, à la cour de cassation.

541. La partie civile, le prévenu ou l'accusé qui succombera dans la demande en règlement de juges qu'il aura introduite, pourra être condamné à une amende qui toutefois n'excèdera point la somme de trois cents francs, dont moitié sera pour la partie.

CHAPITRE II.

Des renvois d'un tribunal à un autre.

542. En matière criminelle, correctionnelle et de police, la cour de cassation peut, sur la réquisition du procureur général près cette cour, renvoyer la connaissance d'une affaire, d'une cour impériale ou d'assises, ou spéciale, à une autre, d'un tribunal correctionnel ou de police à un autre tribunal de même qualité, d'un juge d'instruction à un autre juge d'instruction, pour cause de sûreté publique ou de suspicion légitime.

Ce renvoi peut aussi être ordonné sur la réquisition des parties intéressées, mais seulement pour cause de suspicion légitime.

543. La partie intéressée qui aura procédé volontairement devant une cour, un tribunal ou un juge d'instruction, ne sera reçue à demander le renvoi qu'à raison des circonstances survenues depuis, lorsqu'elles seront de nature à faire naître une suspicion légitime.

544. Les officiers chargés du ministère public pourront se pourvoir immédiatement devant la cour de cassation, pour demander le renvoi pour cause de suspicion légitime ; mais lorsqu'il s'agira d'une demande en renvoi pour cause de sûreté publique, ils seront tenus d'adresser leurs réclamations, leurs motifs et les pièces à l'appui, au grand-juge ministre de la justice, qui les transmettra, s'il y a lieu, à la cour de cassation.

545. Sur le vu de la requête et des pièces, la cour de cassation, section criminelle, statuera définitivement, sauf l'opposition, ou ordonnera que le tout soit communiqué.

546. Lorsque le renvoi sera demandé par le prévenu, l'accusé ou la partie civile, et que la cour de cassation ne jugera à propos ni d'accueillir ni de rejeter cette demande sur-le-champ, l'arrêt en ordonnera la communication a l'officier chargé du ministère public près la cour, le tribunal ou le juge d'instruction saisi de la connaissance du délit, et enjoindra à cet officier de transmettre les pièces avec son avis motivé sur la demande en renvoi ; l'arrêt ordonnera de plus, s'il y a lieu, que la communication sera faite à l'autre partie.

547. Lorsque la demande en renvoi sera formée par l'officier chargé du ministère public, et que la cour de cassation n'y statuera point définitivement, elle ordonnera, s'il y a lieu, que la communication sera faite aux parties, ou prononcera telle autre disposition préparatoire qu'elle jugera nécessaire.

548. Tout arrêt qui, sur le vu de la requête et des pièces, aura définitivement statué sur une demande en renvoi, sera, à la diligence du procureur général près la cour de cassation,

et par l'intermédiaire du grand-juge ministre de la justice, notifié soit à l'officier chargé du ministère public près la cour, le tribunal ou le juge d'instruction dessaisi, soit à la partie civile, au prévenu ou à l'accusé en personne ou au domicile élu.

549. L'opposition ne sera pas reçue, si elle n'est pas formée d'après les règles et dans le délai fixés au chapitre premier du présent titre.

550. L'opposition reçue emporte de plein droit sursis au jugement du procès, comme il est dit en l'article 531.

551. Les articles 525, 530, 531, 534, 535, 536, 537, 538 et 541 seront communs aux demandes en renvoi d'un tribunal à un autre.

552. L'arrêt qui aura rejeté une demande en renvoi, n'exclura pas une nouvelle demande en renvoi fondée sur des faits survenus depuis.

TITRE

(Décrété le 15 décembre 1808. Prom. le 25 du même mois.)

TITRE SIXIÈME.

DES COURS SPÉCIALES.

CHAPITRE UNIQUE.

De la Compétence, de la Composition des Cours spéciales, et de la Procédure.

SECTION PREMIÈRE.

Compétence de la Cour spéciale.

553. Les crimes commis par des vagabonds, gens sans aveu, et par des condamnés à des peines afflictives ou infamantes, seront jugés, sans jurés, par les juges ci-après désignés, et dans les formes ci-après prescrites.

554. Le crime de rébellion armée à la force armée, celui de contrebande armée, le crime de fausse monnaie et les assassinats, s'ils ont été préparés par des attroupements armés seront jugés par les mêmes juges et dans les mêmes formes.

555. Si, parmi les prévenus des crimes spécifiés en l'article 553, et qui sont, par la simple qualité des personnes, attribués à la cour spéciale, il s'en trouve qui ne soient point par ladite qualité justiciables de cette cour le procès et les parties seront renvoyés devant les cours d'assises.

§. Ier.

Composition de la Cour spéciale.

556. La cour spéciale ne pourra juger qu'au nombre de huit juges ; elle sera composée, 1° du président de la cour dassises, lorsqu'il sera sur les lieux : en son absence, ou en cas d'empêchement, d'un des membres de la cour impériale qui aurait été délégué à la cour d'assises ; et, à leur défaut, du président du tribunal de première instance dans le ressort duquel la cour spéciale tiendra ses séances ; 2° des quatre juges formant, aux termes des article 253 et 354, avec le président, la cour d'assises ; 3° de trois militaires ayant au moins le grade de capitaine.

Une loi Particulière réglera l'organisation de la cour spéciale du département de la Seine.

557. Dans le département où siége la cour impériale, le procureur général, ou l'un de ses substituts, remplira, auprès de la cour spéciale, les fonctions du ministère public.

Le greffier de la cour, ou un de ses commis assermentés, y exercera ses fonctions.

558. Dans les autres départemens, les fonctions du ministère public seront exercées par le procureur impérial criminel;

Et les fonctions de greffier seront remplies par le greffier du tribunal de première instance, ou par un de ses commis assermentés.

559. Les trois militaires seront âgés d'au moins trente ans, et nommés chaque année par Sa Majesté. Ils auront trois suppléans du même grade, nommés également par Sa Majesté.

§. II.

Epoques et Lieux des Sessions de la Cour spéciale.

560. La cour spéciale sera convoquée toutes les fois que l'instruction d'une affaire de sa compétence sera complétée.

561. Le jour et le lieu où la session devra s'ouvrir, seront fixés par la cour impériale.

La session ne sera terminée qu'après que toutes les affaires de sa compétence qui étaient en état lors de son ouverture, y auront été portées.

562. Les dispositions contenues aux articles 254, 255, 256, 257, 258, 261, 264 et 265, relatifs aux cours d'assises, reçoivent leur application pour les cours spéciales.

§. III.

Fonctions du Président.

563. Le président est chargé d'entendre l'accusé lors de son arrivée dans la maison de justice.

Il pourra déléguer ces fonctions à l'un des juges.

Il dirige l'instruction et les débats.

Il détermine l'ordre entre ceux qui demandent à parler.

Il a la police de l'audience.

564. Les dispositions contenues aux articles 268, 269, et 270, relatifs aux autres attributions du président de la cour d'assises, sont communes au président de la cour spéciale.

§. IV.

Fonctions du Procureur général impérial et du Procureur impérial criminel.

565. Le procureur général impérial et son

substitut le procureur impérial crimiuel exercent respectivement, dans les cours spéciales, les fonctions qui leur sont attribuées pour la poursuite, l'instruction, le jugement, dans les affaires de la compétence des cours d'assises, et qui sont réglées par les articles 271, 272, 273, 274, 275, 276, 277, par la première disposition de l'article 278, par l'article 269 et suivants, jusques et compris l'article 290.

SECTION II.

Instruction et Procédure antérieure à l'ouverture des débats.

566. La poursuite des crimes qui sont de la compétence de la cour spéciale, sera faite suivant les formes établies pour la poursuite des crimes dont le jugement est de la compétence des tribunaux ordinaires.

567. L'arrêt de la cour impériale qui renvoie à la cour spéciale, et l'acte d'accusation, seront, dans les trois jours, siguifiés à l'accusé.

568 Le procureur général impérial adressera, dans le même délai, expédition de l'arrêt au grand-juge ministre de la justice, pour être transmise à la cour de cassation.

569 La section criminelle de eette cour prendra connaissance de tous les arrêts de renvoi aux cours spéciales qui lui auront été déférés, et y statuera, toutes affaires cessantes.

570. La cour de cassation, en prononçant sur la compétence, prononcera en même temps et par le même arrêt sur les nullités qui, d'après l'article 299, pourraient se trouver dans l'arrêt de renvoi.

571. Aussitôt que l'accusation aura été prononcée, et sans attendre l'arrêt de la cour

de cassation, l'instruction sera continuée sans délai jusqu'à l'ouverture des débats exclusivement, et dans les formes ci-après.

572. Les dispositions contenues aux articles 291, 292, 293, 294, 295, au dernier paragraphe de l'article 296 et aux articles 302, 303, 304, 305, 307 et 308, relatifs à l'instruction des procès de la compétence des cours d'assises, sont applicables à l'instruction des procès de la compétence des cours spéciales.

SECTION III.

De l'Examen.

573. Dans les trois jours de la réception de l'arrêt de la cour de cassation, le ministère public près la cour impériale fera ses diligences pour la convocation la plus prompte de la cour spéciale.

574 Les dispositions contenues aux articles 310, 311, 313, 314, 315, 316, 317, 318, 319, 320, 321, 322, 323, 324, 325, 326 et 327, relatifs à l'examen et aux débats devant la cour d'assises, seront observées dans l'examen et les débats devant la cour spéciale.

Chaque témoin après sa déposition, restera dans l'auditoire, si le président n'en a ordonné autrement, jusqu'à ce que la cour se soit retirée en la chambre du conseil pour y délibérer le jugement.

575. Pendant l'examen, le ministère public et les juges pourront prendre note de ce qui leur paraîtra important, soit dans les dépositions des témoins, soit dans la défense de l'accusé, pourvu que la discussion n'en soit pas interrompue.

576. Les dispositions contenues aux articles 329, 330, 331, 332, 333, 334, 335, seront observées dans l'examen devant la cour spéciale.

Le ministère public donnera des conclusions motivées, et requerra, s'il y a lieu, l'application de la peine.

577. Le président fera retirer l'accusé de l'auditoire.

578. L'examen et les débats, une fois entamés devront être continués sans interruption. Le président ne pourra les suspendre que pendant les intervalles nécessaires pour le repos des juges, des témoins et des accusés.

579. Les dispositions contenues aux articles 354, 355, et 356 seront exécutées.

SECTION IV.

Du Jugement.

580. La cour se retirera en la chambre du conseil pour y délibérer.

581. Le président posera les questions, et recueillera les voix.

Les trois juges militaires opineront les premiers, en commançant par le plus jeune.

582. Le jugement de la cour se formera à la majorité.

583. En cas d'égalité de voix, l'avis forable à l'accusé prévaudra.

584. L'arrêt qui acquittera l'accusé, statuera sur les dommages-intérêts respectivement prétendus, après que les parties auront proposé leurs fins de non-recevoir ou leurs défenses, et que le procureur général aura été entendu.

La cour pourra néanmoins, si elle le juge convenable, commettre l'un des juges pour entendre les parties, prendre connaissance des pièces, et faire son rapport à l'audience, où les parties pourront encore présenter leurs observations, et où le ministère public sera de nouveau entendu.

585. Les demandes en dommages-intérêts, formées, soit par l'accusé contre ses dénonciateurs ou la partie civile, soit par la partie civile contre l'accusé ou le condamné, seront portées à la cour spéciale.

La partie civile est tenue de former sa demande en dommages-intérêts avant le jugement : plus tard, elle sera non-recevable.

Il en est de même de l'accusé, s'il a connu son dénonciateur.

Dans le cas où l'accusé n'aurait connu son dénonciateur que depuis le jugement, mais avant la fin de la session, il sera tenu, sous peine de déchéance, de porter sa demande à la cour spéciale. S'il ne l'a connu qu'après la clôture de la session, sa demande sera portée au tribunal civil.

A l'égard des tiers qui n'auraient pas été parties au procès, ils s'adresseront au tribunal civil.

586. Les articles 360 et 361 recevront leur exécution.

587. Si la cour déclare l'accusé convaincu du crime porté en l'accusation, son arrêt prononcera la peine établie par la loi, et statuera en même temps sur les dommages-intérêts prétendus par la partie civile.

588. La cour pourra dans les cas prévus par la loi, déclarer l'accusé excusable.

589. Si, par le résultat des débats, le fait dont l'accusé est convaincu était dépouillé des circonstances qui le rendaient justiciable de la cour spéciale, ou n'était pas de nature à entraîner

peine afflictive ou infamante; au premier cas, la cour renverra, par un arrêt motivé, l'accusé et le procès devant la cour d'assises, qui prononcera, quel que soit ensuite le résultat des débats; au deuxième cas, la cour pourra appliquer, s'il y a lieu, des peines correctionnelles ou de police encourues par l'accusé.

590. L'article 367 sera exécuté.

591. L'arrêt sera prononcé à haute voix par le président, en présence du public et de l'accusé.

592. L'arrêt contiendra, sous les peines prononcées par l'article 369, le texte de la loi sur lequel il est fondé : ce texte sera lu à l'accusé.

593. La minute de l'arrêt sera signée par les juges qui l'auront rendu, à peine de cent francs d'amende contre le greffier, et de prise à partie tant contre le greffier que contre les juges. Elle sera signée dans les vingt-quatre heures de la prononciation de l'arrêt.

594. Après avoir prononcé l'arrêt, le président pourra, selon les circonstances, exhorter l'accusé à la fermeté, à la résignation ou à réformer sa conduite.

595. La cour, après la prononciation de l'arrêt, pourra, pour des motifs graves, recommander l'accusé à la commisération de l'Empereur.

Cette recommandation ne sera point insérée dans l'arrêt, mais dans un procès-verbal séparé, secret et motivé, dressé en la chambre du conseil, le ministère public entendu, et signé comme la minute de l'arrêt de condamnation.

Expédition dudit procès-verbal, ensemble de l'arrêt de condamnation, sera adressée de suite par le procureur général impérial au grand-juge ministre de la justice.

596. Les dispositions contenues en l'article 372 seront applicables à la cour spéciale.

597. L'arrêt ne pourra être attaqué par voie de cassation.

SECTION V.

De l'Exécution de l'Arrêt.

598. L'arrêt sera exécuté dans les vingt-quatre heures à moins que le tribunal n'eût usé de la faculté qui lui est accordée par l'article 595.

599. Les articles 376, 377, 378, 379 et 380, seront exécutés.

(Décrété le 16 décembre 1808. Prom. le 26 du même mois.)

TITRE SEPTIÈME.

De quelques objets d'Intérêt public et de Sûreté générale.

CHAPITRE PREMIER.

Du Dépôt général de la notice des Jugements.

600. Les greffiers des tribunaux correctionnels et des cours d'assises et spéciales, seront tenus de consigner, par ordre alphabétique, sur un registre particulier, les noms, prénoms, professions, âge et résidence de tous les individus condamnés à un emprisonnement correctionnel ou à une plus forte peine : ce registre contiendra une notice sommaire de chaque affaire

et de la condamnation, à peine de cinquante francs d'amende pour chaque omission.

601. Tous les trois mois les greffiers enverront, sous peine de cent francs d'amende, copie de ces registres au grand-juge ministre de la justice et au ministre de la police générale.

602 Ces deux ministres feront tenir, dans la même forme, un registre général composé de ces diverses copies.

CHAPITRE II.

Des Prisons, Maisons d'arrêt et de justice.

603. Indépendamment des prisons établies pour peines, il y aura dans chaque arrondissement, près du tribunal de première instance, une maison d'arrêt pour y retenir les prévenus; et près de chaque cour d'assises une maison de justice pour y retenir ceux contre lesquels il aura été rendu une ordonnance de prise de corps.

604. Les maisons d'arrêt et de justice seront entièrement distinctes des prisons établies pour peines.

605. Les préfets veilleront à ce que ces différentes maisons soient non seulement sûres, mais propres, et telles que la santé des prisonniers ne puisse être aucunement altérée.

606. Les gardiens de ces maisons seront nommés par les préfets.

607. Les gardiens des maisons d'arrêt, des maisons de justice et des prisons, seront tenus d'avoir un registre.

Ce registre sera signé et paraphé, à toutes les pages, par le juge d'instruction, pour les maisons d'arrêt; par le président de la cour d'assises ou, en son absence, par le président du tribunal de première instance, pour les maisons de justice, et par le préfet, pour les prisons pour peines.

608. Tout exécuteur de mandat d'arrêt, d'ordonnance de prise de corps, d'arrêt ou de jugement de condamnation, est tenu, avant de remettre au gardien la personne qu'il conduira, de faire inscrire sur le registre l'acte dont il sera porteur; l'acte de remise sera écrit devant lui.

Le tout sera signé tant par lui que par le gardien.

Le gardien lui en remettra une copie signée de lui, pour sa décharge.

609. Nul gardien ne pourra, à peine d'être poursuivi et puni comme coupable de détention arbitraire, recevoir ni retenir aucune personne qu'en vertu soit d'un mandat de dépôt, soit d'un mandat d'arrêt décerné selon les formes prescrites par la loi, soit d'un arrêt de renvoi devant une cour d'assises ou une cour spéciale, d'un décret d'accusation ou d'un arrêt ou jugement de condamnation à peine afflictive ou à un emprisonnement, et sans que la transcription en ait été faite sur son registre.

610. Le registre ci-dessus mentionné contiendra également, en marge de l'acte de remise, la date de la sortie du prisonnier, ainsi que l'ordonnance, l'arrêt ou le jugement en vertu duquel elle aura lieu.

611. Le juge d'instruction est tenu de visiter, au moins une fois par mois, les personnes retenues dans la maison d'arrêt de l'arrondissement.

Une fois au moins dans le cours de chaque session de la cour d'assises, le président de cette cour est tenu de visiter les personnes retenues dans la maison de justice.

Le préfet est tenu de visiter, au moins une fois par an, toutes les maisons de justice et prisons, et tous les prisonniers du département.

612. Indépendamment des visites ordonnées par l'article précédent, le maire de chaque commune où il y aura soit une maison d'arrêt, soit une maison de justice, soit une prison, et, dans les communes où il y aura plusieurs maires, le préfet de police, ou le commissaire général de police, est tenu de faire, au moins une fois par mois, la visite de ces maisons.

613. Le maire, le préfet de police ou le commissaire général de police, veillera à ce que la nourriture des prisonniers soit suffisante et saine : la police de ces maisons lui appartiendra.

Le juge d'instruction et le président des assises pourront néanmoins donner respectivement tous les ordres qui devront être exécutés dans les maisons d'arrêt et de justice, et qu'ils croiront nécessaires, soit pour l'instruction, soit pour le jugement.

614. Si quelque prisonnier use de menaces, injures ou violences, soit à l'égard du gardien ou de ses préposés, soit à l'égard des prisonniers, il sera, sur les ordres de qui il appartiendra, resserré plus étroitement, enfermé seul, même mis aux fers, en cas de fureur ou de violence grave, sans préjudice des poursuites auxquelles il pourrait avoir donné lieu.

CHAPITRE III.

Des Moyens d'assurer la liberté individuelle contre les détentions illégales, ou d'autres actes arbitraires.

615. En exécution des articles 77, 78, 79, 80, 81 et 82 de l'acte des constitutions de l'Empire,

l'Empire, du 22 frimaire an 8 (1), quiconque aura connaissance qu'un individu est détenu dans un lieu qui n'a pas été destiné à servir de maison d'arrêt, de justice ou de prison, est tenu d'en donner avis au juge de paix, au procureur impérial, ou à son substitut, ou au juge d'instruction, ou au procureur général près la cour impériale.

---

(1) Art. 77. « Pour que l'acte qui ordonne « l'arrestation d'une personne puisse être exé- « cuté, il faut 1° qu'il exprime formellement « le motif de l'arrestation, et la loi en exé- « cution de laquelle elle est ordonnée ; 2° « qu'il émane d'un fonctionnaire à qui la loi ait « donné formellement ce pouvoir ; 3° qu'il « soit notifié à la personne arrêtée, et qu'il « lui en soit laissé copie.

Art. 78. « Un gardien ou geolier ne peut « recevoir ou détenir aucune personne qu'après « avoir transcrit sur son registre l'acte qui « ordonne l'arrestation ; cet acte doit être un « mandat donné dans les formes prescrites « par l'article précédent, ou une ordonnance « de prise de corps, ou un décret d'accusation, ou un jugement.

Art. 79. « Tout gardien ou geolier est tenu, « sans qu'aucun ordre puisse l'en dispenser, « de représenter la personne détenue à l'of- « ficier civil ayant la police de la maison de « détention, toutes les fois qu'il en sera requis « par cet officier.

Art. 80. « La représentation de la personne « détenue ne pourra être refusée à ses parents « et amis, porteurs de l'ordre de l'officier civil, le- « quel sera toujours tenu de l'accorder, à moins

616. Tout juge de paix, tout officier chargé du ministère public, tout juge d'instruction, est tenu d'office, ou sur l'avis qu'il en aura reçu, sous peine d'être poursuivi comme complice de détention arbitraire, de s'y transporter aussitôt, et de faire mettre en liberté la personne détenue; ou, s'il est allégué quelque cause légale de détention, de la faire conduire sur-le-champ devant le magistrat compétent.

Il dressera du tout son procès-verbal.

617. Il rendra, au besoin, une ordonnance dans la forme prescrite par l'article 93 du présent Code.

En cas de résistance, il pourra se faire

« que le gardien ou le geolier ne représente « une ordonnance du juge pour tenir la per- « sonne au secret.

Art. 81. « Tous ceux qui, n'ayant point « reçu de la loi le pouvoir de faire arrêter, « donneront, signeront, exécuteront l'arres- « tation d'une personne quelconque; tous « ceux qui, même dans les cas de l'arres- « tation autorisée par la loi, recevront ou « retiendront la personne arrêtée dans un lieu « de détention non publiquement et légale- « ment désigné comme tel, et tous les gar- « diens ou geoliers qui contreviendront aux « dispositions des trois articles précédents, « seront coupables du crime de détention « arbitraire.

Art. 82. « Toutes rigueurs employées dans « les arrestations, détentions ou exécutions, « autres que celles autorisées par les lois, « sont des crimes. »

assister de la force nécessaire ; et toute personne requise est tenue de prêter main-forte.

618. Tout gardien qui aura refusé ou de montrer au porteur de l'ordre de l'officier civil ayant la police de la maison d'arrêt, de justice, ou de la prison, la personne du détenu, sur la réquisition qui en sera faite, ou de montrer l'ordre qui le lui défend, ou de faire au juge de paix l'exhibition de ses registres, ou de lui laisser prendre telle copie que celui-ci croira nécessaire de partie de ses registres, sera poursuivi comme coupable ou complice de détention arbitraire.

CHAPITRE IV.

De la Réhabilitation des Condamnés.

619. Tout condamné à une peine afflictive ou infamante qui aura subi sa peine, pourra être réhabilité.

La demande en réhabilitation ne pourra être formée par les condamnés aux travaux forcés à temps ou à la réclusion, que cinq ans après l'expiration de leur peine ; et par les condamnés à la peine du carcan, que cinq ans à compter du jour de l'exécution de l'arrêt.

620. Nul ne sera admis à demander sa réhabilitation, s'il ne demeure depuis cinq ans dans le même arrondissement communal, s'il n'est pas domicilié depuis deux ans accomplis dans le territoire de la municipalité à laquelle sa demande est adressée, et s'il ne joint à sa demande des attestations de bonne conduite qui lui auront été données par les conseils municipaux et par les municipalités dans le territoire desquelles il aura demeuré ou résidé pendant le temps qui aura précédé sa demande.

Ces attestations de bonne conduite ne pourront lui être délivrées qu'à l'instant où il quitterait son domicile ou son habitation.

Les attestations exigées ci-dessus devront être approuvées par le sous-préfet et le procureur impérial ou son substitut, et par les juges de paix des lieux où il aura demeuré ou résidé.

621 La demande en réhabilitation, les attestations exigées par l'article précédent, et l'expédition du jugement de condamnation, seront déposées au greffe de la cour impériale dans le ressort de laquelle résidera le condamné.

622. La requête et les pièces seront communiquées au procureur général impérial ; il donnera des conclusions motivées et par écrit.

623. L'affaire sera rapportée à la chambre criminelle.

624. La cour et le ministère public pourront, en tout état de cause, ordonner de nouvelles informations.

625. La notice de la demande en réhabilitation sera insérée au journal judiciaire du lieu où siège la cour qui devra donner son avis, et du lieu où la condamnation aura été prononcée.

626. La cour, le procureur général impérial entendu, donnera son avis.

627. Cet avis ne pourra être donné que trois mois au moins après la présentation de la demande en réhabilitation.

628. Si la cour est d'avis que la demande en réhabilitation ne peut être admise, le condamné pourra se pourvoir de nouveau après un nouvel intervalle de cinq ans.

629 Si la cour pense que la demande en réhabilitation peut être admise, son avis ensemble les pièces exigées par l'article 620, seront, par le pocureur général impérial, et dans le

plus bref délai, transmis au grand-juge ministre de la justice, qui pourra consulter le tribunal qui aura prononcé la condamnation.

630. Il en sera fait rapport à SA MAJESTÉ par le grand-juge, dans un conseil privé, formé aux termes de l'article 86 de l'acte des constitutions de l'Empire du 16 thermidor an 10.

631. Si la réhabilitation est prononcée, il en sera expédié des lettres où l'avis de la cour sera inséré.

632. Les lettres de réhabilitation seront adressées à la cour qui aura délibéré l'avis : il en sera envoyé copie authentique à la cour qui aura prononcé la condamnation, et transcription des lettres sera faite en marge de la minute de l'arrêt de condamnation.

633. La réhabilitation fera cesser, pour l'avenir, dans la personne du condamné toutes les incapacités qui résulteraient de la condamnation.

634. Le condamné pour récidive ne sera jamais admis à la réhabilitation.

CHAPITRE V.

De la Prescription.

635. Les peines portées par les arrêts ou jugements rendus en matière criminelle se prescriront par vingt années révolues, à compter de la date des arrêts ou jugements.

Néanmoins, le condamné ne pourra résider dans le département où demeurait, soit celui sur lequel ou contre la propriété duquel le crime aurait été commis, soit ses héritiers directs.

Le Gouvernement pourra assigner au condamné le lieu de son domicile.

636. Les peines portées par les arrêts ou

jugements rendus en matière correctionnelle se prescriront par cinq années révolues, à compter de la date de l'arrêt ou jugement rendu en dernier ressort; et à l'égard des peines prononcées par les tribunaux de première instance, à compter du jour où ils ne pourront plus être attaqués par la voie de l'appel.

637. L'action publique et l'action civile résultant d'un crime de nature à entraîner la peine de mort, ou des peines afflictives perpétuelles, ou de tout autre crime comportant peine afflictive, ou infamante, se prescriront après dix années révolues, à compter du jour où le crime aura été commis, si dans cette intervalle il n'a été fait aucun acte d'instruction ni de poursuite.

S'il a été fait, dans cet intervalle, des actes d'instruction ou de poursuite non suivis de jugement, l'action publique et l'action civile ne se prescriront qu'après dix années révolues, à compter du dernier acte, à l'égard même des personnes qui ne seraient pas impliquées dans cet acte d'instruction ou de poursuite.

638 Dans les deux cas exprimés en l'article précédent, et suivant les distinctions d'époques qui y sont établies, la durée de la prescription sera réduite à trois années révolues, s'il s'agit d'un délit de nature à être puni correctionnellement.

639. Les peines portées par les jugements rendus pour contraventions de police seront prescrites après deux années révolues, savoir, pour les peines prononcées par arrêt ou jugement en dernier ressort, à compter du jour de l'arrêt; et à l'égard des peines prononcées par les tribunaux de première instance, à compter du jour où ils ne pourront plus être attaqués par la voie de l'appel.

640. L'action publique et l'action civile pour une contravention de police seront prescrites après une année révolue, à compter du jour où elle aura été commise, même lorsqu'il y aura eu procès-verbal, saisie, instruction ou poursuite, si, dans cet intervalle, il n'est point intervenu de condamnation; s'il y a eu un jugement définitif de première instance, de nature à être attaqué par la voie de l'appel, l'action publique et l'action civile se prescriront après une année révolue, à compter de la notification de l'appel qui en aura été interjeté.

641. En aucun cas, les condamnés par défaut ou par contumace, dont la peine est prescrite, ne pourront être admis à se présenter pour purger le défaut ou la contumace.

642. Les condamnations civiles portées par les arrêts ou par les jugements rendus en matière criminelle, correctionnelle ou de police, et devenus irrévocables, se prescriront d'après les règles établies par le Code Napoléon.

643. Les dispositions du présent chapitre ne dérogent point aux lois particulières relatives à la prescription des actions résultant de certains délits ou de certaines contraventions.

FIN DU CODE D'INSTRUCTION CRIMINELLE.

TABLE
ALPHABÉTIQUE ET RAISONNÉE
DES MATIÈRES
CONTENUES DANS L'INSTRUCTION CRIMINELLE.

Les chiffres renvoient aux articles.

A.

se pourvoir en cassation contre l'arrêt de la cour d'assises, 373. — Comment il est procédé devant la cour spéciale, à l'instruction, à l'examen, au jugement et à l'exécution du jugement, à l'égard de l'accusé, 566 à 599. — Dans quels cas et comment l'accusé peut obtenir des dommages-intérêts contre ses dénonciateurs ou contre la partie civile, 584 et 585. — Dans quels cas et comment la partie civile peut obtenir des dommags-intérêts contre l'accusé condamné, 584, 585 et 587. — Dans quels cas et comment les tiers qui n'ont pas été parties au procès, peuvent réclamer des dommages-intérêts contre le condamné, 585. — L'arrêt de la cour spéciale ne peut être attaqué par voie de cassation, 597. — Toute personne acquittée légalement par un arrêt de la cour d'assises, ou de la cour spéciale, ne peut plus être reprise ni accusée à raison du même fait, 360 et 586. — Comme il est procédé contre l'accusé contumax. Voyez *Contumax*. — L'accusé peut se pourvoir en réglement de juges, ou en incompétence, ou par voie de déclinatoire, 539 et 541. Voyez *Réglement de juges*. — L'accusé peut se pourvoir devant la cour de cassation, en renvoi de l'affaire devant une autre cour d'assises, ou spéciale, pour cause de suspicion légitime, 542. Voyez *Renvoi d'un tribunal à un autre*.

Actes arbitraires. Moyens d'assurer la liberté individuelle contre les actes arbitraires, 615 à 618.

Action civile. A pour objet la réparation du dommage causé par un crime, par un délit ou par une contravention, 1. — Par qui elle peut être exercée, *ibid.* — Contre qui elle peut être exercée, 2. — Devant quels juges

de rédaction du jugement, 195. — Amende contre le greffier de la cour d'assises et contre le greffier de la cour spéciale, pour vice de rédaction de l'arrêt, ou défaut de signature de la minute, 369, 370, 592 et 593. — Amende contre le greffier de la cour d'assises et contre le greffier de la cour spéciale, pour défaut de procès-verbal des débats, 372 et 596. — Amende contre le greffier de la cour d'assises et contre le greffier de la cour spéciale, pour défaut de procès-verbal de l'exécution de l'arrêt, et de la transcription de ce procès-verbal au pied de la minute de l'arrêt, 378 et 592. — Amende contre le juré qui, sans excuse valable et admise, ne s'est pas rendu à son poste, sur la citation qui lui a été notifiée, ou qui s'y étant rendu, s'est retiré avant l'expiration de ses fonctions, 396, 397 et 398. — Amende contre le juré qui sort de la chambre où délibère le jury, avant que la déclaration du jury ait été formée, 343. — Amende contre les greffiers qui, en cas de recours en cassation, ne rédigent pas, sans frais, un inventaire des pièces du procès, et ne le remettent pas au magistrat chargé du ministère public, 423. — Amendes en cas de recours en cassation, 419, 420, 436 et 437. — Amendes contre les greffiers à défaut d'accomplissement des formalités prescrites pour le dépôt, les signatures et la remise des pièces arguées de faux, et des pièces de comparaison, 448, 449, 450, 453, 457 et 463. — Amende à laquelle peut être condamné le prévenu, ou l'accusé, ou la partie civile qui succombe dans une demande qu'il a introduite en règlement de juges, 541. — Amende à laquelle peut être condamné le prévenu, ou l'accusé, ou la partie civile, qui

C.

CAUTION D'UN PRÉVENU MIS EN LIBERTÉ PROVISOIRE. Voyez *Liberté provisoire.*

COMMISSAIRE DE POLICE. Sont officiers de police judiciaire, 9. — Sont chargés de rechercher les contraventions de police, même celles qui sont sous la surveillance spéciale des gardes forestiers et champêtres, à l'égard desquels ils ont concurrence et même prévention, 11. — Reçoivent les rapports, dénonciations et plaintes relatifs à ces contraventions, *ibid.* — Ce qu'ils doivent consigner dans les procès-verbaux qu'ils rédigent, *ibid* — Dans les communes divisées en plusieurs arrondissements, ils exercent ces fonctions dans toute l'étendue de la commune où ils sont établis, et non pas seulement dans l'arrondissement particulier auquel ils sont préposés, 12. — Celui qui se trouve légitimement empêché est suppléé par le commissaire de police de l'arrondissement voisin, 13. — Dans les communes où il n'y a qu'un commissaire de police, s'il se trouve légitimement empêché, il est suppléé par le maire, ou, à défaut de celui-ci, par l'adjoint du maire, 14. — Outre les fonctions ci-dessus, uniquement relatives aux contraventions de police, les commissaires de police reçoivent les dénonciations et les plaintes relatives aux crimes ou délits commis dans les lieux où ils exercent leurs fonctions, et les envoient sans délai au procureur impérial, 50, 54 et 64. — Ils ont, en outre, dans les cas de flagrant délit, et dans les cas de réquisition de la part d'un chef de maison, le droit de dresser les procès-verbaux, de recevoir les déclarations des témoins, et de faire les visites et les autres actes qui sont, auxdits cas, de la compétence des procureurs impériaux, 49. — Lorsqu'ils se trouvent en concurrence avec le procureur impérial, celui-ci fait les actes attribués à la police judiciaire : s'il a été prévenu, il peut continuer la procédure, ou autoriser le commissaire de police qui l'a commencée à la suivre, 51. — Les commissaires de police peuvent être chargés par le procureur impérial de partie des actes de sa compétence en police judiciaire, 52. — Ils renvoient, sans délai, au procureur impérial les dénonciations, procès-verbaux et autres actes par eux faits dans les cas de leur compétence, déterminés par l'article 49, 53. — Peuvent être requis par le procureur impérial, pour assister aux procès-verbaux qu'il fait dans les cas de flagrant délit, 42. — Dans les affaires qui sont portées devant le juge de paix *comme juge de police*, les fonctions du ministère public sont remplies par le commissaire du lieu où siége le tribunal ; en cas d'empêchement, il est remplacé par le maire de la commune, 144. — S'il y a plusieurs commissaires de police dans la même commune, le procureur général près la cour impériale nomme celui ou ceux d'entre eux qui feront le service. Quelles sont les fonctions du commissaire de police exerçant le ministère public au tribunal de police devant le juge de paix, 145, 146, 148, 153, 156, 157, 158 et 165. — Comment ils exercent la police du lieu où ils remplissent publiquement quelques actes de leur ministère, 509.

COMMISSAIRES GÉNÉRAUX DE POLICE. Les commissaires généraux de police sont officiers de

police judiciaire. 9. — Ils reçoivent les dénonciations de crimes ou de délits commis dans les lieux où ils exercent leurs fonctions habituelles, 48. — Ils ne peuvent faire d'autres actes de police judiciaire, si ce n'est dans les cas de leur compétence qui sont déterminés par l'article 49; et, en conséquence, ils sont tenus de transmettre, sans délai, au procureur impérial les dénonciations, qu'ils ont reçues, de crimes ou de délits qu'ils ne sont pas chargés directement de constater, 54. — Ils renvoient pareillement au procureur impérial les plaintes qui leur ont été présentées, 64. Dans les cas de flagrant délit, ou dans les cas de réquisition de la part d'un chef de maison, ils dressent les procès-verbaux, reçoivent les déclarations des témoins, font les visites et les autres actes qui sont, auxdits cas, de la compétence des procureurs impériaux, 49. — Lorsqu'ils se trouvent en concurrence avec le procureur impérial, celui-ci fait les actes attribués à la police judiciaire. S'il a été prévenu, il peut continuer la procédure ou autoriser le commissaire général à la suivre, 51. — Les commissaires généraux de police peuvent être chargés par le procureur impérial, de partie des actes de sa compétence en police judiciaire, 52. — Dans les cas de leur compétence, ils renvoient, sans délai, au procureur impérial les dénonciations qu'ils ont reçues, ensemble les procès-verbaux et autres actes qu'ils ont faits, 53. — Comment ils exercent la police du lieu où ils font publiquement quelques actes de leur ministère, 509. — Dans les communes où y a plusieurs maires, les commissaires généraux de police sont tenus de faire, au moins une fois par

la loi, même dans le cas où, d'après les débats, le fait dont l'accusé est déclaré coupable, ne se trouverait plus être de la compétence de la cour d'assises, 365 et 589. — Compétence de la cour spéciale, 553, 554 et 555. — Compétence, de la cour de cassation. Voyez *Cour de cassation*.

Condamné. Voyez *Accusé*. — Le condamné par arrêt ou jugement en dernier ressort, rendu en matière criminelle, correctionnelle ou de police, a le droit de se pourvoir en cassation, sauf néanmoins contre l'arrêt de la cour spéciale, 177, 216, 373 et 597. — Lorsque le condamné s'est évadé et a été repris, comment il doit être procédé à la reconnaissance de son identité, 518 et 519. — Il peut se pourvoir en cassation contre l'arrêt rendu sur la poursuite en reconnaissance d'identité, 520. — Condamné par contumace. Voyez. *Contumax*. — Comment et dans quels cas le condamné à une peine afflictive ou infamante, qui a subi sa peine, peut se pourvoir en réhabilitation. Voyez *réhabilitation*. — Par quel laps de temps se prescrivent les peines contre les condamnés. Voyez *Prescription des peines*.

Conflit. Voyez *Règlement de juges*.

Conseil de l'accusé devant la cour d'assises et devant la cour spéciale. Sa désignation ou nomination, 294, 295 et 572. — Ses droits et ses fonctions, 296, 297, 299, 302, 305, 306, 311, 315, 318, 319, 321, 322, 324, 326, 330, 331, 332, 333, 335, 358, 359, 363, 366, 572, 574, 576, 584 et 585. — Aucun conseil ne peut se présenter pour défendre l'accusé contumax; seulement s'il est absent du territoire européen de l'Empire, ou s'il est dans l'impossibilité absolue de

en arrêts rendus sur les appels de jugements des tribunaux correctionnels, 216 et 425. — 3°. Elle connaît des demandes en nullité contre les arrêts des cours impériales, qui renvoient aux cours d'assises, 299 et 300. — 4° Elle prend connaissance de tous les arrêts de renvoi aux cours spéciales qui lui ont été déférés, 569 — En prononçant sur la compétence, elle prononce, en même temps et par le même arrêt, sur les nullités qui peuvent se trouver dans l'arrêt de renvoi, 570. — 5° Elle statue sur les recours en cassation contre les arrêts des cours d'assises, 373 et 425. — 6° Elle statue sur les dénonciations qui lui sont faites par son procureur général, d'après un ordre formel du grand-juge ministre de la justice, d'actes judiciaires, arrêts ou jugements contraires à la loi, 441. — 7° Elle statue sur toutes les dénonciations, qui lui son faites d'office par son procureur général, de tout arrêt ou jugement en dernier ressort, rendu par une cour impériale ou d'assises, ou par un tribunal correctionnel et de police, et qui est sujet à cassation, lors même qu'aucune des parties n'aurait réclamé, dans le délai déterminé, 442 —8° Elle connait des demandes en révision d'arrêts qui ont prononcé des condamnations pour crimes, 443, 444 et 445. — 9° La cour de cassation connait de tout délit, ou crime, qu'un membre de cour impériale, ou un officier exerçant près de la cour impériale le ministère public, est prévenu d'avoir commis hors de ses fonctions, 481 et 482. — 10° La cour de cassation instruit et prononce à l'égard de tout crime, commis dans l'exercice des fonctions, et emportant la peine de forfaiture ou autre plus grave,

mise en liberté du prévenu, ou prononce contre lui l'accusation, ou le renvoie soit à la haute cour impériale ou à la cour de cassation, soit au tribunal de simple police ou au tribunal de police correctionnelle, suivant la nature du fait, 220, 229, 230 et 231. — Dans tous les cas, la cour impériale statue, par un seul et même arrêt, sur les délits connexes dont les pièces se trouvent en même temps produites devant elle, 226 et 227. — Comment elle procède et statue, en cas de charges nouvelles survenues contre le prévenu à l'égard duquel elle avait décidé qu'il n'y avait pas lieu à renvoi devant la cour d'assises ou la cour spéciale, 246, 247 et 248. — Comment les arrêts de la cour impériale doivent être signés et rédigés, 234. — L'accusé et le procureur général peuvent respectivement former demande en nullité contre l'arrêt de renvoi à la cour d'assises, 299. — Dans quels cas cette demande peut être formée, *ibid.* — Dans quels délais et dans quelle forme elle doit être formée, 296 à 300. — Elle est jugée par la cour de cassation, 300. — Elle n'empêche pas que l'instruction du procès criminel ne soit continué jusqu'aux débats exclusivement, 301. — Dans quels cas le procureur général et l'accusé sont considérés comme ayant renoncé à la faculté de se pourvoir en nullité contre l'arrêt de la cour impériale, 261. — L'arrêt de la cour impériale, qui renvoie devant la cour spéciale, peut être également, dans les cas prévus par l'article 299, annullé par la cour de cassation, 570. — En cas de révision d'un arrêt portant condamnation pour homicide, une cour impériale peut être désignée par la cour de cassation, pour reconnaître et

attaqué par voie de cassation, 597. — La cour spéciale peut, après la prononciation de son arrêt de condamnation, recommander, pour des motifs graves, le condamné à la commisération de l'Empereur, 595. — Dans quelle forme est faite et adressée cette recommandation, *ibid.*

CRIME. Résulte d'un fait qui est prohibé et qui doit être puni, suivant la loi, d'une peine afflictive ou infamante, 133. — Comment il est procédé à la poursuite et à l'instruction contre les juges ou officiers du ministère public, pour crimes par eux commis hors de leurs fonctions, 479 à 482. — Comment il est procédé à la poursuite et instruction contre des juges et tribunaux, autres que ceux désignés dans l'article 101 du sénatus-consulte du 28 floréal an 12, pour forfaiture et autres crimes relatifs à leurs fonctions, 483 à 503. — Comment sont instruits et jugés les crimes commis aux audiences ou d'un juge seul, ou d'un tribunal ou d'une cour, 506, 507 et 508.

D.

DECLINATOIRE. Voyez *Incompétence.*

DÉLITS. Sont considérés comme délits les faits qui, suivant le Code pénal, doivent être punis d'une amende qui excède quinze francs, ou d'un emprisonnement dont la durée excède cinq jours, 137 et 179. — La connaissance des délits appartient aux tribunaux correctionnels, 179. — Comment ils sont jugés. Voyez *Tribunaux en matière correctionnelle.* — Comment sont jugés les délits correctionnels qui se commettent dans l'enceinte

E.

F.

G.

G.

des arrêts, ou défaut de signature des minutes, ou défaut de procès-verbal des débats, 369, 370 et 372. — Amendes prononcées contre eux pour défaut de procès-verbal de l'exécution de l'arrêt, et de la transcription de ce procès-verbal au pied de la minute de l'arrêt, 378. — Leurs fonctions relativement aux déclarations de recours en cassation faites par le condamné, ou par le ministère public, ou par une partie civile, 417 et 418. — Leurs fonctions relativement au dépôt de la requête contenant les moyens de cassation, 422. — En cas de recours en cassation, sont tenus, sous peine de cent francs d'amende, de rédiger, sans frais, un inventaire des pièces du procès, et de le remettre au magistrat chargé du ministère public, 423. — Formalités qu'ils sont tenus de remplir, à peine d'amendes, pour le dépôt, les signatures, et la remise des pièces arguées de faux et des pièces de comparaison, 448 à 405, 453, 457 et 463. — Doivent, à peine d'amendes, consigner dans des registres particuliers la notice des arrêts qui condamnent à un emprisonnement correctionnel, ou à une plus forte peine, et envoyer, tous les trois mois, des copies de ces registres au grand-juge ministre de la justice, et au ministre de la police générale, 600 et 601.

GREFFIERS DES COURS IMPÉRIALES. Lorsque les cours impériales statuent sur des appels des jugements correctionnels, les greffiers de ces cours ont les mêmes fonctions et sont soumis aux mêmes obligations que les greffiers des tribunaux correctionnels, 211. Voyez *Greffiers des Tribunaux correctionnels*. — Formalités qu'ils sont tenus de remplir, à peine d'amendes,

cassation faites par le condamné, ou par le ministère public, ou par une partie civile, 417 et 418 — Leurs fonctions relativement au dépôt de la requête contenant les moyens de cassation, 422. — Sont tenus, sous peine de cent francs d'amende, de rédiger, sans frais, un inventaire des pièces du procès et de le remettre au magistrat chargé du ministère public, dans le cas où il y a recours en cassation, 423. — Formalité qu'ils sont tenus de remplir, à peine d'amende, pour le dépôt, les signatures et la remise des pièces arguées de faux et des pièces de comparaison, 448, 449, 450, 453, 457 et 463. — Doivent, à peine d'amende, consigner dans des registres particuliers la notice des jugements qui condamnent à un emprisonnement correctionnel, ou à une plus forte peine, et envoyer, tous les trois mois, des copies de ces registres au grand-juge ministre de la justice et au ministre de la police générale, 600 et 601.

Greffiers des tribunaux de police. Quels sont les greffiers des tribunaux de police devant les juges de paix, 141, 142 et 243. — Quels sont les greffiers des tribunaux de police devant les maires : devant qui doivent-ils prêter serment ; quels sont leurs émoluments, 168. — Amende contre les greffiers des tribunaux de police, lorsque la minute du jugement n'est pas signée, dans les 24 heures, par le juge qui a tenu l'audience, 164.

Greffiers des tribunaux de première instance. Le greffier est tenu d'accompagner le juge d'instruction qui se transporte sur les lieux pour constater un délit, 62. — Amende prononcée contre lui lorsqu'il ne remplit pas les formalités prescrites par les articles 74,

75, 76, et 78, pour les dépositions faites par les témoins devant le juge d'instruction, 77. — Amende en cas d'inobservation des formalités prescriptes pour les mandats de comparution, de dépôt, d'amener et d'arrêt, 112. — Formalités qu'ils sont tenus de remplir, à peine d'amende, les signatures et la remise des pièces arguées de faux et des pièces de comparaison, 448, 449, 450, 453, 457 et 463.

H.

HUISSIERS. Le ministère des huissiers n'est pas nécessaire pour les citations aux parties, ou aux témoins, devant le maire, comme juge de police, 169 et 170.

I.

IDENTITÉ. Comment il est procédé à la reconnaissance de l'identité d'un individu qui s'était évadé après une condamnation, et qui a été repris, 518, 519 et 520.

INCOMPÉTENCE. Lorsqu'il a été excipé de l'incompétence d'un tribunal de première instance, ou d'un juge d'instruction, ou proposé un déclinatoire, soit que l'exception ait été admise ou rejetée, il n'y a pas lieu à se pourvoir en cassation pour être réglé de juges, mais à se pourvoir en la cour impériale contre la décision portée par le tribunal de première instance ou le juge d'instruction, sauf à se pourvoir ensuite en cassation contre l'arrêt rendu par la cour impériale, 539.

INCULPÉ. Voyez *Prévenu*.

INJONCTIONS. Peut avoir lieu à injonctions au juge d'instruction et au procureur impérial, en cas d'inobservation des formalités prescri-

bunal saisi de l'affaire, 83, 84 et 85. — Dans les cas de flagrant délit, ou dans les cas de réquisition de la part d'un chef de maison, ils dressent les procès-verbaux, reçoivent les déclarations des témoins, font les visites et les autres actes qui sont, auxdits cas, de la compétence des procureurs impériaux, 49. — Lorsqu'ils se trouvent en concurrence avec le procureur impérial, celui-ci fait les actes attribués à la police judiciaire. S'il a été prévenu, il peut continuer la procédure, ou autoriser le juge de paix qui l'a commencée à la suivre, 51. — Les juges de paix peuvent être chargés, par le procureur impérial, de partie des actes de sa compétence en police judiciaire, 52. — Dans les cas de leur compétence, ils renvoient, sans délai, au procureur impérial, les dénonciations qu'ils ont reçues, ensemble les procès-verbaux et autres actes qu'ils ont faits, 53. — Les juges de paix sont juges de police, et, en cette qualité, connaissent des contraventions de police simple (Sur leurs attributions, leurs fonctions et leurs obligations dans cette partie, voyez *Tribunaux de police*, §. 1.) — Ils envoient au commencement de chaque trimestre, au procureur impérial, l'extrait des jugements qu'ils ont rendus dans le trimestre précédent, et qui ont prononcé la peine d'emprisonnement, 178. — Comment ils exercent la police de leurs audiences, et généralement de tous les lieux où ils font publiquement une instruction judiciaire, ou tout autre acte de leur ministère, soit comme juges de paix au civil, soit comme juges de police, 504 et 509. — Comment ils procèdent sur les contraventions, délits ou crimes qui on été commis à leurs audiences, ou dans les

fonctions, 383. — Quelles sont les fonctions qui sont incompatibles avec celles de juré, 384. — Quelles sont les personnes qui peuvent se dispenser, si elles le requièrent, de remplir les fonctions de juré, 385. — Comment sont formées les listes des jurés, 387 et 388. — Comment elles sont notifiées aux trente-six citoyens qui sont indiqués pour la formation du jury, 389. — Une liste de jurés est comme non avenue après le service pour lequel elle a été formée, 390. — Le juré qui a été porté sur une liste, et qui a satisfait aux réquisitions à lui faites, ne peut être compris sur les listes des quatre sessions suivantes, à moins qu'il n'y consente, 391. — Moyens pour engager les citoyens à remplir exactement les fonctions de juré, 391 et 392. — Dans quel délai est notifiée à chaque juré la liste des trente-six citoyens convoqués pour le jury. S'il se trouve au jour indiqué pour la formation du jury moins de trente jurés présents, non excusés et non dispensés, comment est complété le nombre de trente, 395. — Comment est puni tout juré qui ne s'est pas rendu à son poste sur la citation qui lui a été notifiée, ou qui, s'y étant rendu, s'est retiré avant l'expiration de ses fonctions, 396 et 398. — Quels sont les moyens d'excuse et comment il y est statué, 397 — Le nombre de douze jurés est nécessaire pour former un jury, 393. — Comment est formée cette liste de douze jurés, — Comment et par qui peuvent être récusés les jurés convoqués pour la formation du jury, 399 à 403, et 505. — Il est procédé à de nouvelles récusations, et à la formation d'un nouveau tableau de douze jurés — lorsque l'examen des accusés sur les délits, ou sur

L.

publique et le trésor public, 121. — Dans quelle forme la caution est contrainte, s'il y a lieu, pour le paiement de la somme cautionnée, 122 et 123.

M.

Maires. Dans les communes où il n'y a pas de commissaire de police, les maires sont chargés de rechercher les contraventions de police, même celles qui sont sous la surveillance spéciale des gardes forestiers et champêtre, à l'égard desquels ils ont concurrence et même prévention, 11. — Reçoivent les rapports, dénonciations et plaintes relatifs à ces contraventions, *ibid.* — Ce qui doit être consigné dans les procès-verbaux qu'ils rédigent, *ibid.* — A qui, et dans quel délai, doivent remettre les pièces et renseignements, 15. — Sont suppléés par leurs adjoints, 11. — Outre les fonctions ci-dessus, uniquement relatives aux contraventions de police, les maires et leurs adjoints reçoivent les dénonciations et les plaintes relatives aux crimes ou délits commis dans les lieux où ils exercent leurs fonctions, et les envoient sans délai au procureur impérial, 50, 54 et 64. — Ils ont en outre dans les cas de flagrant délit, et dans les cas de réquisition de la part d'un chef de maison, le droit de dresser les procès-verbaux, de recevoir les déclarations des témoins et de faire les visites et les autres actes qui sont, auxdits cas, de la compétence des procureurs impériaux, 49. — Lorsqu'ils se trouvent en concurrence avec le procureur impérial, celui-ci fait les actes attribués à la police judiciaire : s'il a été prévenu, il peut continuer la

procédure, ou autoriser le maire, ou l'adjoint, qui l'a commencée, à la suivre, 51. — Les maires et adjoints peuvent être chargés par le procureur impérial de partie des actes de sa compétence en police judiciaire, 52. — Ils renvoient, sans délai, au procureur impérial les dénonciations, procès-verbaux et autres actes par eux faits dans les cas de leur compétence, déterminés par l'article 49, 53. — Peuvent être requis par le procureur impérial pour assister aux procès-verbaux qu'il fait dans les cas de flagrant délit, 42. — Les maires des communes non chefs-lieux de cantons sont juges de police, et, en cette qualité, connaissent des contraventions de police simple. (Sur leurs attributions, leurs fonctions et leurs obligations dans cette partie, voyez *Tribunaux de police*, §. 2.) Ils envoient, au commencement de chaque trimestre, au procureur impérial, l'extrait des jugements qu'ils ont rendus dans le trimestre précédent, et qui ont prononcé la peine d'emprisonnement, 178. — Dans les affaires qui sont portées devant le juge de paix, comme juge de police, les fonctions du ministère public sont remplies par le maire de la commune où siége le tribunal, s'il n'y a pas de commissaire de police dans cette commune, ou si le commissaire est empêché, 144. — Dans le cas ci-dessus, le maire peut se faire remplacer par son adjoint, *ibid.* — Quelles sont les fonctions du maire, ou de son adjoint, exerçant le ministère public au tribunal de police devant le juge de paix, 145, 146, 148, 153, 156, 157, 158 et 165. — Dans les affaires qui sont portées devant le maire, comme juge de police, le ministère public est exercé par l'adjoint, 167.

— En l'absence de l'adjoint, ou lorsque l'adjoint remplace le maire comme juge de police le ministère public est exercé par un membre du conseil municipal, désigné à cet effet par le procureur impérial pour une année entière, 167. — Les fonctions du ministère public au tribunal de police devant le maire sont les mêmes que celles du ministère public au tribunal de police devant le juge de paix, 171. — Comment le maire exerce la police de son audience, et du lieu où il fait publiquement une instruction judiciaire, ou tout autre acte de son ministère, soit comme administrateur, soit comme officier de police, 504 et 509. — Comment il procède sur les contraventions, délits ou crimes qui ont été commis à son audience, 504, 505 et 506. — Le maire de chaque commune est tenu de faire, au moins une fois par mois, la visite des prisons et maisons de justice et d'arrêt qui sont situées dans la commune, 612 et 613. — La police de ces maisons lui appartient dans les communes où il n'y a pas plusieurs maires, 613.

MAISONS D'ARRÊT. Il y a dans chaque arrondissement, près du tribunal de première instance, une maison d'arrêt, pour y retenir les prévenus, 603 — Elle doit être entièrement distincte des prisons établies pour peines, 604. — De son régime, de son administration et de la surveillance, 605, 606, 611 à 614. Voy. *Gardiens*.

MAISONS DE JUSTICE. Il y a près de chaque cour d'assises une maison de justice, pour y retenir les individus contre lesquels il a été rendu une ordonnance de prise de corps, — Elle doit être entièrement distincte des prisons établies pour peines, 604. — De son régime, de son administration et de la surveillance, 605, 606, 611 à 614. Voyez *Gardiens.*

MANDAT D'AMENER. Est une ordonnance à l'effet de faire comparaître le prévenu qui est contraint et amené, s'il n'obéit pas, 40 et 99. — Dans quels cas le mandat d'amener peut être décerné par le procureur impérial, 40 et 46. — Dans quels cas le juge d'instruction peut ou doit décerner le mandat d'amener, 91 et 92. — Comment doit être rédigé le mandat d'amener, 95. — Par qui et comment il doit être notifié, 97. — Il est exécutoire dans tout le territoire de l'Empire, 98. — Comment il doit être exécuté contre le prévenu qui refuse d'obéir, ou tente de s'évader, 99. — Quand il peut donner lieu au mandat de dépôt contre le prévenu, 100. — Formalités à remplir lorsque le prévenu contre lequel il a été décerné un mandat d'amener ne peut être trouvé, 105.

MANDAT D'ARRÊT. Est une ordonnance en vertu de laquelle un prévenu est conduit et retenu dans une maison d'arrêt. Dans quels cas, comment et par qui peut-être décerné le mandat d'arrêt, 94, 484, 498 et 504. — Comment il doit être rédigé, 95 et 96. — Par qui et comment il doit être notifié, 97. — Est exécutoire dans tout le territoire de l'Empire, 98. — Dans quels cas et par qui doit être visé le mandat d'arrêt avant d'être mis à exécution, *ibid.* — Dans quelle maison d'arrêt sera conduit le prévenu, 104 et 110. — Main-forte pour l'exécution du mandat d'arrêt, 108. — Formalités à remplir par l'officier chargé de l'exécution du mandat, lorsque le prévenu ne peut être saisi, 109. — Formalités à remplir lorsque le prévenu est saisi et remis dans la maison d'arrêt, 111.

N.

correctionnels, et devant les cours impériales statuant sur des appels de jugements rendus en matière correctionnelle, doit être publique, à peine de nullité, 153, 171, 176, 190 et 211. — Devant les mêmes tribunaux, nul ne peut être admis, à peine de nullité, à faire preuve par témoins outre ou contre le contenu aux procès-verbaux ou rapports des officiers de police, ayant reçu de la loi le pouvoir de constater les délits ou les contraventions, jusqu'à inscription de faux, 154, 171, 176, 189 et 211. — Devant les mêmes tribunaux, les témoins doivent prêter serment à l'audience, à peine de nullité, 155, 171, 176, 189 et 211. — Devant les mêmes tribunaux y a-t-il lieu à nullité, lorsque des personnes qui ne doivent être appelées ni reçues en témoignage, ont été entendues comme témoins? 156, 171, 176, 189 et 211. — Tout jugement de condamnation, rendu par un tribunal de police, doit être motivé, et les termes de la loi appliquée doivent y être inscrits, à peine de nullité, 163, 171 et 176. — Quels sont les moyens de nullité contre les arrêts de la cour impériale, lorsqu'elle statue dans les cas prévus par le chapitre des mises en accusation, 234, 299 et 570. — Les membres de la cour impériale qui ont voté sur la mise en accusation, ne peuvent, dans la même affaire, ni présider les assises, ni assister le président, à peine de nullité. Il en est de même à l'égard du juge d'instruction, 257. — Le procureur général ne peut, à peine de nullité, porter à la cour d'assises aucune accusation qui n'a pas été prononcée par la cour impériale, 271. — Quand il y a lieu à nullité, lorsque l'accusé n'est pas interpellé de déclarer le choix qu'il

rêt, quant à la citation de la loi qui prononce la peine, 411. — Lorsque l'accusé a été acquitté ou absous, 409, 410 et 412. — 2° En matières correctionnelle et de police, 413 et 414. — §. 3. Comment on doit se pourvoir, en matière criminelle, correctionnelle ou de police, pour faire prononcer l'annullation. Voyez *Recours en Cassation*. — § 4. Dans quels cas les frais de la procédure à recommencer, sont à la charge de l'officier ou juge instructeur qui a commis la nullité, 415.

O.

Officiers de gendarmerie. Les officiers de gendarmerie sont officiers de police judiciaire, 9. — Ils reçoivent les dénonciations de crimes ou de délits commis dans les lieux où ils exercent leurs fonctions habituelles, 48. — Ils ne peuvent faire d'autres actes de police judiciaire, si ce n'est dans les cas de leur compétence qui sont déterminés par l'article 49 ; et, en conséquence, ils sont tenus de transmettre, sans délai, au procureur impérial les dénonciations, qu'ils ont reçues, de crimes ou de délits qu'ils ne sont pas chargés directement de constater, 54. — Dans les cas de flagrant délit, ou dans les cas de réquisition de la part d'un chef de maison, ils dressent les procès-verbaux, reçoivent les déclarations des témoins, font les visites et les autres actes qui sont, auxdits cas, de la compétence des procureurs impériaux, 49. — Lorsqu'ils se trouvent en concurrence avec le procureur impérial, celui-ci fait les actes attribués à la police judiciaire : s'il a été prévenu, il peut continuer la procédure, ou autoriser l'officier de gen-

P.

opposition, elle est condamnée aux dommages-intérêts envers le prévenu, 136. —L'affaire étant renvoyée à la cour d'assises ou à la cour spéciale, comment la partie civile peut-elle faire entendre des témoins lors de l'examen? 315 et 574. —Comment peut-elle, lors de cet examen, faire des questions soit aux témoins, soit à l'accusé? 319 et 574. —Peut-elle s'opposer à l'audition de quelques témoins appelés? 322 et 574. —Comment peut-elle se pourvoir contre la déposition d'un témoin, qui paraît fausse d'après les débats? 330, 331 et 576. —Comment la partie civile ou son conseil sont entendus sur l'accusation, 335 et 576. —Comment il est statué sur les dommages-intérêts réclamés par la partie civile contre l'accusé, ou contre la partie civile par l'accusé, 358, 359, 362, 366, 584, 585 et 587. —Comment il est statué sur les dépens à l'égard de la partie civile, 368. —Dans quels cas, dans quelle forme et dans quels délais la partie civile peut se pourvoir en cassation contre l'arrêt de la cour d'assises, 373, 374, 417 et 418. —Dans quelle forme la partie civile peut se pourvoir en cassation contre tout arrêt, ou jugement en dernier ressort, rendu en matière criminelle, correctionnelle ou de police, 417 et 418. —Comment doit être notifiée la déclaration de recours en cassation, 418. —La partie civile doit, en outre, joindre aux pièces une expédition authentique de l'arrêt et consigner une amende, 419. —Quelles sont les parties civiles qui sont dispensées de cette amende, ou dispensées de la consigner, 420. —Comment et dans quel délai la partie civile peut déposer ou envoyer la requête contenant ses moyens de cassation, 422

porte à la cour d'assises une accusation qui n'a pas été prononcée par la cour impériale, 271. — La prise à partie peut avoir lieu tant contre le greffier de la cour d'assises ou de la cour spéciale, que contre les juges lorsque la minute de l'arrêt n'est pas signée par les juges qui l'ont rendu, 370 et 593. — Comment il est procédé à l'instruction et au jugement, en cas de prise à partie, pour crime dénoncé par les personnes qui se prétendent lésées, soit contre un tribunal entier de commerce, correctionnel ou de première instance, soit individuellement contre un ou plusieurs membres des cours impériales, ou les procureurs généraux et substituts près de ces cours, 485 à 503.

PRISONS. Il y a des prisons établies pour peines, 603. — De leur régime, de leur administration, de leur surveillance, 604, 605, 606, 611, à 614. Voyez *Gardiens*.

PROCÉDURE INDÉCISES. Comment il doit être procédé, lorsqu'en matière criminelle ou correctionnelle, des procédures encore indécises ont été détruites ou enlevées, ou se trouvent égarées, et qu'il n'est plus possible de les rétablir, 521 à 524.

PROCÈS-VERBAUX. La preuve par témoins peut-elle être admise jusqu'à inscription de faux, outre ou contre le contenu aux procès-verbaux ou rapports des officiers de police ayant reçu de la loi le pouvoir de constater les délits ou les contraventions? 154. — Les procès-verbaux et rapports faits par des agents, préposés ou officiers auxquels la loi n'a pas accordé le droit d'en être crus jusqu'à l'instruction de faux, peuvent-ils être débattus par des preuves contraires, soit écrites, soit testimoniales? *ibid.*

même forestiers, 182. — Quelles sont ses fonctions dans les affaires instruites et jugées devant les tribunaux correctionnels, 190, 196, 197 et 198. — A le droit d'interjeter appel des jugements, 202. — Dans le cas où il n'interjette pas appel, envoie un extrait du jugement au magistrat du ministère public près du tribunal ou de la cour qui doit connaître de l'appel, *ibid.* — Ce qu'il doit faire lorsqu'il a été interjeté un appel, 207. — Est tenu d'envoyer, tous les huit jours, au procureur général une notice de toutes les affaires criminelles, de police correctionnelle, ou police simple, qui sont survenues, 249. — Fonctions qu'il est tenu de remplir, sous peine d'être poursuivi comme complice de détention arbitraire, lorsqu'il est instruit qu'un individu est détenu dans un lieu qui n'a pas été destiné à servir de maison d'arrêt, de justice, ou de prison, 615, 616 et 617.

PROCUREUR IMPÉRIAL CRIMINEL. Ses fonctions, 284 à 290 et 565. Fonctions qu'il est tenu de remplir, sous peine de détention arbitraire, lorsqu'il est instruit qu'un individu est détenu dans un lieu qui n'a pas été destiné à servir de maison d'arrêt, de justice ou de prison, 615, 616 et 617.

R.

RÉCIDIVE. Le condamné pour récidive n'est jamais admis à demander sa réhabilitation, 634.

RECOURS EN CASSATION. Peut avoir lieu contre les jugements rendus, en dernier ressort, par les tribunaux correctionnels sur les appels des jugements des tribunaux de police,

damnation contre un accusé. Elle a lieu, quoique la demande en cassation ait été déjà rejetée, 1° Lorsqu'un accusé ayant été condamné pour un autre accusé ayant aussi été condamné par un autre arrêt comme auteur du même crime, les deux arrêts ne peuvent se concilier, et sont la preuve de l'innocence de l'un ou de l'autre condamné. Comment il est procédé dans ce cas, 443. — 2° Lorsqu'après une condamnation pour homicide, il est représenté des pièces propres à faire naître de suffisants indices sur l'existence de la personne dont la mort supposée a donné lieu à la condamnation. Comment il est procédé dans ce cas, 444. — 3° Lorsqu'après une condamnation contre un accusé, l'un ou plusieurs des témoins qui avaient déposé à charge contre lui, sont poursuivis pour avoir porté un faux témoignage dans le procès, et que l'accusation en faux témoignage est admise contre eux, ou même s'il est décerné contre eux des mandats d'arrêt. Comment il est procédé dans ce cas, 445 et 446. — Comment il est procédé, lorsque la révision a lieu pour la cause exprimée en l'article 444, si l'individu condamné est mort depuis la condamnation, 447.

S.

SCEAU DE L'ÉTAT. Le crime de contrefaction du sceau de l'Etat, commis par des Français ou par des étrangers, hors du territoire de la France, comment peut être poursuivi, jugé et puni en France, 5 et 6.

SUBSTITUTS. Voyez *Procureur général impérial*, *Procureur impérial* et *Procureur impérial criminel.*

T.

FIN DE LA TABLE DES MATIÈRES.

CODE

DES

DÉLITS ET DES PEINES,

CODE

DES

DÉLITS ET DES PEINES.

Décrété le 2 février 1810. Prom. le 12 du même mois.)

DISPOSITIONS PRÉLIMINAIRES.

ART. 1. L'INFRACTION que les lois punissent des peines de police est une *contravention*.

L'infraction que les lois punissent des peines correctionnelles est un *délit*.

L'infraction que les lois punissent d'une peine afflictive ou infamante, est un *crime*.

2. Toute tentative de *crime* qui aura été manifestée par des actes extérieurs et suivie d'un commencement d'exécution, si elle n'a été suspendue ou n'a manqué son effet que par des circonstances fortuites ou indépendantes de la volonté de l'auteur, est considérée comme le *crime* même.

3. Les tentatives de *délits* ne sont considérées comme *délits*, que dans les cas déterminés par une disposition spéciale de la loi.

4. Nulle contravention, nul délit, nul crime,

ne peuvent être punis de peines qui n'étaient pas prononcées par la loi avant qu'ils fussent commis.

5. Les dispositions du présent Code ne s'appliquent pas aux contraventions, délits et crimes militaires.

LIVRE PREMIER.

DES PEINES EN MATIÈRE CRIMINELLE ET CORRECTIONNELLE, ET DE LEURS EFFETS.

6. Les peines en matière criminelle sont ou afflictives et infamantes, ou seulement infamantes.

7. Les peines afflictives et infamantes sont ;

1°. La mort ;

2°. Les travaux forcés à perpétuité ;

3°. La déportation ;

4°. Les travaux forcés à temps ;

5°. La réclusion.

La marque et la confiscation générale peuvent être prononcées concurremment avec une peine afflictive, dans les cas déterminés par la loi.

8. Les peines infamantes, sont,

1°. Le carcan ;

2°. Le bannissement ;

3°. La dégradation civique.

9. Les peines en matière correctionnelle sont,

1°. L'emprisonnement à temps dans un lieu de correction.

2°. L'interdiction à temps de certains droits civiques, civils ou de famille ;

3°. L'amende ;

10. La condamnation aux peines établies par la loi, est toujours prononcée sans préjudice des restitutions et dommages et intérêts qui peuvent être dus aux parties.

11. Le renvoi sous la surveillance spéciale de la haute police, l'amende et la confiscation spéciale, soit du corps du délit quand la propriété en appartient au condamné, soit des choses

produites par le délit, soit de celles qui ont servi ou qui ont été destinés à le commettre, sont des peines communes aux matières criminelle et correctionnelle.

CHAPITRE PREMIER.

Des peines en matière criminelle.

12. Tout condamné à mort aura la tête tranchée.

13. Le coupable condamné à mort pour parricide, sera conduit sur le lieu de l'exécution, en chemise, nus pieds, et la tête couverte d'un voile noir.

Il sera exposé sur l'échafaud pendant qu'un huissier fera au peuple lecture de l'arrêt de condamnation; il aura ensuite le poing droit coupé, et sera immédiatement exécuté à mort.

14. Les corps des suppliciés seront délivrés à leurs familles, si elles les réclament, à la charge par elles de les faire inhumer sans aucun appareil.

15. Les hommes condamnés aux travaux forcés seront employés aux travaux les plus pénibles; ils traîneront à leurs pieds un boulet, ou seront attachés deux à deux avec une chaîne, lorsque la nature du travail auquel ils seront employés le permettra.

16 Les femmes et les filles condamnées aux travaux forcés n'y seront employées que dans l'intérieur d'une maison de force.

17. La peine de la déportation consistera à être transporté et à demeurer à perpétuité dans un lieu déterminé par le Gouvernement hors du territoire continental de l'Empire.

Si le déporté rentre sur le territoire de l'Empire, il sera, sur la seule preuve de son identité, condamné aux travaux forcés à perpétuité.

Le déporté qui ne sera pas rentré sur le territoire de l'Empire, mais qui sera saisi dans des pays occupés par les armées françaises, sera reconduit dans le lieu de sa déportation.

18. Les condamnations aux travaux forcés à perpétuité et à la déportation, emporteront mort civile.

Néanmoins le Gouvernement pourra accorder au déporté, dans le lieu de la déportation, l'exercice des droits civils, ou de quelques-uns de ces droits.

19. La condamnation à la peine des travaux forcés à temps sera prononcée pour cinq ans au moins, et vingt ans au plus.

20. Quiconque aura été condamné à la peine des travaux forcés à perpétuité, sera flétri, sur la place publique, par l'application d'une empreinte avec un fer brûlant, sur l'épaule droite.

Les condamnés à d'autres peines ne subiront la flétrissure que dans les cas où la loi l'aurait attachée à la peine qui leur est infligée.

Cette empreinte sera des lettres T. P. pour les coupables condamnés aux travaux forcés à perpétuité; de la lettre T., pour les coupables condamnés aux travaux forcés à temps, lorsqu'ils devront être flétris.

La lettre F. sera ajoutée dans l'empreinte, si le coupable est un faussaire.

21. Tout individu de l'un ou de l'autre sexe, condamné à la peine de la réclusion, sera renfermé dans une maison de force, et employé à des travaux dont le produit pourra être en partie appliqué à son profit, ainsi qu'il sera réglé par le Gouvernement.

La durée de cette peine sera au moins de cinq années, et de dix ans au plus.

22. Quiconque aura été condamné à l'une des peines des travaux forcés à perpétuité, des tra-

vaux forcés à temps, ou de la réclusion, avant de subir sa peine, sera attaché au carcan sur la place publique : il y demeurera exposé aux regards du peuple durant une heure : au dessus de sa tête sera placé un écriteau portant, en caractères gros et lisibles, ses noms, sa profession, son domicile, sa peine et la cause de sa condamnation.

23. La durée de la peine des travaux forcés à temps, et de la peine de la réclusion, se comptera du jour de l'exposition.

24. La condamnation à la peine du carcan sera exécutée de la manière prescrite par l'article 22.

25. Aucune condamnation ne pourra être exécutée les jours de fêtes nationales ou religieuses, ni les dimanches.

26. L'exécution se fera sur l'une des places publiques du lieu qui sera indiqué par l'arrêt de condamnation.

27. Si une femme condamnée à mort se déclare et s'il est vérifié qu'elle est enceinte, elle ne subira la peine qu'après sa délivrance.

28. Quiconque aura été condamné à la peine des travaux forcés à temps, du bannissement, de la réclusion ou du carcan, ne pourra jamais être juré, ni expert, ni être employé comme témoin dans les actes, ni déposer en justice autrement que pour y donner de simples renseignemens.

Il sera incapable de tutelle et de curatelle, si ce n'est de ces enfans et sur l'avis seulement de la famille.

Il sera déchu du droit de port d'armes et du droit de servir dans les armées de l'Empire.

29. Quiconque aura été condamné à la peine des travaux forcés à temps ou de la réclusion, sera de plus, pendant la durée de sa peine, en état d'interdiction légale ; il lui sera nommé un curateur pour gérer et administrer ses biens, dans

les formes prescrites pour la nomination des curateurs aux interdits.

30. Les biens du condamné lui seront remis après qu'il aura subi sa peine, et le curateur lui rendra compte de son administration.

31. Pendant la durée de la peine, il ne pourra lui être remis aucune somme, aucune provision, aucune portion de ses revenus.

32. Quiconque aura été condamné au bannissement, sera transporté, par ordre du Gouvernement, hors du territoire de l'Empire.

La durée du bannissement sera au moins de cinq années, et de dix ans au plus.

33. Si le banni, durant le temps de son bannissement, rentre sur le territoire de l'Empire, il sera, sur la seule preuve de son identité, condamné, à la peine de la déportation.

34. La dégradation civique consiste dans la destitution et l'exclusion du condamné de toutes fonctions ou emplois publics, et dans la privation de tous les droits énoncés en l'article 28.

35. La durée du bannissement se comptera du jour où l'arrêt sera devenu irrévocable.

36. Tous arrêts qui porteront la peine de mort, des travaux forcés à perpétuité ou à temps, la déportation, la réclusion, la peine du carcan, le bannissement et la dégradation civique, seront imprimés par extraits.

Ils seront affichés dans la ville centrale du département, dans celle où l'arrêt aura été rendu, dans la commune du lieu où le délit aura été commis, dans celle où se fera l'exécution et dans celle du domicile du condamné.

37. La confiscation générale est l'attribution des biens d'un condamné au domaine de l'État.

Elle ne sera la suite nécessaire d'aucune condamnation; elle n'aura lieu que dans les cas où la loi la prononce expressément.

38. La confiscation générale demeure grevée de toutes les dettes légitimes, jusqu'à concurrence de la valeur des biens confisqués, de l'obligation de fournir aux enfans ou autres descendans une moitié de la portion dont le père n'aurait pu les priver.

De plus, La confiscation générale demeure grevée de la prestation des alimens à qui il en est dû de droit.

39. L'Empereur pourra disposer des biens confisqués, en faveur, soit des père, mère, ou autres ascendans, soit de la veuve, soit des enfans, ou autres descendans légitimes, naturels ou adoptifs soit des autres parens du condamné.

CHAPITRE II.

Des peines en matière correctionnelle.

40. Quiconque aura été condamné à la peine d'emprisonnement, sera renfermé dans une maison de correction : il y sera employé à l'un des travaux établis dans cette maison, selon son choix.

La durée de cette peine sera au moins de six jours, et de cinq années, au plus ; sauf les cas de récidive ou autres où la loi aura déterminé d'autres limites.

La peine à un jour d'emprisonnement est de vingt-quatre heures ;

Celle à un mois est de trente jours.

41. Les produits du travail de chaque détenu pour délit correctionnel, seront appliqués, partie aux dépenses communes de la maison, partie à lui procurer quelques adoucissemens, s'il les mérite, partie à former pour lui, au temps de sa sortie, un fonds de réserve ; le tout ainsi qu'il sera ordonné par des réglemens d'administration publique.

42. Les tribunaux, jugeant correctionnellement pourront, dans certains cas, interdire en tout ou en partie, l'exercice des droits civiques, civils, et de famille suivans :

1°. De vote et d'élection ;

2°. D'éligibilité ;

3°. D'être appelé ou nommé aux fonctions de juré ou autres fonctions publiques, ou aux emplois de l'administration, ou d'exercer ces fonctions ou emplois ;

4°. De port d'armes ;

5°. De vote et de suffrages dans les délibérations de famille ;

6°. D'être tuteur, curateur, si ce n'est de ses enfans, et sur l'avis seulement de la famille ;

7°. D'être expert ou employé comme témoin dans les actes ;

8°. De témoignage en justice, autrement que pour y faire de simples déclarations.

43. Les tribunaux ne prononceront l'interdiction mentionnée dans l'article précédent, que lorsqu'elle aura été autorisée ou ordonnée par une disposition particulière de la loi.

CHAPITRE III.

Des peines et des autres condamnations qui peuvent être prononcées pour crimes ou délits.

44. L'effet du renvoi sous la surveillance de la haute police de l'Etat, sera de donner au Gouvernement, ainsi qu'à la partie intéressée, le droit d'exiger, soit de l'individu placé dans cet état, après qu'il aura subi sa peine, soit de ses père et mère, tuteur ou curateur, s'il est en âge de minorité, une caution solvable de bonne conduite jusqu'à la somme qui sera fixée par l'arrêt

ou jugement : toute personne pourra être admise à fournir cette caution.

Faute de fournir ce cautionnement, le condamné demeure à la disposition du Gouvernement, qui a le droit d'ordonner, soit l'éloignement de l'individu d'un certain lieu, soit sa résidence continue dans un lieu déterminé de l'un des départemens de l'Empire.

45. En cas de désobéissance à cet ordre, le Gouvernement aura le droit de faire arrêter et détenir le condamné, durant un intervalle de temps qui pourra s'étendre jusqu'à l'expiration du temps fixé pour l'état de la surveillance spéciale.

46. Lorsque la personne mise sous la surveillance spéciale du Gouvernement, et ayant obtenu sa liberté sous caution, aura été condamnée par un arrêt ou jugement devenu irrévocable, pour un ou plusieurs crimes, ou pour un ou plusieurs délits commis dans l'intervalle déterminé par l'acte de cautionnement, les cautions seront contraintes, même par corps, au paiement des sommes portées dans cet acte.

Les sommes recouvrées seront affectées de préférence aux restitutions, aux dommages-intérêts et frais adjugés aux parties lésées par ces crimes ou ces délits.

47. Les coupables condamnés aux travaux forcés à temps et à la réclusion, seront, de plein droit, après qu'ils auront subi leur peine, et pendant toute la vie, sous la surveillance de la haute police de l'État.

48. Les coupables condamnés au bannissement, seront, de plein droit, sous la même surveillance pendant un temps égal à la durée de la peine qu'ils auront subie.

49. Devront être renvoyés sous la même surveillance, ceux qui auront été condamnés pour cri-

mes ou délits qui intéressent la sûreté intérieure ou extérieure de l'Etat.

50. Hors les cas déterminés par les articles précédens, les condamnés ne seront placés sous la surveillance de la haute police de l'Etat, que dans le cas où une disposition particulière de la loi l'aura permis.

51. Quand il y aura lieu à restitution, le coupable sera condamné en outre, envers la partie, à des indemnités, dont la détermination est laissée à la justice de la cour ou du tribunal, lorsque la loi ne les aura pas réglées, sans qu'elles puissent jamais être au dessous du quart des restitutions, et sans que la cour ou le tribunal puisse, du consentement même de la partie, en prononcer l'application à une œuvre quelconque.

52. L'exécution des condamnations à l'amende, aux restitutions, aux dommages-intérêts et aux frais, pourra être poursuivie par la voie de la contrainte par corps.

53. Lorsque des amendes et des frais seront prononcés au profit de l'Etat, si, après l'expiration de la peine afflictive ou infamante, l'emprisonnement du condamné, pour l'acquit de ces condamnations pécuniaires, a duré une année complète, il pourra, sur la preuve acquise, par les voies de droit, de son absolue insolvabilité, obtenir sa liberté provisoire.

La durée de l'emprisonnement sera réduite à six mois s'il s'agit d'un délit; sauf, dans tous les cas, à reprendre la contrainte par corps, s'il survient au condamné quelque moyen de solvabilité.

54. En cas de concurrence de l'amende ou de la confiscation avec les restitutions et les dommages-intérêts, sur les biens insuffisans du condamné, ces dernières condamnations obtiendront la préférence.

55. Tous les individus condamnés pour un même crime, ou pour un même délit, sont tenus solidairement des amendes, des restitutions, des dommages-intérêts et des frais.

CHAPITRE IV.

Des peines de la récidive, pour crimes et délits.

56. Quiconque ayant été condamné pour crime aura commis un second crime emportant la dégradation civique, sera condamné à la peine du carcan.

Si le second crime emporte la peine du carcan ou le bannissement, il sera condamné à la peine de la réclusion.

Si le second crime entraîne la peine de la réclusion, il sera condamné à la peine des travaux forcés à temps et à la marque;

Si le second crime entraîne la peine des travaux forcés à temps, ou la déportation, il sera condamné à la peine des travaux forcés à perpétuité.

Si le second crime entraîne la peine des travaux forcés à perpétuité, il sera condamné à la peine de mort.

57. Quiconque ayant eté condamné pour un crime, aura commis un délit de nature à être puni correctionnellement, sera condamné au *maximum* de la peine portée par la loi, et cette peine pourra être élevée jusqu'au double.

58. Les coupables condamnés correctionnellement à un emprisonnement de plus d'une année, seront aussi en cas de nouveau délit, condamnés au *maximum* de la peine portée par la loi, et cette peine pourra être élevée jusqu'au double : ils seront de plus mis sous la surveillance spéciale du Gouvernement, pendant au moins cinq années, et dix ans au plus.

LIVRE.

LIVRE II.

DES PERSONNES PUNISSABLES, EXCUSABLES OU RESPONSABLES, POUR CRIMES OU POUR DÉLITS.

(Décrété le 3 février 1810. Prom. le 13 du même mois.)

CHAPITRE UNIQUE.

59. Les complices d'un crime ou d'un délit seront punis de la même peine que les auteurs mêmes de ce crime ou de ce délit, sauf les cas où la loi en aurait disposé autrement.

60. Seront punis comme complices d'une action qualifiée crime ou délit, ceux qui, par dons, promesses, menaces, abus d'autorité ou de pouvoir, machinations ou artifices coupables, auront provoqué à cette action, ou donné des instructions pour la commettre;

Ceux qui auront procuré des armes, des instrumens, ou tout autre moyen qui aura servi à l'action, sachant qu'ils devaient y servir;

Ceux qui auront, avec connaissance, aidé ou assisté l'auteur ou les auteurs de l'action, dans les faits qui l'auront préparée ou facilitée, ou dans ceux qui l'auront consommée, sans préjudice des peines qui seront spécialement portées par le présent Code contre les auteurs de complots ou de provocations attentatoires à la sûreté intérieure ou extérieure de l'Etat, même dans le cas où le crime qui était l'objet des conspirateurs ou des provocateurs, n'aurait pas été commis.

61. Ceux qui connaissant la conduite criminelle des malfaiteurs exerçant des brigan-

dages ou des violences contre la sûreté de l'Etat, la paix publique, les personnes ou les propriétés, leurs fournissent habituellement logement, lieu de retraite ou de réunions, seront punis comme leurs complices.

62. Ceux qui sciemment auront recélé, en tout ou en partie, des choses enlevées, détournées ou obtenues à l'aide d'un crime ou d'un délit, seront aussi punis comme complices de ce crime ou délit.

63. Néanmoins, et à l'égard des recéleurs désignés dans l'article précédent, la peine de mort, des travaux forcés à perpétuité, ou de la déportation, lorsqu'il y aura lieu, ne leur sera appliquée qu'autant qu'ils seront convaincus d'avoir eu, au temps du recélé, connaissance des circonstances auxquelles la loi attache les peines de ces trois genres : sinon ils ne subiront que la peine des travaux forcés à temps.

64. Il n'y a ni crime ni délit, lorsque le prévenu était en état de démence au temps de l'action, ou lorsqu'il a été contraint par une force à laquelle il n'a pu résister.

65. Nul crime ou délit ne peut être excusé, ni la peine mitigée, que dans les cas et dans les circonstances où la loi déclare le fait excusable ou permet de lui appliquer une peine moins rigoureuse.

66. Lorsque l'accusé aura moins de seize ans, s'il eit décidé qu'il a agi *sans dicernement*, il sera acquité ; mais il sera, selon les circonstances, remis à ses parens, ou conduit dans une maison de correction, pour y être élevé et détenu pendant tel nombre d'années que le jugement déterminera, et qui toutefois ne pourra excéder l'époque où il aura accompli sa vingtième année.

67. S'il est décidé qu'il a agi *avec discernement*, les peines seront prononcées ainsi qu'il suit :

S'il a encouru la peine de mort, des travaux forcés à perpétuité, ou de la déportation, il sera condamné à la peine de dix à vingt ans d'emprisonnement dans une maison de correction ;

S'il a encouru la peine des travaux forcés à temps, ou de la réclusion, il sera condamné à être renfermé dans une maison de correction pour un temps égal au tiers au moins et à la moitié au plus de celui auquel il aurait pu être condamné à l'une de ces peines.

Dans tous ces cas, il pourra être mis, par l'arrêt ou le jugement, sous la surveillance de la haute police, pendant cinq ans au moins et dix ans au plus.

S'il a encouru la peine du carcan ou du bannissement, il sera condamné à être enfermé, d'un an à cinq, dans une maison de correction.

68. Dans aucun des cas prévus dans l'article précédent, le condamné ne subira l'exposition publique.

69. Si le coupable n'a encouru qu'une peine correctionnelle, il pourra être condamné à telle peine correctionnelle qui sera jugée convenable, pourvu qu'elle soit au dessous de la moitié de celle qu'il aurait subie s'il avait eu seize ans.

70. Les peines des travaux forcés à perpétuité, de la déportation et des travaux forcés à temps, ne seront prononcées contre aucun individu âgé de soixante-dix ans accomplis au moment du jugement.

71. Ces peines seront remplacées, à leur égard, par celle de la réclusion, soit à per-

pétuité, soit à temps, et selon la durée de la peine qu'elle remplacera.

72. Tout condamné à la peine des travaux forcés à perpétuité ou à temps, dès qu'il aura atteint l'âge de soixante-dix ans accomplis, en sera relevé, et sera renfermé dans la maison de force pour tout le temps à expirer de sa peine, comme s'il n'eût été condamné qu'à la réclusion.

73. Les aubergistes et hôteliers convaincus d'avoir logé, plus de vingt-quatre heures, quelqu'un qui, pendant son séjour, aurait commis un crime ou un délit, seront civilement responsables des restitutions, des indemnités et des frais adjugés à ceux à qui ce crime ou ce délit aurait causé quelque dommage, faute par eux d'avoir inscrit sur leur registre le nom, la profession et le domicile du coupable; sans préjudice de leur responsabilité, dans le cas des articles 1952 et 1953 du Code Napoléon.

74. Dans les autres cas de responsabilité civile qui pourront se présenter dans les affaires criminelles, correctionnelles ou de police, les Cours et Tribunaux devant qui ces affaires seront portées, se conformeront aux dispositions du Code Napoléon, livre III, titre VI, chap. II.

LIVRE III.

DES CRIMES, DES DÉLITS, ET DE LEUR PUNITION.

(Décreté le 5 février 1811. Prom. le 15 du même mois.)

TITRE PREMIER.

Des crimes et des délits contre la sûreté de l'État.

CHAPITRE PREMIER.

Des crimes et des délits contre la chose publique.

SECTION PREMIÈRE.

Des crimes et délits contre la sûreté extérieure de l'État.

75. Tout Français qui aura porté le armes contre la France, sera puni de mort.

Ses biens seront confisqués.

76. Quiconque aura pratiqué des machinations ou entretenu des intelligences avec les puissances étrangères ou leurs agens, pour les engager à commettre les hostilités ou entreprendre la guerre contre la France, ou pour leur en procurer les moyens, sera puni de mort, et ses biens seront confisqués.

Cette disposition aura lieu dans le cas même où lesdites machinations ou intelligences n'auraient pas été suivies d'hostilités.

77. Sera également puni de mort et de la confiscation de ses biens, quiconque aura pratiqué

des manœuvres ou entretenu des intelligences avec les ennemis de l'Etat, à l'effet de faciliter leur entrée sur le territoire et dépendances de l'Empire français, ou de leur livrer des villes, forteresses, places, postes, ports, magasins, arsenaux, vaisseaux ou bâtimens appartenant à la France, ou de fournir aux ennemis des secours en soldats, hommes, argent, vivres, armes ou munitions, ou de seconder les progrès de leurs armes sur les possessions ou contre les forces françaises de terre ou de mer, soit en ébranlant la fidélité des officiers, soldats, matelots ou autres, envers l'Empereur et l'Etat, soit de toute autre manière.

78. Si la correspondance avec les sujets d'une puissance ennemie, sans avoir pour objet l'un des crimes énoncés en l'article précédent, a néanmoins eu pour résultat de fournir aux ennemis des instructions nuisibles à la situation militaire ou politique de la France ou de ses alliés, ceux qui auront entretenu cette correspondance seront punis du bannissement, sans préjudice de plus fortes peines, dans le cas où ces instructions auraient été la suite d'un concert constituant un fait d'espionnage.

79. Les peines exprimées aux articles 76 et 77 seront les mêmes, soit que les machinations ou manœuvres énoncées en ces articles aient été commises envers la France, soit qu'elles l'aient été envers les alliés de la France, agissant contre l'ennemi commun.

80. Sera puni des peines exprimées en l'article 76, tout fonctionnaire public, tout agent du Gouvernement, ou toute autre personne qui, chargée ou instruite officiellement ou à raison de son état, du secret d'une négociation ou d'une

expédition, l'aura livré aux agens d'une puissance étrangère ou de l'ennemi.

81. Tout fonctionnaire public, tout agent, tout préposé du Gouvernement, chargé, à raison de ses fonctions, du dépôt des plans de fortifications, arcenaux, ports ou rades, qui aura livré ces plans ou l'un de ces plans à l'ennemi ou aux agens de l'ennemi, sera puni de mort, et ses biens seront confisqués.

Il sera puni du bannissement, s'il a livré ces plans aux agens d'une puissance étrangère, neutre ou alliée.

82. Toute autre personne qui, étant parvenue, par corruption, fraude ou violence, à soustraire lesdits plans, les aura livrés ou à l'ennemi ou aux agens d'une puissance étrangère, sera punie comme le fonctionnaire ou agent mentionné dans l'article précédent, et selon les distinctions qui y sont établies.

Si lesdits plans se trouvaient, sans le préalable emploi de mauvaises voies, entre les mains de la personne qui les a livrés, la peine sera, au premier cas mentionné dans l'article 81, la déportation.

Et au second cas du même article, un emprisonnement de deux à cinq ans.

83. Quiconque aura recélé, ou aura fait recéler les espions ou les soldats ennemis envoyés à la découverte et qu'il aura connus pour tels, sera condamné à la peine de mort.

84. Quiconque aura par des actions hostiles non approuvées par le Gouvernement, exposé l'Etat à une déclaration de guerre, sera puni du bannissement; et si la guerre s'en est suivie, de la déportation.

85. Quiconque aura, par des actes non approuvés par le Gouvernement, exposé des Français

à éprouver des représailles, sera puni du bannissement.

SECTION II.

Des crimes contre la sûreté intérieure de l'Etat.

§. 1er.

Des attentats et complots dirigés contre l'Empereur et sa Famille.

86. L'attentat ou complot contre la vie ou contre la personne de l'Empereur, est crime de lèse-majesté; ce crime est puni comme paricide, et emporte de plus la confiscation des biens.

87. L'attentat ou le complot contre la vie ou la personne des membres de la famille impériale,

L'attentat ou le complot dont le but sera,

Soit de détruire ou de changer le Gouvernement, ou l'ordre de successibilité au trône;

Soit d'exciter les citoyens ou les habitans à s'armer contre l'autorité impériale,

Seront punis de la peine de mort et de la confiscation des biens.

88. Il y a attentat dès qu'un acte est commis ou commencé pour parvenir à l'exécution de ces crimes, quoiqu'ils n'aient pas été consommés.

89. Il y a complot dès que la résolution d'agir est concertée et arrêtée entre deux conspirateurs ou un plus grand nombre, quoiqu'il n'y ait pas eu d'attentat.

90. S'il n'y a pas eu de complot arrêté, mais une proposition faite et non agréée d'en former un pour arriver au crime mentionné dans l'article 86, celui qui aura fait une telle proposition sera puni de la réclusion.

L'auteur de toute proposition non agréée tendante à l'un des crimes énoncés dans l'article 87, sera puni du bannissement.

§. II.

Des crimes tendant à troubler l'Etat par la guerre civile, l'illégal emploi de la force armée, la dévastation et le pillage publics.

91. L'attentat ou le complot dont le but sera, soit d'exciter la guerre civile en armant ou en portant les citoyens ou habitans à s'armer les uns contre les autres,

Soit de porter la dévastation, le massacre et le pillage dans une ou plusieurs communes,

Seront punis de la peine de mort, et les biens des coupables seront confisqués.

92. Seront punis de mort et de la confiscation de leurs biens, ceux qui auront levé ou fait lever des troupes armées, engagé ou enrôlé, fait engager ou enrôler les soldats, ou leur auront fourni ou procuré des armes ou munitions, sans ordre ou autorisation du pouvoir légitime.

93. Ceux qui, sans droit ou motif légitime, auront pris le commandement d'un corps d'armée, d'une troupe, d'une flotte, d'une escadre, d'un bâtiment de guerre, d'une place forte, d'un poste, d'un port, d'une ville.

Ceux qui auront retenu, contre l'ordre du Gouvernement, un commandement militaire quelconque.

Les commandans qui auront tenu leur armée ou troupe rassemblée, après que le licenciement ou la séparation en auront été ordonnés.

Seront punis de la peine de mort, et leurs biens seront confisqués.

94. Toute personne qui, pouvant disposer de la force publique, en aura requis ou ordonné,

fait requérir ou ordonner l'action ou l'emploi, contre la levée des gens de guerre légalement établie, sera punie de la déportation.

Si cette réquisition ou cet ordre ont été suivis de leur effet, le coupable sera puni de mort et ses biens seront confisqués.

95. Tout individu qui aura incendié ou détruit par l'explosion d'une mine, des édifices, magasins, arsenaux, vaisseaux, ou autres propriétés appartenant à l'Etat, sera puni de mort, et ses biens seront confisqués.

96. Quiconque, soit pour envahir des domaines, propriétés ou deniers publics, places, villes, forteresses, postes, magasins, arsenaux, ports, vaisseaux ou bâtimens appartenant à l'Etat, soit pour piller ou partager des propriétés publiques ou nationales, ou celles d'une généralité de citoyens, soit enfin pour faire attaque ou résistance envers la force publique agissant contre les auteurs de ces crimes, se sera mis à la tête de bandes armées, ou y aura exercé une fonction ou commandement quelconque, sera puni de mort, et ses biens seront confisqués.

Les mêmes peines seront appliquées à ceux qui auront dirigé l'association, levé ou fait lever, organisé ou fait organiser les bandes, ou leur auront, sciemment et volontairement fourni ou procuré des armes, munitions et instrumens du crime, ou envoyé des convois de subsistances, ou qui auront de toute autre manière pratiqué des intelligences avec les directeurs ou commandans des bandes.

97. Dans le cas où l'un ou plusieurs des crimes mentionnés aux articles 86, 87, et 91 auront été exécutés ou simplement tentés par une bande, la peine de mort avec confiscation des biens sera appliquée, sans distinction de grades, à tous

les individus faisant partie de la bande et qui auront été saisis sur le lieu de la réunion séditieuse.

Sera puni des mêmes peines, quoique non saisi sur le lieu, quiconque aura dirigé la sédition, ou aura exercé dans la bande un emploi ou commandement quelconque.

98. Hors le cas où la réunion séditieuse aurait eu pour objet ou résultat l'un ou plusieurs des crimes énoncés aux articles 86, 87 et 91, les individus faisant partie des bandes, dont il est parlé ci-dessus, sans y exercer aucun commandement ni emploi, et qui auront été saisis sur les lieux, seront punis de la déportation.

99. Ceux qui, connaissant le but et le caractère desdites bandes, leur auront, sans contrainte, fourni des logemens, lieux de retraite ou de réunion, seront condamnés à la peine des travaux forcés à temps.

100. Il ne sera prononcé aucune peine, pour le fait de sédition, contre ceux qui ayant fait partie de ces bandes sans y exercer aucun commandement, et sans y remplir aucun emploi ni fonction, se seront retirés au premier avertissement des autorités civiles ou militaires, ou même depuis, lorsqu'ils n'auront été saisis que hors des lieux de la réunion séditieuse, sans opposer de résistance et sans armes.

Ils ne seront, punis, dans ces cas, que des crimes particuliers qu'ils auraient personnellement commis, et néanmoins, ils pourront être renvoyés, pour cinq ans ou au plus jusqu'à dix, sous la surveillance spéciale de la haute police.

101. Sont compris dans le mot *armes*, toutes machines, tous instrumens ou ustensiles tranchans, perçans ou contondans.

Les couteaux et ciseaux de poche, les cannes simples ne seront réputées armes, qu'autant qu'il en aura été fait usage pour tuer, blesser ou frapper.

Disposition commune aux deux paragraphes de la présente Section.

102. Seront punis comme coupables des crimes et complots mentionnés dans la présente section, tous ceux qui, soit par discours tenus dans des lieux où réunions publics, soit par placards affichés, soit par des écrits imprimés, auront excité directement les citoyens ou habitans à les commettre.

Néanmoins, dans le cas où lesdites provocations n'auraient été suivies d'aucun effet, leurs auteurs seront simplement punis du bannissement.

SECTION III.

De la révélation et de la non révélation des crimes qui compromettent la sûreté intérieure ou extérieure de l'Etat.

103. Toutes personnes qui ayant eu connaissance de complots formés ou de crimes projetés contre la sûreté intérieure ou extérieure de l'Etat, n'auront pas fait la déclaration de ces complots ou crimes, et n'auront pas révélé au Gouvernement, ou aux autorités administratives ou de police judiciaire, les circontances qui en seront venues à leur connaissance, le tout dans les vingt-quatre heures qui auront suivi ladite connaissance, seront, lors même qu'elles seraient reconnues exemptes de toute complicité, punies, pour le seul fait de non révélation, de la manière et selon les distinctions qui suivent.

104. S'il sagit du crime de lèse-majesté, tout individu qui, au cas de l'article précédent, n'aura point

point fait les déclarations qui y sont prescrites, sera puni de la réclusion.

105. A l'égard des autres crimes ou complots mentionnés au présent chapitre, toute personne qui, en étant instruite, n'aura pas fait les déclarations prescrites par l'art. 103, sera punie d'un emprisonnement de deux à cinq ans, et d'une amende de 500 à 2,000 francs.

106. Celui qui aura eu connaissance desdits crimes ou complots non révélés, ne sera point admis à excuse sur le fondement qu'il ne les aurait point approuvés, ou même qu'il s'y serait opposé et aurait cherché à en dissuader leurs auteurs.

107. Néanmoins, si l'auteur du complot ou crime est époux, même divorcé, ascendant ou descendant, frère ou sœur, ou allié aux mêmes degrés, de la personne prévenue de réticence, celle-ci ne sera point sujète aux peines portées par les articles précédens, mais elle pourra être mise, par l'arrêt ou jugement, sous la surveillance spéciale de la haute police, pendant un temps qui n'excédera point dix ans.

108. Seront exemptés des peines prononcées contre les auteurs de complots ou d'autres crimes attentatoires à la sûreté intérieure ou extérieure de l'Etat, ceux des coupables qui, avant toute exécution ou tentative de ces complots ou de ces crimes, et avant toutes poursuites commencées, auront les premiers donné aux autorités mentionnées en l'article 103, connaissance de ces complots ou crimes, et de leurs auteurs ou complices, ou qui même depuis le commencement des poursuites, auront procuré l'arrestation desdits auteurs ou complices.

Les coupables qui auront donné ces connaissances ou procuré ces arrestations, pourront néanmoins être condamnés à rester pour la vie ou à temps sous la surveillance spéciale de la haute police.

CHAPITRE II.

Des crimes et délits contre les constitutions de l'Empire.

SECTION PREMIÈRE.

Crimes et Délits relatifs à l'exercice des Droits civiques.

109. Lorsque, par attroupement, voies de fait ou menaces, on aura empêché un ou plusieurs citoyens d'exercer leurs droits civiques, chacun des coupables sera puni d'un emprisonnement de six mois au moins, et de deux ans au plus, et de l'interdiction du droit de voter et d'être éligible, pendant cinq ans au moins et dix ans au plus.

110. Si ce crime a été commis par suite d'un plan concerté pour être exécuté, soit dans tout l'Empire, soit dans un ou plusieurs départemens, soit dans un ou plusieurs arrondissemens communaux, la peine sera le bannissement.

111. Tout citoyen qui, étant chargé, dans un scrutin, du dépouillement des billets contenant les suffrages des citoyens, sera surpris falsifiant ces billets ou en soustrayant de la masse, ou y en ajoutant, ou inscrivant sur les billets des votans non lettrés des noms autres que ceux qui lui auraient été déclarés, sera puni de la peine du carcan.

112. Toutes autres personnes coupables des faits énoncés dans l'article précédent, seront punies d'un emprisonnement de six mois au moins et de deux ans au plus, et de l'interdiction du droit

de voter et d'être éligibles pendant cinq ans au moins et dix ans au plus.

113. Tout citoyen qui aura, dans les élections, acheté ou vendu un suffrage à un prix quelconque, sera puni d'interdiction des droits de citoyen et de toute fonction ou emploi public, pendant cinq ans au moins et dix ans au plus.

Seront en outre le vendeur et l'acheteur du suffrage, condamnés chacun à une amende double de la valeur des choses reçues ou promises.

SECTION II.

Attentats à la Liberté.

114. Lorsqu'un fonctionnaire public, un agent ou un préposé du Gouvernement, aura ordonné ou fait quelque acte arbitraire et attentatoire soit à la liberté individuelle, soit aux droits civiques d'un ou de plusieurs citoyens, soit aux Constitutions de l'Empire, il sera condamné à la peine de la dégradation civique.

Si néanmoins il justifie qu'il a agi par ordre de ses supérieurs pour des objets du ressort de ceux-ci, et sur lesquels il leur était dû obéissance hiérarchique, il sera exempt de la peine, laquelle sera, dans ce cas, appliquée seulement aux supérieurs qui auront donné l'ordre.

115. Si c'est un ministre qui a ordonné ou fait les actes ou l'un des actes mentionnés en l'article précédent, et si après les invitations mentionnées dans les article 63 et 67 du sénatus-consulte du 28 floréal an XII, il a refusé ou négligé de faire réparer ces actes dans les délais fixés par ledit sénatus-consulte, il sera puni du bannissement.

116. Si les ministres prévenus d'avoir ordonné ou autorisé l'acte contraire aux Constitutions, prétendent que la signature à eux imputée leur

a été surprise, ils seront tenus, en faisant cesser l'acte, de dénoncer celui qu'ils déclareront auteur de la surprise ; sinon ils seront poursuivis personnellement.

117. Les dommages-intérêts qui pourraient être prononcés à raison des attentats exprimés dans l'article 114, seront demandés, soit sur la poursuite criminelle, soit par la voie civile, et seront réglés, eu égard aux personnes, aux circonstances et au préjudice souffert, sans qu'en aucun cas, et quel que soit l'individu lésé, lesdits dommages-intérêts puissent être au-dessous de 25 francs pour chaque jour de détention illégale et arbitraire et pour chaque individu.

118. Si l'acte contraire aux Constitutions a été fait d'après une fausse signature du nom d'un ministre ou d'un fonctionnaire public, les auteurs du faux et ceux qui en auront sciemment fait usage seront punis des travaux forcés à temps, dont le *maximum* sera toujours appliqué dans ce cas.

119. Les fonctionnaires publics chargés de la police administrative ou judiciaire, qui auront refusé ou négligé de déférer à une réclamation légale tendant à constater les détentions illégales et arbitraires, soit dans les maisons destinées à la garde des détenus, soit partout ailleurs, et qui ne justifieront pas les avoir dénoncées à l'autorité supérieure, seront punis de la dégradation civique, et tenus des dommages-intérêts, lesquels seront réglés comme il est dit dans l'article 117.

120. Les gardiens et concierges des maisons de dépôt, d'arrêt, de justice ou de peine, qui auront reçu un prisonnier sans mandat ou jugement, ou sans ordre provisoire du Gouvernement ; ceux qui l'auront retenu ou auront refusé de le représenter à l'officier de police ou au porteur de ses ordres, sans justifier de la défense du procureur

impérial ou du juge; ceux qui auront refusé d'exhiber leurs registres à l'officier de police, seront, comme coupables de détention arbitraire, punis de six mois à deux ans d'emprisonnement, et d'une amende de seize à deux cents francs.

121. Seront, comme coupables de forfaiture, punis de la dégradation civique, tout officier de police judiciaire, tous procureurs généraux ou impériaux, tous substituts, tous juges, qui auront provoqué, donné ou signé un jugement, une ordonnance ou un mandat, tendant à la poursuite personnelle ou accusation, soit d'un ministre, soit d'un membre du Sénat, du Conseil d'état ou du Corps Législatif, sans les autorisations prescrites par les constitutions; ou qui, hors les cas de flagrant délit ou de clameur publique, auront sans les mêmes autorisations, donné ou signé l'ordre ou le mandat de saisir ou arrêter un ou plusieurs ministres, ou membres du Sénat, du Conseil d'état ou du Corps Législatif.

122. Seront aussi punis de la dégradation civique les procureurs généraux ou impériaux, leurs substituts, les juges ou les officiers publics qui auront retenu ou fait retenir un individu hors des lieux déterminés par le Gouvernement ou par l'administration publique, ou qui auront traduit un citoyen devant une cour d'assises ou une cour spéciale, sans qu'il ait été préalablement mis légalement en accusation.

SECTION III.

Coalition des Fonctionnaires.

123. Tout concert de mesures contraires aux lois, pratiqué soit par la réunion d'individus ou de corps dépositaires de quelque partie de l'autorité publique, soit par députation ou correspon-

dance entre eux, sera puni d'un emprisonnement de deux mois au moins et de six mois au plus, contre chaque coupable, qui pourra de plus être condamné à l'interdiction des droits civiques, et de tout emploi public, pendant dix ans au plus.

124. Si, par l'un des moyens exprimés ci-dessus, il a été concerté des mesures contre l'exécution des lois ou contre les ordres du Gouvernement, la peine sera le bannissement.

Si ce concert a eu lieu entre les autorités civiles et les corps militaires ou leurs chefs, ceux qui en seront les auteurs ou provocateurs seront punis de la déportation; les autres coupables seront bannis.

125. Dans le cas où ce concert aurait eu pour objet ou résultat un complot attentatoire à la sûreté intérieure de l'Etat, les coupables seront punis de mort, et leurs biens seront confisqués.

126. Seront coupables de forfaiture, et punis de la dégradation civique.

Les fonctionnaires publics qui auront, par délibération, arrêté de donner des démissions dont l'objet ou l'effet serait d'empêcher ou de suspendre soit l'administration de la justice, soit l'accomplissement d'un service quelconque.

SECTION IV.

Empiètemens des autorités administratives et judiciaires.

127. Seront coupables de forfaiture, et punis de la dégradation civique,

1°. Les juges, les procureurs généraux ou impériaux, ou leurs substituts, les officiers de police, qui se seront immiscés dans l'exercice du pouvoir législatif, soit par des réglemens contenant des dispositions législatives, soit en arrêtant ou en suspendant l'exécution d'une ou de plusieurs lois, soit en délibérant sur le point de savoir si les lois seront publiées ou exécutées ;

2°. Les juges, les procureurs généraux ou impériaux, ou leurs substituts, les officiers de police judiciaire, qui auraient excédé leur pouvoir en s'immisçant dans les matières attribuées aux autorités administratives, soit en faisant des réglemens sur ces matières, soit en défendant d'exécuter les ordres émanés de l'administration, ou qui, ayant permis ou ordonné de citer des administrateurs pour raison de l'exercice de leurs fonctions, auraient persisté dans l'exécution de leurs jugemens ou ordonnances, nonobstant l'annullation qui en aurait été prononcée, ou le conflit qui leur aurait été notifié.

128. Les juges qui, sur la revendication formellement faite par l'autorité administrative d'une affaire portée devant eux, auront néanmoins procédé au jugement avant la décision de l'autorité supérieure, seront punis chacun d'une amende de 16 francs au moins et de 150 francs au plus.

Les officiers du ministère public qui auront fait des réquisitions ou donné des conclusions pour ledit jugement seront punis de la même peine.

129. La peine sera d'une amende de 100 francs au moins et de 500 francs au plus, contre chacun des juges, qui, après une réclamation légale des parties intéressées ou de l'autorité administrative, auront, sans autorisation du Gouvernement, rendu des ordonnances ou décerné des mandats contre ses agens ou préposés prévenus de crimes ou délits commis dans l'exercice de leurs fonctions.

La même peine sera appliquée aux officiers du ministère public ou de police, qui auront requis lesdites ordonnances ou mandats.

130. Les préfets sous-préfets, maires et autres administrateurs qui se seront immiscés dans l'exercice du pouvoir législatif, comme il est dit au n.° 1er. de l'art. 127, ou qui se seront ingérés à prendre des arrêtés généraux tendant à intimer des ordres ou des défenses quelconques à des cours ou tribunaux, seront punis de la dégradation civique.

131. Lorsque ces administrateurs entreprendront sur les fonctions judiciaires en s'ingérant à connaître de droits et intérêts privés, du ressort des tribunaux, et qu'après la réclamation des parties ou de l'une d'elles, ils auront néanmoins décidé l'affaire, avant que l'autorité supérieure ait prononcé, ils seront punis d'une amende de 16 francs au moins et de 150 francs au plus.

(Décrété le 6 février 1808. Prom. le 16 du même mois.)

TITRE PREMIER.

Des crimes et des délits contre la chose publique.

CHAPITRE III.

Crimes et délits contre la paix publique.

SECTION PREMIÈRE.

Du faux.

§. Ier.

Fausse monnaie.

132. Quiconque aura contrefait ou altéré les monnaies d'or ou d'argent ayant cour légal en France, ou participé à l'émission ou exposition desdites monnaies contrefaites ou altérées, ou à

leur introduction sur le territoire français, sera puni de mort, et ses biens seront confisqués.

133. Celui qui aura contrefait ou altéré des monnaies de billon ou de cuivre ayant cours légal en France, ou participé à l'émission ou exposition desdites monnaies contrefaites ou altérées, ou à leur introduction sur le territoire français, sera puni des travaux forcés à perpétuité.

134. Tout individu qui aura, en France, contrefait ou altéré des monnaies étrangères, ou participé à l'émission, exposition ou introduction en France des monnaies étrangères contrefaites ou altérées sera puni des travaux forcés à temps.

135. La participation énoncée aux précédens articles ne s'applique point à ceux qui ayant reçu pour bonnes des pièces de monnaie contrefaites ou altérées, les ont remises en circulation.

Toutefois celui qui aura fait usage desdites pièces après en avoir vérifié ou fait vérifier les vices, sera puni d'une amende triple au moins et sextuple au plus de la somme représentée par les pièces qu'il aura rendues à la circulation, sans que cette amende puisse, en aucun cas, être inférieure à seize francs.

136. Ceux qui auront eu connaissance d'une fabrique ou d'un dépôt de monnaies d'or, d'argent, billon ou cuivre ayant cours légal en France, contrefaites ou altérées, et qui n'auront pas, dans les vingt-quatre heures, révélé ce qu'ils savent aux autorités administratives ou de police judiciaires, seront, pour le seul fait de non-révélation, et lors même qu'ils seraient reconnus exempts de toute complicité, punis d'un emprisonnement d'un mois à deux ans.

137. Sont néanmoins exceptés de la disposition précédente les ascendans et descendans, époux même divorcés, et les frères et sœurs des cou-

pables, ou les alliés de ceux-ci aux mêmes degrés.

138. Les personnes coupables des crimes mentionnés aux articles 132 et 133, seront exemptes de peines, si avant la consommation de ces crimes et avant toutes poursuites, elles en ont donné connaissance et révélé les auteurs aux autorités constituées, ou si, même après les poursuites commencées, elles ont procuré l'arrestation des autres coupables.

Elles pourront néanmoins être mises pour la vie, ou à temps, sous la surveillance spéciale de la haute police.

§. II.

Contrefactions des Sceaux de l'Etat, des billets de banque, des Effets publics, et des poinçons, Timbres et Marques.

139. Ceux qui auront contrefait le Sceau de l'Etat ou fait usage du sceau contrefait;

Ceux qui auront contrefait ou falsifié, soit des effets émis par le trésor public avec son timbre, soit des billets de banques autorisées par la loi, ou qui auront fait usage de ces effets et billets contrefaits ou falsifiés, ou qui les auront introduits dans l'enceinte du territoire français.

Seront punis de mort et leurs biens seront confisqués.

140. Ceux qui auront contrefait ou falsifié, soit un ou plusieurs timbres nationaux, soit les marteaux de l'Etat, servant aux marques forestières, soit le poinçon ou les poinçons servant à marquer les matières d'or ou d'argent, ou qui auront fait usage des papiers, effets, timbres, marteaux ou poinçons falsifiés ou contrefaits, seront punis des travaux forcés à temps, dont le

maximum sera toujours appliqué dans ce cas.

141. Sera puni de la réclusion, quiconque s'étant indûment procuré les vrais timbres, marteaux ou poinçons ayant l'une des destinations exprimées en l'article 140, en aura fait une application ou usage préjudiciable aux droits ou intérêts de l'Etat.

142. Ceux qui auront contrefait les marques destinées à être apposées au nom du Gouvernement sur les diverses espèces de denrées ou de marchandises, ou qui auront fait usage de ces fausses marques;

Ceux qui auront contrefait le sceau, timbre ou marque d'une autorité quelconque, ou d'un établissement particulier de banque ou de commerce, ou qui auront fait usage des sceaux, timbres ou marques contrefaits,

Seront punis de réclusion.

143. Sera puni du carcan, quiconque s'étant indûment procuré les vrais sceaux, timbres ou marques ayant l'une des destinations exprimées en l'article 142, en aura fait une application ou usage préjudiciable aux droits ou intérêts de l'Etat, d'une autorité quelconque, ou même d'un établissement particulier.

144. Les dispositions des articles 136, 137 et 138, sont applicables aux crimes mentionnés dans l'article 139.

§. III.

Des faux en écritures publiques ou authentiques, et de commerce ou de banque.

145. Tout fonctionnaire ou officier public qui, dans l'exercice de ses fonctions, aura commis un faux;

Soit par fausses signatures,

Soit par altération des actes, écritures ou signatures,

Soit par la supposition de personnes,

Soit par des écritures faites ou intercalées sur des registres ou d'autres actes publics depuis leur confection ou clôture,

Sera puni des travaux forcés à perpétuité.

146. Sera aussi puni des travaux forcés à perpétuité, tout fonctionnaire ou officier public qui, en rédigeant des actes de son ministère, en aura frauduleusement dénaturé la substance ou les circonstances, soit en écrivant des conventions autres que celles qui auraient été tracées ou dictées par les parties, soit en constatant comme vrais des faits faux, ou comme avoués des faits qui ne l'étaient pas.

147. Seront punies des travaux forcés à temps, toutes autres personnes qui auront commis un faux en écriture authentique et publique, ou en écriture de commerce ou de banque.

Soit par contrefaçon ou altération d'écritures ou de signatures,

Soit par fabrication de conventions, dispositions, obligations ou décharges, ou par leur insertion après coup dans ces actes,

Soit par addition ou altération de clauses, de déclarations ou de faits que ces actes avaient pour objet de recevoir et de constater.

148. Dans tous les cas exprimés au présent paragraphe, celui qui aura fait usage des actes faux sera puni des travaux forcés à temps.

149. Sont exceptés des dispositions ci-dessus, les faux commis dans les passeports et feuilles de route, sur lesquels il sera particulièrement statué ci-après:

§. IV.

§. IV.

Du Faux en écriture privée.

150. Tout individu qui aura, de l'une des manières exprimées en l'article 147, commis un faux en écriture privée, sera puni de la réclusion.

151. Sera puni de la même peine celui qui aura fait usage de la pièce fausse.

152. Sont exceptés des dispositions ci-dessus, les faux certificats de l'espèce dont il sera ci-après parlé.

§. V.

Des Faux commis dans les Passeports, Feuilles de route et certificats.

153. Quiconque fabriquera un faux passeport ou falsifiera un passeport originairement véritable, ou fera usage d'un passeport fabriqué ou falsifié, sera puni d'un emprisonnement d'une année, au moins, et de cinq ans, au plus.

154. Quiconque prendra, dans un passeport, un nom supposé, ou aura concouru comme témoin à faire délivrer le passeport sous le nom supposé, sera puni d'un emprisonnement de trois mois à un an.

Les logeurs et aubergistes qui sciemment inscriront sur leurs registres, sous des noms faux ou supposés, les personnes logées chez eux, seront punis d'un emprisonnement de six jours au moins et d'un mois au plus.

155. Les officiers publics qui délivreront un passeport à une personne qui ne connaîtront pas personnellement, sans avoir fait attester ses noms et qualités par deux citoyens à eux connus, seront punis d'un emprisonnement d'un mois à six mois.

Si l'officier public, instruit de la supposition

du nom, a néanmoins délivré le passeport sous le nom supposé, il sera puni du bannissement.

156. Quiconque fabriquera une fausse feuille de route, ou falsifiera une feuille de route originairement véritable, ou fera usage d'une feuille de route fabriquée ou falsifiée, sera puni, savoir :

D'un emprisonnement d'une année au moins et de cinq ans au plus, si la fausse feuille de route n'a eu pour objet que de tromper la surveillance de l'autorité publique ;

Du bannissement, si le trésor public a payé au porteur de la fausse feuille des frais de route qui ne lui étaient pas dûs ou qui excédaient ceux auxquels il pouvait avoir droit, le tout néanmoins au-dessous de cent francs ;

Et de la réclusion, si les sommes indûment reçues par le porteur de la feuille s'élèvent à cent francs ou au delà.

157. Les peines portées en l'article précédent seront appliquées, selon les distinctions qui y sont posées, à toute personne qui se sera fait délivrer, par l'officier public, une feuille de route sous un nom supposé.

158. Si l'officier public était instruit de la supposition de nom lorsqu'il a délivré la feuille, il sera puni, savoir :

Dans le premier cas posé par l'art. 156 ; du bannissement ;

Dans le second cas du même article de la réclusion ;

Et dans le troisième cas, des travaux forcés à temps.

159. Toute personne qui, pour se rédimer elle-même ou en affranchir un autre d'un service public quelconque, fabriquera, sous le nom d'un médecin, chirurgien, ou autres officiers de santé, un certificat de maladie ou d'infirmité, sera

punie d'un emprisonnement de deux à cinq ans.

160. Tout médecin, chirurgien, ou autre officier de santé qui, pour favoriser quelqu'un, certifiera faussement des maladies ou infirmités propres à dispenser d'un service public, sera puni d'un emprisonnement de deux à cinq ans.

S'il y a été mu par dons ou promesses, il sera puni de bannissement : les corrupteurs seront, en ce cas, punis de la même peine.

161. Quiconque fabriquera, sous le nom d'un fonctionnaire ou officier public, un certificat de bonne conduite, indigence ou autres circonstances propres à appeler la bienveillance du Gouvernement ou des particuliers sur la presonne y désignée, et à lui procurer places, crédit ou secours, sera puni d'un emprisonnement de six mois à deux ans.

La même peine sera appliquée ; 1.° à celui qui falsifiera un certificat de cette espèce, originairement véritable, pour l'approprier à une personne autre que celle à laquelle il a été primitivement délivré, 2.° à tout individu qui se sera servi du certificat ainsi fabriqué ou falsifié.

162. Les faux certificats de toute autre nature, et d'où il pourrait résulter soit lésion envers des tiers, soit préjudice envers le trésor public, seront punis, selon qu'il y aura lieu, d'après les dispositions des paragraphes 3 et 4 de la présente section.

Dispositions communes.

163. L'application des peines portées contre ceux qui ont fait usage de monnaies, billets, sceaux, timbres, marteaux, poinçons, marques et écrits faux, contrefaits, fabriqués ou falsifiés, cessera toutes les fois que le faux n'aura pas

été connu de la personne qui aura fait usage de chose fausse.

164. Dans tous les cas où la peine de faux n'est point accompagnée de la confiscation des biens, il sera prononcé contre les coupables une amende dont le *maximum* pourra être porté jusqu'au quart du bénéfice illégitime que le faux aura procuré ou était destiné à procurer aux auteurs du crime, à leurs complices ou à ceux qui ont fait usage de la pièce fausse. Le *maximum* de cette amende ne pourra être inférieur à 100 francs.

165. La marque sera infligée à tout faussaire condamné soit aux travaux forcés à temps, soit même à la réclusion.

SECTION II.

De la Forfaiture et des Crimes et Délits des Fonctionnaires publics dans l'exercice de leurs fonctions.

166. Tout crime commis par un fonctionnaire public dans ses fonctions, est une forfaiture.

167. Toute forfaiture pour laquelle la loi ne prononce pas de peines plus graves, est punie de la dégradation civique.

168. Les simples délits ne constituent pas les fonctionnaires en forfaiture.

§. Ier.

Des Soustractions commises par les Dépositaires publics.

169. Tout percepteur, tout commis à une perception, dépositaire ou comptable public, qui aura détourné, ou soustrait des deniers publics ou privés, ou effets actifs, en tenant lieu, ou des

pièces, titres, actes, effets mobiliers qui étaient entre ses mains en vertu de ses fonctions, sera puni des travaux forcés à temps, si les choses détournées ou soustraites sont d'une valeur au-dessus de trois mille francs.

170. La peine des travaux forcés à temps aura lieu également, quelle que soit la valeur des deniers ou des effets détournés ou soustraits, si cette valeur égale, ou excède soit le tiers de la recette ou du dépôt, s'il s'agit de deniers ou effets une fois reçus ou déposés, soit le cautionnement, s'il s'agit d'une recette ou d'un dépôt attaché à une place sujète à cautionnement, soit enfin le tiers du produit commun de la recette pendant un mois, s'il s'agit d'une recette composée de rentrées successives et non sujète à cautionnement.

171. Si les valeurs détournées ou soustraites sont au-dessous de trois mille francs, et en outre inférieures aux mesures exprimées en l'article précédent, la peine sera un emprisonnement de deux ans au moins, et de cinq ans au plus, et le condamné sera de plus déclaré à jamais incapable d'exercer aucune fonction publique.

172. Dans les cas exprimés aux trois articles précédens, il sera toujours prononcé contre le condamné une amende dont le *maximum* sera le quart des restitutions et indemnités, et le *minimum* le douzième.

173. Tout juge, administrateur fonctionnaire ou officier public qui aura détruit, supprimé, soustrait ou détourné les actes et titres dont il était dépositaire en cette qualité, ou qui lui auront été remis ou communiqués à raison de ses fonctions, sera puni des travaux forcés à temps.

Tous agens, préposés ou commis, soit du Gouvernement, soit des dépositaires publics, qui se seront rendus coupables des mêmes soustractions seront soumis à la même peine.

§. II.

Des Concussions commises par des Fonctionnaires publics.

174. Tous fonctionnaires, tous officiers publics, leurs commis ou préposés, tous percepteurs des droits, taxes, contributions, deniers, revenus publics ou communaux, et leurs commis ou préposés, qui se seront rendus coupables du crime de concussion, en ordonnant de percevoir ou en exigeant ou recevant ce qu'ils savaient n'être pas dû, ou excéder ce qui était dû pour droits, taxes, contributions, deniers ou revenus, ou pour salaire ou traitemens, seront punis, savoir, les fonctionnaires ou les officiers publics, de la peine de la réclusion ; et leurs commis ou préposés, d'un emprisonnement de deux ans au moins et de cinq ans au plus.

Les coupables seront de plus condamnés à une amende dont le *maximum* sera le quart des restitutions et des dommages-intérêts, et le *minimum* le douzième.

§. III.

Des Délits de Fonction[illegible]i se seront ingérés dans des Affaires [illegible]erces incompatibles avec leur qualité.

175. Tout fonctionnaire, tout officier public, tout agent du Gouvernement, qui, soit ouvertement, soit par actes simulés, soit par interposition de personnes, aura pris ou reçu quelque intérêt que ce soit, dans les actes, adjudications, entreprises ou régies dont il a ou avait, au temps

de l'acte, en tout ou en partie, l'administration ou la surveillance, sera puni d'un emprisonnement de six mois au moins et deux ans au plus, et sera condamné à une amende qui ne pourra excéder le quart des restitutions et des indemnités, ni être au dessous du douzième.

Il sera de plus déclaré à jamais incapable d'exercer aucune fonction publique.

La présente disposition est applicable à tout fonctionnaire ou agent du Gouvernement qui aura pris un intérêt quelconque dans une affaire dont il était chargé d'ordonnancer le paiement ou de faire la liquidation.

176. Tout commandant des divisions militaires, des départemens ou des places et villes, tout préfet ou sous-préfet qui aura, dans l'étendue des lieux où il a droit d'exercer son autorité, fait ouvertement, ou par des actes simulés, ou par interposition de personnes, le commerce des grains, grenailles, farines, substances farineuses, vins ou boissons, autres que ceux provenant de ses propriétés, sera puni d'une amende de cinq cents francs au moins, et de dix mille francs au plus, et de la confiscation des denrées appartenant à ce commerce.

§. IV.

De la Corruption des fonctionnaires publics.

177. Tout fonctionnaire public de l'ordre administratif ou judiciaire, tout agent du préposé d'une administration publique, qui aura agréé des offres ou promesses, ou reçu des dons ou présens pour faire un acte de sa fonction ou de son emploi, même juste, mais non sujet à salaire, sera puni du carcan, et condamné à une amende double de la valeur des promesses agréées ou des

choses reçues, sans que ladite amende puisse être inférieure à deux cents francs.

La présente disposition est applicable à tout fonctionnaire, agent ou préposé de la qualité ci-dessus exprimée, qui, par offres ou promesses agréées, dons ou présens reçus, se sera abstenu de faire un acte qui entrait dans l'ordre de ses devoirs.

178. Dans le cas où la corruption aurait pour objet un fait criminel emportant une peine plus forte que celle du carcan, cette peine plus forte sera appliquée aux coupables.

179. Quiconque aura contraint ou tenté de contraindre par voies de fait ou menaces, corrompu ou tenté de corrompre par promesses, offres, dons ou présens, un fonctionnaire, agent ou préposé, de la qualité exprimée en l'art. 177, pour obtenir, soit une opinion favorable, soit des procès-verbaux, états, certificats ou estimations contraires à la vérité, soit des places, emplois, adjudications, entreprises ou autres bénéfices quelconques, soit enfin tout autre acte du ministère du fonctionnaire, agent ou préposé, sera puni des mêmes peines que le fonctionnaire, agent ou préposé corrompu.

Toutefois, si les tentatives de contrainte ou corruption n'ont eu aucun effet, les auteurs de ces tentatives seront simplement punis d'un emprisonnement de trois mois au moins, et de six mois au plus et d'une amende de 100 à 300 francs.

180. Il ne sera jamais fait au corrupteur restitution des choses par lui livrées, ni de leur valeur : elles seront confisquées au profit des hospices des lieux où la corruption aura été commise.

181. Si c'est un juge prononçant en matière criminelle, ou un juré qui s'est laissé corrompre,

soit en faveur, soit au préjudice de l'accusé, il sera puni de la réclusion, outre l'amende ordonnée par lart. 177.

182. Si, par l'effet de la corruption, il y a eu condamnation à une peine suppérieure, à celle de la réclusion, cette peine, quelle qu'elle soit, sera appliquée au juge ou juré coupable de corruption.

183. Tout juge ou administrateur qui se sera décidé par faveur pour une partie ou par inimitié contre elle, sera coupable de forfaiture et puni de la dégradation civique.

§. V.

Des abus d'autorité.

PREMIÈRE CLASSE.

Des Abus d'autorité contre les particuliers.

148. Tout juge, tout procureur-général ou impérial, tout substitut, tout administrateur ou tout autre officier de justice ou de police qui se sera introduit dans le domicile d'un citoyen hors les cas prévus par la loi et sans les formalités qu'elle a prescrites, sera puni d'une amende de seize francs au moins, et de deux cents francs au plus.

185. Tout juge ou tribunal, tout administrateur ou autorité administrative, qui sous quelque prétexte que ce soit, même du silence ou de l'obscurité de la loi, aura dénié de rendre la justice qu'il doit aux parties, après en avoir été requis, et qui aura persévéré dans son déni, après avertissement ou injonction de ses supérieurs, pourra être poursuivi, et sera puni d'une amende de deux cents francs au moins, et de cinq cents francs au plus, et de l'interdiction

de l'exercice des fonctions publiques depuis cinq ans jusqu'à vingt.

186. Lorsqu'un fonctionnaire ou un officier public, un administrateur, un agent ou un préposé du Gouvernement ou de la police, un exécuteur des mandats de justice ou jugemens, un commandant en chef ou en sous-ordres de la force publique, aura, sans motifs légitimes, usé ou fait user de violence envers les personnes, dans l'exercice ou à l'occasion de l'exercice de ses fonctions, il sera puni selon la nature et la gravité de ses violences, et en élevant la peine suivant la règle posée par l'art. 198 ci-après :

187. Toute suppression, toute ouverture de lettres confiées à la poste, commise ou facilitée par un fonctionnaire ou un agent du Gouvernement ou de l'administration des postes, sera punie d'une amende de seize francs à trois cents francs. Le coupable sera, de plus, interdit de toute fonction ou emploi public, pendant cinq ans au moins et dix ans au plus.

SECONDE CLASSE.

Des abus d'autorité contre la chose publique.

188. Tout fonctionnaire public, agent ou préposé du Gouvernement, de quelque état et grade qu'il soit, qui aura requis ou ordonné, fait requérir ou ordonner l'action ou l'emploi de la force publique contre l'exécution d'une loi ou contre la perception d'une contribution légale, ou contre l'exécution soit d'une ordonnance ou mandat de justice, soit de tout autre ordre émané de l'autorité légitime, sera puni de la réclusion.

189. Si cette réquisition ou cet ordre ont été suivis de leur effet, la peine sera la déportation.

190. Les peines énoncées aux art. 188 et 189,

ne cesseront d'être applicables aux fonctionnaires ou préposés qui auraient agi par ordre de leurs supérieurs, qu'autant que cet ordre aura été donné par ceux-ci pour des objets de leur ressort, et sur lesquels il leur était dû obéissance hiérarchique; dans ce cas, les peines portées ci-dessus ne seront appliquées qu'aux supérieurs qui les premiers auront donné cet ordre.

191. Si, par suite desdits ordres ou réquisitions, il survient d'autres crimes punissables de peines plus fortes que celles exprimées aux articles 188 et 189, ces peines plus fortes seront appliquées aux fonctionnaires, agens ou préposés coupables d'avoir donné lesdits ordres, ou fait lesdites réquisitions.

§ VI.

De quelques délits relatifs à la tenue des Actes de l'état civil.

192. Les officiers de l'état civil qui auront inscrit leurs actes sur de simples feuilles volantes, seront punis d'un emprisonnement d'un mois au moins et trois mois au plus, et d'une amende de 16 à 200 francs.

193. Lorsque, pour la validité d'un mariage, la loi prescrit le consentement des pères, mères, ou autres personnes, et que l'officier de l'état civil ne se sera point assuré de l'existence de ce consentement, il sera puni d'une amende de seize à trois cents francs, et d'un emprisonnement de six mois au moins, et d'un an au plus.

194. L'officier de l'état civil sera aussi puni de seize à trois cents francs d'amende, lorsqu'il aura reçu, avant le terme prescrit par l'article 228 du Code Napoléon, l'acte de mariage d'une femme ayant déjà été mariée.

195. Les peines portées aux articles précédens contre les officiers de l'état civil, leur seront appliquées, lors même que la nullité de leurs actes n'aurait pas été demandée ou aurait été couverte; le tout sans préjudice des peines plus fortes, prononcées en cas de collusion, et sans préjudice aussi des autres dispositions pénales du titre V, du Livre Ier. du Code Napoléon.

§. VII.

De l'Exercice de l'autorité publique illégalement anticipé ou prolongé.

196. Tout fonctionnaire public qui sera entré en exercice de ses fonctions sans avoir prêté le serment, pourra être poursuivi, et sera puni d'une amende de 16 à 150 francs.

197. Tout fonctionnaire public révoqué, destitué, suspendu ou interdit légalement, qui, après en avoir eu la connaissance officielle, aura continué l'exercice de ses fonctions, ou qui, étant électif ou temporaire, les aura exercées après avoir été remplacé, sera puni d'un emprisonnement de six mois au moins, et de deux ans au plus, et d'une amende de cent francs à cinq cents francs. Il sera interdit de l'exercice de toute fonction publique pour cinq ans au moins et dix au plus, à compter du jour où il aura subi sa peine : le tout sans préjudice des plus fortes peines portées contre les officiers ou les commandants militaires, par l'article 93 du présent Code.

Disposition particulière.

198. Hors les cas où la loi règle spécialement les peines encourues pour crimes ou délits commis par les fonctionnaires ou officiers publics, ceux

ceux d'entre eux qui auront participé à d'autres crimes ou délits qu'ils étaient chargés de surveiller ou de réprimer, seront punis comme il suit :

S'il s'agit d'un délit de police correctionnelle, ils subiront toujours le *maximum* de la peine attachée à l'espèce de délit ;

Et s'il s'agit de crimes emportant peine afflictive, ils seront condamnés, savoir :

A la réclusion, si le crime emporte contre tout autre coupable la peine du bannissement ou du carcan ;

Aux travaux forcés à temps, si le crime emporte contre tout autre coupable la peine de la réclusion ;

Et aux travaux forcés à perpétuité, lorsque le crime emportera contre tout autre coupable la peine de la déportation ou celle des travaux forcés à temps.

Au delà des cas qui viennent d'être exprimés, la peine commune sera appliquée sans aggravation.

SECTION III.

Des Troubles apportés à l'ordre public par les Ministres des Cultes dans l'exercice de leur ministère.

§. Ier.

Des Contraventions propres à compromettre l'Etat civil des personnes.

199. Tout ministre d'un culte qui procédera aux cérémonies religieuses d'un mariage, sans qu'il lui ait été justifié d'un acte de mariage préalablement reçu par les officiers de l'état

civil, sera, pour la première fois, puni d'une amende de 16 à 100 francs.

200. En cas de nouvelles contraventions de l'espèce exprimée en l'article précédent, le ministre de culte qui les aura commises, sera puni, savoir :

Pour la première récidive, d'un emprisonnement de deux à cinq ans ;

Et pour la seconde, de la déportation.

§. II.

Des Critiques, Censures ou Provocations dirigées contre l'Autorité publique dans un discours pastoral prononcé publiquement.

201. Les ministres des cultes qui prononceront, dans l'exercice de leur ministère, et en assemblée publique, un discours contenant la critique ou censure du Gouvernement, d'une loi, d'un décret impérial ou de tout autre acte de l'autorité publique, seront punis d'un emprisonne- de trois mois à deux ans.

202. Si le discours contient une provocation directe à la désobéissance aux lois ou autres actes de l'autorité publique, ou s'il tend à soulever ou armer une partie des citoyens contre les autres, le ministre du culte qui l'aura prononcé sera puni d'un emprisonnement de deux à cinq ans, si la provocation n'a été suivie d'aucun effet ; et du bannissement, si elle a donné lieu à désobéissance, autre toutefois que celle qui aurait dégénéré en sédition ou révolte.

203. Lorsque la provocation aura été suivie d'une sédition ou révolte dont la nature donnera lieu contre l'un ou plusieurs des coupables à une peine plus forte que celle du bannissement,

cette peine quelle qu'elle soit sera appliquée au ministre coupable de la provocation.

§. III.

Des Critiques, Censures ou provocations dirigées contre l'Autorité publique dans un écrit pastoral.

204. Tout écrit contenant des instructions pastorales, en quelque forme que ce soit, et dans lequel un ministre de culte se sera ingéré à critiquer ou censurer, soit le Gouvernement, soit tout acte de l'autorité publique, emportera la peine du bannissement contre le ministre qui l'aura publié.

205. Si l'écrit mentionné en l'article précédent contient une provocation directe à la désobéissance aux lois ou autres actes de l'autorité publique, ou s'il tend à soulever ou armer une partie des citoyens contre les autres, le ministre qui l'aura publié sera puni de la déportation.

206. Lorsque la provocation contenue dans l'écrit pastoral aura été suivie d'une sédition ou révolte dont la nature donnera lieu contre l'un ou plusieurs des coupables à une peine plus forte que celle de la déportation, cette peine quelle qu'elle soit, sera appliquée au ministre coupable de la provocation.

§. IV.

De la correspondance des Ministres des cultes avec des cours ou puissances étrangères, sur matières de Religion.

207. Tout ministre d'un culte qui aura, sur des questions ou matières religieuses, entretenu une correspondance avec une cour ou puissance étrangère, sans en avoir préalablement informé le ministre de l'Empereur, chargé de la surveillance des cultes, et sans avoir obtenu son auto-

risation, sera, pour ce seul fait, puni d'une amende de 100 à 500 francs, et d'un emprisonnement d'un mois à deux ans.

208. Si la correspondance mentionnée en l'article précédent a été accompagnée ou suivie d'autres faits contraires aux dispositions formelles d'une loi ou d'un décret de l'Empereur, le coupable sera puni du bannissement, à moins que la peine résultant de la nature de ces faits ne soit plus forte, auquel cas cette peine plus forte sera seule appliquée.

SECTION IV.

Résistance, Désobéissance, et autres Manquemens envers l'Autorité publique.

§. Ier.

Rebellion.

209. Toute attaque, toute résistance avec violence et voies de fait envers les officiers ministériels, les gardes champêtres ou forestiers, la force publique, les préposés à la perception des taxes et des contributions, leurs porteurs de contraintes, les préposés des douanes, les séquestres, les officiers ou agens de la police administrative ou judiciaire, agissant pour l'exécution des lois, des ordres ou ordonnances de l'autorité publique, des mandats de justice ou jugemens, est qualifiée, selon les circonstances, crime ou délit de rebellion.

210. Si elle a été commise par plus de vingt personnes armées, les coupables seront punis des travaux forcés à temps; et s'il n'y a pas eu port d'armes, ils seront punis de la réclusion.

211. Si la rebellion a été commise par une réunion armée de trois personnes ou plus jusqu'à

vingt inclusivement, la peine sera la réclusion; s'il n'y a pas eu port d'armes, la peine sera un emprisonnement de six mois au moins et deux ans au plus.

212. Si la rebellion n'a été commise que par une ou deux personnes, avec armes, elle sera punie d'un emprisonnement de six mois à deux ans; et si elle a eu lieu sans armes, d'un emprisonnement de six jours à six mois.

213. En cas de rebellion avec bande ou attroupement, l'article 100 du présent Code sera applicable aux rebelles sans fonctions ni emplois dans la bande, qui se seront retirés au premier avertissement de l'autorité publique, ou même depuis, s'ils n'ont été saisis que hors du lieu de la rebellion, et sans nouvelle résistance et sans armes.

214. Toute réunion d'individus pour un crime ou un délit, est réputée réunion armée, lorsque plus de deux personnes portent des armes ostensibles.

215. Les personnes qui se trouveraient munies d'armes cachées, et qui auraient fait partie d'une troupe ou réunion réputée armée, seront individuellement punies comme si elles avaient fait partie d'une troupe ou réunion armée.

216. Les auteurs des crimes et délits commis pendant le cours et à l'occasion d'une rebellion, seront punis des peines prononcées contre chacun de ces crimes, si elles sont plus fortes que celles de la rebellion.

217. Sera puni comme coupable de la rebellion quiconque y aura provoqué, soit par des discours tenus dans des lieux ou réunions publics, soit par placards affichés, soit par écrits imprimés.

Dans le cas où la rebellion n'aurait pas eu

lieu, le provocateur sera puni d'un emprisonnement de six jours au moins, et d'un an au plus.

218. Dans tous les cas où il sera prononcé, pour fait de rebellion, une simple peine d'emprisonnement, les coupables pourront être condamnés en outre à une amende de seize à deux cents francs.

219. Seront punis comme réunions de rebelles, celles qui auront été formées avec ou sans armes, et accompagnées de violences ou de menaces contre l'autorité administrative, les officiers et les agens de police, ou contre la force publique;

1°. Par les ouvriers ou journaliers, dans les ateliers publics ou manufactures;

2°. Par les individus admis dans les hospices;

3°. Par les prisonniers, prévenus, accusés ou condamnés.

220 La peine appliquée pour rebellion à des prisonniers prévenus, accusés ou condamnés relativement à d'autres crimes ou délits, sera par eux subie, savoir;

Par ceux qui, à raison de crimes ou délits qui ont causé leur détention, sont ou seraient condamnés à une peine non capitale ni perpétuelle, immédiatement après l'expiration de cette peine;

Et par les autres, immédiatement après l'arrêt ou jugement en dernier ressort, qui les aura acquittés ou renvoyés absous du fait pour lequel ils étaient détenus.

221. Les chefs d'une rebellion, et ceux qui l'auront provoquée, pourront être condamnés à rester, après l'expiration de leur peine, sous la surveillance spéciale de la haute police, pendant cinq ans au moins et dix ans au plus.

§. II.

Outrages et Violences envers les Dépositaires de l'autorité et de la force publique.

222. Lorsqu'un ou plusieurs magistrats de l'ordre administratif ou judiciaire auront reçu, dans l'exercice de leurs fonctions, ou à l'occasion de cet exercice, quelque outrage par paroles tendant à inculper leur honneur ou leur délicatesse, celui qui les aura ainsi outragés sera puni d'un emprisonnement d'un mois à deux ans.

Si l'outrage a eu lieu à l'audience d'une cour ou d'un tribunal, l'emprisonnement sera de deux à cinq ans.

223. L'outrage fait par gestes ou menaces à un magistrat dans l'exercice ou à l'occasion de l'exercice de ses fonctions, sera puni d'un mois à six mois d'emprisonnement; et si l'outrage a eu lieu à l'audience d'une cour ou d'un tribunal, il sera puni d'un emprisonnement d'un mois à deux ans

224 L'outrage fait par paroles, geste ou menaces, à tout officier ministériel, ou agent dépositaire de la force publique, dans l'exercice ou à l'occasion de l'exercice de ses fonctions, sera puni d'une amende de 16 à 200 francs.

225. La peine sera de six jours à un mois d'emprisonnement, si l'outrage mentionné en l'article précédent a été dirigé contre un commandant de la force publique.

226. Dans le cas des articles 222, 223 et 225, l'offenseur pourra être, outre l'emprisonnement condamné à faire réparation, soit à la première audience, soit par écrit, et le temps de l'emprisonnement prononcé contre lui ne sera compté qu'à dater du jour où la réparation aura eu lieu.

227. Dans les cas de l'article 224, l'offenseur pourra de même, outre l'amende, être condamné à faire réparation à l'offensé; et s'il retarde ou refuse, il y sera contraint par corps.

228. Tout individu qui, même sans armes, et sans qu'il en soit résulté de blessures, aura frappé un magistrat dans l'exercice de ses fonctions, ou à l'occasion de cette exercice, sera puni d'un emprisonnement de deux à cinq ans.

Si cette voie de fait a eu lieu à l'audience d'une cour ou d'un tribunal, le coupable sera puni du carcan.

229. Dans l'un et l'autre des cas exprimés en l'article précédent, le coupable pourra, de plus, être condamné à s'éloigner, pendant cinq à dix ans, du lieu où siége le magistrat, et d'un rayon de deux myriamètres.

Cette disposition aura son exécution à dater du jour où le condamné aura subi sa peine.

Si le condamné enfreint cet ordre avant l'expiration du temps fixé, il sera puni du bannissement.

230. Les violences de l'espèce exprimée en l'art. 228, dirigées contre un officier ministériel, un agent de la force publique, ou un citoyen chargé d'un ministère de service public, si elles ont eu lieu pendant qu'ils exerçaient leur ministère ou à cette occasion, seront punies d'un emprisonnement d'un mois à six mois.

231. Si les violences exercées contre les fonctionnaires et agens désignés aux art. 228 et 230 ont été la cause d'effusion de sang, blessures ou maladie, la peine sera la réclusion; si la mort s'en est suivie dans les quarante jours, le coupable sera puni de mort.

232. Dans le cas même où ces violences n'auraient pas causé d'effusion de sang, blessures ou

maladie, les coups seront punis de la réclusion, s'ils ont été portés avec préméditation ou guet-à-pens.

233. Si les blessures sont du nombre de celles qui portent le caractère de meurtre, le coupable sera puni de mort.

§. III.

Refus d'un service dû légalement.

234. Tout commandant, tout officier ou sous-officier de la force publique qui, après en avoir été légalement requis par l'autorité civile, aura refusé de faire agir la force à ses ordres, sera puni d'un emprisonnement d'un mois à trois mois, sans préjudice des réparations civiles qui pourraient être dues aux termes de l'article 11 du présent Code.

235. Les lois pénales et réglemens relatifs à la conscription militaire, continueront de recevoir leur exécution.

236. Les témoins et jurés qui auront allégué une excuse reconnue fausse, seront condamnés, outre les amendes prononcées pour la non comparution, à un emprisonnement de six jours à deux mois.

§. IV.

Evasions de détenus, Recèlemens de criminels.

237. Toutes les fois qu'une évasion de détenus aura lieu, les huissiers, les commandans en chef ou en sous-ordre, soit de la gendarmerie, soit de la force armée servant d'escorte ou garnissant les postes, les concierges, gardiens, geoliers, et tous autres préposés à la conduite, au

transport ou à la garde des détenus, seront punis ainsi qu'il suit :

238. Si l'évadé était prévenu de délits de police, ou des crimes simplement infamans, ou s'il était prisonnier de guerre, les préposés à sa garde ou conduite seront punis, en cas de négligence, d'un emprisonnement de six jours à deux mois ;

Et en cas de connivence, d'un emprisonnement de six mois à deux ans.

Ceux qui, n'étant pas chargés de la garde ou de la conduite du détenu, auront procuré ou facilité son évasion, seront punis de six jours à trois mois d'emprisonnement.

239. Si les détenus évadés, ou l'un deux, étaient prévenus ou accusés d'un crime de nature à entraîner une peine afflictive à temps, ou condamnés pour l'un de ces crimes, la peine sera, contre les préposés à la garde ou conduite, en cas de négligence, un emprisonnement de deux mois à six mois ;

En cas de connivence, la réclusion.

Les individus non chargés de la garde des détenus, qui auront procuré ou facilité l'évasion, seront punis d'un emprisonnement de trois mois à deux ans.

240. Si les évadés ou l'un d'eux sont prévenus ou accusés de crimes de nature à entraîner la peine de mort ou des peines perpétuelles, ou s'ils sont condamnés à l'une de ces peines, leurs conducteurs ou gardiens seront punis d'un an à deux ans d'emprisonnement, en cas de négligence, et des travaux forcés à temps, en cas de connivence.

Les individus non chargés de la conduite ou de la garde qui auront facilité ou procuré l'évasion, seront punis d'un emprisonnement d'un an au moins, et de cinq ans au plus.

241. Si l'évasion a eu lieu ou a été tentée avec violence ou bris de prison, les peines contre ceux qui l'auront favorisée en fournissant les instrumens propres à l'opérer, seront, au cas que l'évadé fût de la qualité exprimée en l'art. 238, trois mois à deux ans d'emprisonnement.

Au cas de l'art. 239, deux à cinq à ans d'emprisonnement; et au cas de l'art. 240, la réclusion.

242. Dans tous les cas ci-dessus, lorsque les tiers qui auront procuré ou facilité l'évasion, y seront parvenus en corrompant les gardiens ou geoliers, ou de connivence avec eux, ils seront punis des mêmes peines que lesdits gardiens et geoliers.

243. Si l'évasion avec bris ou violence a été favorisée par transmission d'armes, les gardiens et conducteurs qui y auront participé seront punis des travaux forcés à perpétuité; les autres personnes, des travaux forcés à temps.

244. Tout ceux qui auront connivé à l'évasion d'un détenu, seront solidairement condamnés, à titre de dommages-intérêts, à tout ce que la partie civile du détenu aurait eu droit d'obtenir contre lui.

245. A l'égard des détenus qui se seront évadés ou qui auront tenté de s'évader par bris de prison ou par violence, ils seront, pour ce seul fait, punis de six mois à un an d'emprisonnement, et subiront cette peine immédiatement après l'expiration de celle qu'ils auront encourue pour le crime ou délit à raison duquel ils étaient détenus, ou immédiatement après l'arrêt ou jugement qui les aura acquittés ou renvoyés absous dudit crime ou délit; le tout sans préjudice des plus

fortes peines qu'ils auraient pu encourir pour d'autres crimes qu'ils auraient commis dans leurs violences.

246. Quiconque sera condamné pour avoir favorisé une évasion, ou des tentatives d'évasion, à un emprisonnement de plus de six mois, pourra, en outre, être mis sous la surveillance spéciale de la haute police, pour un intervalle de cinq à dix ans.

247. Les peines d'emprisonnement ci-dessus établies contre les conducteurs ou les gardiens en cas de négligence seulement, cesseront lorsque les évadés seront repris ou représentés, pourvu que ce soit dans les quatre mois de l'évasion et qu'ils ne soient pas arrêtés pour d'autres crimes ou délits commis postérieurement.

248. Ceux qui auront recélé ou fait receler des personnes qu'ils savaient avoir commis des crimes emportant peine afflictive, seront punis de trois mois d'emprisonnement au moins, et de deux ans au plus.

Sont exceptés de la présente disposition les ascendans, ou descendans, époux ou épouse même divorcés, fréres ou sœurs des criminels recélés, ou leurs alliés au même degré.

§. V.

Bris de scellés et Enlèvement de pièces dans les Dépôts publics.

249. Lorsque des scellés apposés soit par ordre du Gouvernement, soit par suite d'une ordonnance de justice rendue en quelque matière que ce soit, auront été brisés, les gardiens seront punis, pour simple négligence, de six jours six mois d'emprisonnement.

250. Si le bris de scellés s'applique à des papiers

piers et effets d'un individu prévenu ou accusé d'un crime emportant la peine de mort, des travaux forcés à perpétuité, ou de la déportation, ou qui soit condamné à l'une de ces peines, le gardien négligent sera puni de six mois à deux ans d'emprisonnement.

251. Quiconque aura, à dessein, brisé des scellés apposés sur des papiers ou effets de la qualité énoncée en l'article 248, ou participé au bris des scellés, sera puni de la réclusion; et si c'est le gardien lui-même, il sera puni des travaux forcés à temps.

252. A l'égard de tous autres bris de scellés, les coupables seront punis de six mois à deux ans d'emprisonnement; et si c'est le gardien lui même, il sera puni de deux à cinq ans de la même peine.

253. Tout vol commis à l'aide d'un bris de scellés, sera puni comme vol à l'aide d'effraction.

254. Quant aux soustractions, d'instruction et enlèvemens de pièces ou de procédures criminelles, ou d'autres papiers, registres, actes et effets, contenus dans des archives, greffes ou dépôts publics, ou remis à un dépositaire public en cette qualité, les peines seront, contre les greffiers, archivistes, notaires ou autres dépositaires négligens, de trois mois à un an d'emprisonnement, et d'une amende de cent francs à trois cents francs.

255. Quiconque se sera rendu coupable des soustractions, enlèvemens ou destructions mentionnés en l'article précédent, sera puni de la réclusion.

Si le crime est l'ouvrage du dépositaire lui-même, il sera puni des travaux forcés à temps.

256. Si le bris de scellés, les soustractions, enlèvemens ou destructions de pièces ont été commis avec violence envers les personnes, la peine

sera, contre toute personne, celle des travaux forcés à temps, sans préjudice de peines plus fortes, s'il y a lieu, d'après la nature des violences et des autres crimes qui y seraient joints.

§. VI.

Dégradations de monumens.

257. Quiconque aura détruit, abattu, mutilé ou dégradé des monumens, statues et autres objets destinés à l'utilité ou à la décoration publique, et élevés par l'autorité publique ou avec son autorisation, sera puni d'un emprisonnement d'un mois à deux ans, et d'une amende de 100 francs à 500 francs

§. VII.

Usurpation des titres ou fonctions.

258 Quiconque, sans titre, se sera immiscé dans des fonctions publiques, civiles ou militaires, ou aura fait les actes d'une de ces fonctions, sera puni d'un emprisonnement de deux à cinq ans, sans préjudice de la peine de faux, si l'acte porte le carractère de ce crime.

259. Toute personne qui aura publiquement porté un costume, un uniforme ou une décoration qui ne lui appartenaient pas, ou qui se sera attribué des titres impériaux qui ne lui auraient pas été légalement conférés, sera punie d'un emprisonnement de six mois à deux ans.

§. VIII.

Entraves au libre exercice des cultes.

260. Tout particulier qui, par des voies de fait ou des menaces, aura contraint ou empêché une

ou plusieurs personnes d'exercer l'un des cultes autorisés, d'assister à l'exercice de ce culte, de célébrer certaines fêtes, d'observer certains jours de repos, et, en conséquence, d'ouvrir ou de fermer leurs ateliers, boutiques ou magasins, et de faire ou quitter certains travaux, sera puni, pour ce seul fait, d'une amende de seize à deux cents francs, et d'un emprisonnement de six jours à deux mois.

261. Ceux qui auront empêché, retardé ou interrompu les exercices d'un culte par des troubles ou désordres causés dans le temple ou autre lieu destiné ou servant actuellement à ces exercices, seront punis d'une amende de seize à trois cents francs, et d'un emprisonnement de six jours à trois mois.

262. Toute personne qui aura, par paroles ou gestes, outragé les objets d'un culte dans les lieux destinés ou servant actuellement à son exercice, ou les ministres de ce culte dans leurs fonctions, sera punie d'une amende de 16 à 500 francs, et d'un emprisonnement de quinze jours à six mois.

263. Quiconque aura frappé le ministre d'un culte dans ses fonctions, sera puni du carcan.

264. Les dispositions du présent paragraphe ne s'appliquent qu'aux troubles, outrages ou voies de fait dont la nature ou les circonstances ne donneront pas lieu à de plus fortes peines, d'après les autres dispositions du présent Code.

SECTION V.

Association de malfaiteurs, Vagabondage et Mendicité.

§. Ier.

Association de malfaiteurs.

265. Toute association de malfaiteurs envers

les personnes ou les propriétés, est un crime contre la paix publique.

266. Ce crime existe par le seul fait d'organisation de bandes ou de correspondance entre elles et leurs chefs ou commandans, ou de conventions tendant à rendre compte ou à faire distribution ou partage du produit des méfaits.

267. Quand ce crime n'aurait été accompagné ni suivi d'aucun autre, les auteurs, directeurs de l'association, et les commandans en chef ou en sous ordre de ces bandes, seront punis des travaux forcés à temps.

268. Seront punis de la réclusion tous autres individus chargés d'un service quelconque dans ces bandes, et ceux qui auront sciemment et volontairement fourni aux bandes ou à leurs divisions, des armes, munitions, instrumens de crime, logement, retraite ou lieu de réunion.

§. II.

Vagabondage.

269. Le Vagabondage est un délit.

270. Les vagabonds ou gens sans aveu sont ceux qui n'ont ni domicile certain, ni moyens de subsistance, et qui n'exercent habituellement ni métier ni profession.

271. Les vagabonds ou gens sans aveu qui auront été légalement déclarés tels, seront, pour ce seul fait, punis de trois à six mois d'emprisonnement, et demeureront, après avoir subi leur peine, à la disposition du Gouvernement pendant le temps qu'il déterminera, eu égard à leur conduite.

272. Les individus déclarés vagabonds par jugement pourront, s'ils sont étrangers, être

conduits, par les ordres du Gouvernement, hors du territoire de l'Empire.

273. Les vagabonds nés en France pourront, après un jugement, même passé en force de chose jugée, être réclamés par délibération du conseil municipal de la commune où ils sont nés, ou cautionné par un citoyen solvable.

Si le Gouvernement accueille la réclamation ou agrée la caution, les individus ainsi réclamés ou cautionnés seront, par ses ordres, renvoyés ou conduits dans la commune qui les a réclamés, ou dans celle qui leur sera assignée pour résidence, sur la demande de la caution.

§. III.

Mendicité.

274. Toute personne qui aura été trouvée mendiant dans un lieu pour lequel il existera un établissement public organisé afin d'obvier à la mendicité, sera punie de trois à six mois d'emprisonnement, et sera, après l'expiration de sa peine, conduite au dépôt de mendicité.

275. Dans les lieux où il n'existe point encore de tels établissemens, les mendians d'habitude valides, seront punis d'un mois à trois mois d'emprisonnement.

S'ils ont été arrêtés hors du canton de leur résidence, ils seront punis d'un emprisonnement de six mois à deux ans.

276. Tous mendians, même invalides, qui auront usé de menaces, ou seront entrés sans permission du propriétaire ou des personnes de sa maison, soit dans une habitation, soit dans un enclos en dépendant,

Ou qui feindront des plaies ou infirmités,

Ou qui mendieront en réunion, à moins que

ce ne soit le mari et la femme, le père ou la mère et leurs jeunes enfans, l'aveugle et son conducteur,

Seront punis d'un emprisonnement de six mois à deux ans.

Dispositions communes aux Vagabonds et Mendians.

277. Tout mendiant ou vagabond qui aura été saisi travesti d'une manière quelconque,

Ou porteur d'armes, bien qu'il n'en ait usé ni menacé;

Ou muni de limes, crochets ou autres instrumens propres, soit à commettre des vols ou d'autres délits, soit à lui procurer les moyens de pénétrer dans les maisons,

Sera puni de deux à cinq ans d'emprisonnement.

278. Tout mendiant ou vagabond qui sera trouvé porteur d'un ou de plusieurs effets d'une valeur supérieure à cent francs, et qui ne justifiera point d'où ils lui proviennent, sera puni de la peine portée en l'art. 276.

279. Tout mendiant ou vagabond qui aura exercé quelque acte de violence que ce soit envers les personnes, sera puni de la réclusion, sans préjudice de peines plus fortes, s'il y a lieu, à raison du genre et des circonstances de la violence.

280. Tout vagabond ou mendiant qui aura commis un crime emportant la peine des travaux forcés à temps, sera en outre marqué.

281. Les peines établies par le présent Code contre les individus porteurs de faux certificats, faux passeports ou fausses feuilles de route, seront toujours dans leur espèce, portées au *maximum* quand elles seront appliquées à des vagabonds ou mendians.

282. Les vagabons ou mendians qui auront subi les peines portées par les articles précédens, demeureront à la fin de ces peines, à la disposition du Gouvernement.

SECTION IV.

Délits commis par la voie d'Ecrits, Images ou Gravures distribués sans nom d'Auteur, Imprimeur ou Graveur.

283. Toute publication ou distribution d'ouvrages, écrits, avis, bulletins, affiches, journaux, feuilles périodiques ou autres imprimés, dans lesquels ne se trouvera pas l'indication vraie des noms, profession et demeure de l'auteur ou de l'imprimeur, sera pour ce seul fait, punie d'un emprisonnement de six jours à six mois, contre toute personne qui aura sciemment contribué à la publication ou distribution.

284. Cette disposition sera réduite à des peines de simple police.

1°. A l'égard des crieurs, afficheurs, vendeurs ou distributeurs qui auront fait connaître la personne de laquelle ils tiennent l'écrit imprimé ;

2°. A l'égard de quiconque aura fait connaître l'imprimeur ;

3°. A l'égard même de l'imprimeur qui aura fait connaître l'auteur.

285. Si l'écrit imprimé contient quelques provocations à des crimes ou délits, les crieurs, afficheurs, vendeurs et distributeurs seront punis comme complices des provocateurs, à moins qu'ils n'aient fait connaître ceux dont ils tiennent l'écrit contenant la provocation.

En cas de révélation, ils n'encourront qu'un emprisonnement de six jours à trois mois et la peine de complicité ne restera applicable qu'à ceux qui n'auront point fait connaître les personnes dont ils auront reçu l'écrit imprimé, et à l'imprimeur, s'il est connu.

286. Dans tous les cas ci-dessus, il y aura confiscation des exemplaires saisis.

287. Toute exposition ou distribution de chansons, pamphlets, figures ou images contraires aux bonnes mœurs, sera punie d'une amende de seize francs, à cinq cents francs, d'un emprisonnement d'un mois à un an, et de la confiscation des planches et des exemplaires imprimés ou gravés de chansons, figures ou autres objets du délit.

288. La peine d'emprisonnement et l'amende prononcée par l'article précédent, seront réduites à des peines de simple police,

1°. A l'égard des crieurs, vendeurs ou distributeurs qui auront fait connaître la personne qui leur a remis l'objet du delit;

2°. A l'égard de quiconque aura fait connaître l'imprimeur ou le graveur;

3°. A l'égard même de l'imprimeur ou du graveur qui auront fait connaître l'auteur ou la personne qui les aura chargés de l'impression ou de la gravure.

289. Dans tous les cas exprimés en la présente section, et où l'auteur sera connu, il subira le *maximum* de la peine attachée à l'espèce du délit.

Dispositions particulières.

290. Tout individu qui, sans y avoir été autorisé par la police, fera le métier de crieurs ou afficheurs d'écrits imprimés, dessins ou gravures, même munis des noms d'auteurs, impri-

meurs, dessinateurs ou graveurs, sera puni d'un emprisonnement de six jours à deux mois.

SECTION VII.

Des Associations ou Réunions illicites.

291. Nul association de plus de vingt personnes, dont le but sera de se réunir tous les jours ou à certains jours marqués pour s'occuper d'objets religieux, littéraires, politiques ou autres, ne pourra se former qu'avec l'agrément du Gouvernement, et sous les conditions qu'il plaira à l'autorité publique d'imposer à la société.

Dans le nombre des personnes indiqué par le présent article, ne sont pas comprises celles domiciliées dans la maison où l'association se réunit.

292. Toute association de la nature ci-dessus exprimée qui se sera formée sans autorisation, ou qui, après l'avoir obtenue, aura enfreint les conditions à elle imposées, sera dissoute.

Les chefs, directeurs ou administrateurs de l'association, seront en outre punis d'une amende de seize francs à deux cents francs.

293 Si, par discours, exhortations, invocations ou prières, en quelque langue que ce soit, ou par lecture, affiche, publication ou distribution d'écrits quelconques, il a été fait, dans ces assemblées, quelques provocations à des crimes ou à des délits, la peine sera de cent fr. à trois cents fr. d'amende, et de trois mois à deux ans d'emprisonnement, contre les chefs, directeurs et administrateurs de ces associations, sans préjudice des peines plus fortes qui seraient portées par la loi contre les individus personnellement coupables de la provocation, lesquels, en aucun cas, ne pourront être punis d'une

peine moindre que celle infligée aux chefs, directeurs et administrateurs de l'association.

294. Tout individu qui, sans la permission de l'autorité municipale, aura accordé ou consenti l'usage de sa maison ou de son appartement en tout ou en partie, pour la réunion des membres d'une association même autorisée, ou pour l'exercice d'un culte, sera puni d'une amende de seize francs à deux cents francs.

(Décrété le 18 février 1810. Prom. le 28 du même mois.)

TITRE II.

Crimes et délits contre des particuliers.

CHAPITRE Ier.

Crimes et Délits contre les Personnes.

SECTION PREMIÈRE.

Meurtre et autres Crimes capitaux, Menaces d'attentats contre les personnes.

§. Ier.

Meurtre, Assassinat, Parricide, infanticide, Empoisonnement.

295. L'HOMICIDE commis volontairement est qualifié meurtre.

296. Tout meurtre commis avec préméditation ou de guet-apens, est qualifié assassinat.

297. La préméditation consiste dans le dessein formé, avant l'action, d'attenter à la personne d'un individu déterminé, ou même de celui qui sera trouvé ou rencontré, quand même ce dessein

serait dépendant de quelque circonstance ou de quelque condition.

298. Le guet-apens consiste à attendre plus ou moins de temps, dans un ou divers lieux, un individu, soit pour lui donner la mort, soit pour exercer sur lui des actes de violence.

299. Est qualifié parricide le meurtre des pères ou mères légitimes, naturels ou adoptifs, ou de tout autre ascendant légitime.

300. Est qualifié infanticide le meurtre d'un enfant nouveau-né.

301. Est qualifié empoisonnement tout attentat à la vie d'une personne, par l'effet de substances qui peuvent donner la mort plus ou moins promptement, de quelque manière que ces substances aient été employées ou administrées, et quelles qu'en aient été les suites.

302. Tout coupable d'assassinat, de parricide, d'infanticide et d'empoisonnement, sera puni de mort, sans préjudice de la disposition particulière contenue en l'article 13, relativement au parricide.

303. Seront punis, comme coupables d'assassinat, tous malfaiteurs, quelle que soit leur dénomination, qui, pour l'exécution de leurs crimes, emploient des tortures ou commettent des actes de barbarie.

304. Le meurtre emportera la peine de mort, lorsqu'il aura précédé, accompagné ou suivi un autre crime ou délit.

En tout autre cas, le coupable de meurtre sera puni de la peine des travaux forcés à perpétuité.

§. II.

Menaces.

305. Quiconque aura menacé, par écrit ano-

nyme ou signé, d'assassinat, d'empoisonnement, ou de toute autre attentat contre les personnes, qui serait punissable de la peine de mort, des travaux forcés à perpétuité, ou de la déportation, sera puni de la peine des travaux forcés à temps, dans le cas où la menace aurait été faite avec ordre de déposer une somme d'argent dans un lieu indiqué, ou de remplir tout autre condition.

306. Si cette menace n'a été accompagnée d'aucun ordre ou condition, la peine sera d'un emprisonnement de deux ans au moins, et de cinq ans au plus, et d'une amende de cent francs à six cents francs.

307. Si la menace faite avec ordre ou sous condition a été verbale, le coupable sera puni d'un emprisonnement de six mois à deux ans, et d'une amende de vingt-cinq francs à trois cents francs.

308. Dans les cas prévus par les deux précédens articles, le coupable pourra de plus être mis, par l'arrêt ou le jugement, sous la surveillance de la haute police, pour cinq ans au moins et de dix ans au plus.

SECTION II.

Blessures et Coups volontaires non qualifiés Meurtre, et autres Crimes et Délits volontaires.

309. Sera puni de la peine de la réclusion, tout individu qui aura fait des blessures ou porté des coups, s'il est résulté de ces actes de violence une maladie ou incapacité de travail personnel pendant plus de vingt jours.

310. Si le crime mentionné au précédent article a été commis avec préméditation ou guet-apens,

apens, la peine sera celle des travaux forcés à temps.

311. Lorsque les blessures ou les coups n'auront occasionné aucune maladie ou incapacité de travail personnel de l'espèce mentionnée en l'article 309, le coupable sera puni d'un emprisonnement d'un mois à deux ans, et d'une amende de seize francs à deux cents francs.

S'il y a eu préméditation ou guet-apens, l'emprisonnement sera de deux ans à cinq ans, et l'amende de cinquante francs à cinq cents francs.

312. Dans les cas prévus par les art. 309, 310 et 311, si le coupable a commis le crime envers ses père ou mère légitimes, naturels ou adoptifs, ou autres ascendans légitimes, il sera puni ainsi qu'il suit :

Si l'article auquel le cas se référera prononce l'emprisonnement et l'amende, le coupable subira la peine de la réclusion ;

Si l'article prononce la peine de la réclusion, il subira celle des travaux forcés à temps ;

Si l'article prononce la peine des travaux forcés à temps, il subira celle des travaux forcés à perpétuité.

313. Les crimes et les délits prévus dans la présente section et dans la section précédente, s'ils sont commis en réunion séditieuse, avec rébellion ou pillage, sont imputables aux chefs, auteurs, instigateurs et provocateurs de ces réunions, rebellions ou pillages, qui seront punis comme coupables de ces crimes ou de ces délits, et condamnés aux mêmes pines que ceux qui les auront personnellement commis.

314. Tout individu qui aura fabriqué ou débité des stilets, tromblons ou quelque espèce que ce soit d'armes prohibées par la loi ou par des régle-

mens d'administration publique, sera puni d'un emprisonnement de six jours à six mois.

Celui qui sera porteur desdites armes sera puni d'une amende de seize francs à deux cents francs.

Dans l'un et l'autre cas, les armes seront confisquées.

Le tout sans préjudice de plus forte peine, s'il y échet, en cas de complicité de crime.

315. Outre les peines correctionnelles mentionnées dans les articles précédens, les tribunaux pourront prononcer le renvoi sous la surveillance de la haute police, depuis deux ans jusqu'à dix ans.

316. Toute personne coupable du crime de castration, subira la peine des travaux forcés à perpétuité.

Si la mort en est résultée avant l'expiration des quarante jours qui auront suivi le crime, le coupable subira la peine de mort.

317. Quiconque, par alimens, breuvages, médicamens, violences, ou par tout autre moyen, aura procuré l'avortement d'une femme enceinte, soit qu'elle y ait consenti ou non, sera puni de la réclusion.

La même peine sera prononcée contre la femme qui se sera procuré l'avortement à elle-même, ou qui aura consenti à faire usage des moyens à elle indiqués ou administrés à cet effet, si l'avortement s'en est ensuivi.

Les médecins, chirurgiens et autres officiers de santé, ainsi que les pharmaciens qui auront indiqué ou administré ces moyens, seront condamnés à la peine des travaux forcés à temps, dans le cas où l'avortement aurait eu lieu.

318. Quiconque aura vendu ou débité des boissons falsifiées, contenant des mixtions nuisibles

à la santé, sera puni d'un emprisonnement de six jours à deux ans, et d'une amende de seize francs à cinq cents francs.

Seront saisies et confisquées les boissons falsifiées trouvées appartenir au vendeur ou débitant.

SECTION I.

Homicide, Blessures et Coups involontaires; Crimes et Délits excusables, et Cas où ils ne peuvent être excusés; Homicide, Blessure et Coups qui ne sont ni crimes ni délits.

§. II.

Homicide, Blessures et Coups involontaires.

319. Quiconque, par maladresse, imprudence, inattention, négligence ou inobservation des réglemens, aura commis involontairement un homicide, ou en aura involontairement été la cause, sera puni d'un emprisonnement de trois mois à deux ans, et d'une amende de cinquante francs à six cents francs.

320. S'il n'est résulté du défaut d'adresse ou de précaution que des blessures ou coups, l'emprisonnement sera de dix jours à deux mois, et l'amende sera de seize francs à cent francs.

§. II.

Crimes et Délits excusables, et Cas où ils ne peuvent être excusés.

321. Le meurtre, ainsi que les blessures et les coups, sont excusables, s'ils ont été provoqués par des coups ou violences graves envers les personnes.

322. Les crimes et les délits mentionnés au précédent article sont également excusables, s'ils

ont été commis en repoussant pendant le jour l'escalade ou l'effraction des clôtures, murs ou entrée d'une maison ou d'un appartement habité ou de leurs dépendances.

Si le fait est arrivé pendant la nuit, ce cas est réglé par l'article 329.

323. Le parricide n'est jamais excusable.

324. Le meurtre commis par l'époux sur l'épouse, ou par celle-ci sur son époux, n'est pas excusable, si la vie de l'époux ou de l'épouse qui a commis le meurtre n'a pas été mise en péril dans le moment même où le meurtre a eu lieu.

Néanmoins, dans le cas d'adultère, prévu par l'article 336, le meurtre commis par l'époux sur son épouse, ainsi que sur le complice, à l'instant où il les surprend en flagrant délit dans la maison conjugale, est excusable.

325. Le crime de castration, s'il a été immédiatement provoqué par un outrage violent à la pudeur, sera considéré comme meurtre ou blessures excusables.

326. Lorsque le fait d'excuse sera prouvé,

S'il s'agit d'un crime emportant la peine de mort, ou celles des travaux forcés à perpétuité, ou celle de la déportation, la peine sera réduite à un emprisonnement d'un an à cinq ans;

S'il s'agit de tout autre crime, elle sera réduite à un emprisonnement de six mois à deux ans;

Dans ces deux premiers cas, les coupables pourront de plus être mis par l'arrêt ou jugement sous la surveillance de la haute police pendant cinq ans au moins et dix ans au plus.

S'il s'agit d'un délit, elle sera réduite à un emprisonnement de six jours à six mois.

§. III.

Homicide, Blessures et Coups non qualifiés crimes ni délits.

327. Il n'y a ni crime ni délit, lorsque l'homicide, les blessures et les coups étaient ordonnés par la loi et commandés par l'autorité légitime.

328. Il n'y a ni crime ni délit, lorsque l'homicide, les blessures et les coups étaient commandés par la nécessité actuelle de la légitime défense de soi-même ou d'autrui.

329. Sont compris dans les cas de nécessité actuelle de défense, les deux cas suivans :

1°. Si l'homicide a été commis, si les blessures ont été faites, ou si les coups ont été portés en repoussant pendant la nuit l'escalade ou l'effraction des clôtures, murs ou entrée d'une maison ou d'un appartement habité ou de leurs dépendances ;

2°. Si le fait a eu lieu en se défendant contre les auteurs de vols ou de pillages exécutés avec violence.

SECTION IV.

Attentats aux Mœurs.

330. Toute personne qui aura commis un outrage public à la pudeur, sera punie d'un emprisonnement de trois mois à un an, et d'une amende de seize francs à deux cents francs.

331. Quiconque aura commis le crime de viol, ou sera coupable de tout autre attentat à la pudeur, consommé ou tenté avec violence contre des individus de l'un ou de l'autre sexe, sera puni de la réclusion.

332. Si le crime a été commis sur la personne

d'un enfant au-dessous de l'âge de quinze ans accomplis, le coupable subira la peine des travaux forcés à temps.

333. La peine sera celle des travaux forcés à perpétuité, si les coupables sont de la classe de ceux qui ont autorité sur la personne envers laquelle ils ont commis l'attentat, s'ils sont ses instituteurs, ou ses serviteurs à gages, ou s'ils sont fonctionnaires publics, ou ministres d'un culte, ou si le coupable, quel qu'il soit, a été aidé dans son crime, par une ou plusieurs personnes.

334. Quiconque aura attenté aux mœurs, en excitant, favorisant ou facilitant habituellement la débauche, ou la corruption de la jeunesse, de l'un ou de l'autre sexe, au-dessous de l'âge de vingt-un ans, sera puni d'un emprisonnement de six mois à deux ans, et d'une amende de cinquante francs à cinq cents francs.

Si la prostitution ou la corruption a été excitée, favorisée, ou facilitée par leurs pères, mères, tuteurs ou autres personnes chargées de leur surveillance, la peine sera de deux ans à cinq ans d'emprisonnement, et de trois cents francs à mille francs d'amende.

335. Les coupables du délit mentionné au précédent article, seront interdits de toute tutelle et curatelle, et de toute participation aux conseils de famille; savoir, les individus auxquels s'applique le premier paragraphe de cet article, pendant deux ans au moins et cinq ans au plus; et ceux dont il est parlé au second paragraphe, pendant dix ans au moins et vingt ans au plus.

Si le délit a été commis par le père ou la mère, le coupable sera de plus privé des droits et avantages à lui accordés sur la personne et les biens de l'enfant par le Code Napoléon, Livre Ier, titre IX, *de la Puissance paternelle.*

Dans tous les cas, les coupables pourront de plus être mis, par l'arrêt ou le jugement, sous la surveillance de la haute police, en observant, pour la durée de la surveillance, ce qui vient d'être établi pour la durée de l'interdiction mentionnée au présent article.

336. L'adultère de la femme ne pourra être dénoncé que par le mari : cette faculté même cessera, s'il est dans le cas prévu par l'art. 339.

337. La femme convaincue d'adultère subira la peine de l'emprisonnement pendant trois mois au moins, et deux ans au plus.

Le mari restera le maître d'arrêter l'effet de cette condamnation, en consentant à reprendre sa femme.

338. Le complice de la femme adultère sera puni de l'emprisonnement pendant le même espace de temps, et, en outre, d'une amende de cent francs à deux mille francs.

Les seules preuves qui pourront être admises contre le prévenu de complicité, seront, outre le flagrant délit, celles résultant de lettres ou autres pièces écrites par le prévenu.

339. Le mari qui aura entretenu une concubine dans la maison conjugale, et qui aura été convaincu, sur la plainte de la femme, sera puni d'une amende de cent francs à deux mille francs.

340. Quiconque étant engagé dans les liens du mariage en aura contracté un autre avant la dissolution du précédent, sera puni de la peine des travaux forcés à temps.

L'officier public qui aura prêté son ministère à ce mariage, connaissant l'existance du précédent, sera condamné à la même peine.

SECTION V.

Arrestations illégales et Séquestrations de personnes.

341. Seront punis de la peine des travaux forcés à temps, ceux qui, sans ordre des autorités constituées et hors les cas où la loi ordonne de saisir les prévenus, auront arrêté, détenu ou séquestré des personnes quelconques ;

Quiconque aura prêté un lieu pour exécuter la détention ou séquestration, subira la même peine.

342. Si la détention ou séquestration a duré plus d'un mois, la peine sera celle des travaux forcés à perpétuité.

343. La peine sera réduite à l'emprisonnement de deux ans à cinq ans, si les coupables des délits mentionnés en l'article 341, non encore poursuivis de fait, ont rendu la liberté à la personne arrêtée, séquestrée ou détenue, avant le dixième jour accompli depuis celui de l'arrestation, détention ou séquestration. Ils pourront néanmoins être renvoyés sous la surveillance de la haute police, depuis cinq ans jusqu'a dix ans.

344. Dans chacun des trois cas suivans.

1°. Si l'arrestation a été exécutée avec le faux costume, sous un faux nom, ou sur un faux ordre de l'autorité publique ;

2°. Si l'individu arrêté, détenu ou sequestré, a été menacé de la mort ;

3°. S'il a été soumis à des tortures corporelles,

Les coupables seront punis de mort.

SECTION VI.

Crimes et délits tendant à empêcher ou détruire la preuve de l'état civil d'un enfant, ou à compromettre son existence. — Enlevèment de mineurs. — Infraction aux lois sur les inhumations.

§. Ier.

Crimes et délits envers l'enfant.

345. Les coupables d'enlèvement, de recélé ou de suppression d'un enfant, de substitution d'un enfant à un autre, ou de supposition d'un enfant à une femme qui ne sera pas accouchée, seront punis de la réclusion.

La même peine aura lieu contre ceux qui, étant chargés d'un enfant, ne le représenteront point aux personnes qui ont droit de le réclamer.

346. Toute personne qui, ayant assisté à un accouchement, n'aura pas fait la déclaration à elle prescrite par l'art. 56 du Code Napoléon, et dans le délai fixé par l'article 55 du même Code, sera puni d'un emprisonnement de six jours à six mois, et d'une amende de seize francs à trois cents francs.

347. Toute personne qui, ayant trouvé un enfant nouveau né, ne l'aura pas remis à l'officier de l'état civil, ainsi qu'il est prescrit par l'article 58. du Code Napoléon, sera punie des peines portées au précédent article.

La présente disposition n'est point applicable à celui qui aurait consenti à se charger de l'enfant, et qui aurait fait sa déclaration à cet égard devant la municipalité du lieu où l'enfant a été trouvé.

348. Ceux qui auront porté à un hospice un

enfant au-dessous de l'âge de sept ans accomplis, qui leur aurait été confié afin qu'il en prissent soin ou pour toute autre cause, seront punis d'un emprisonnement de six semaines à six mois, et d'une amende de seize francs à cinquante francs.

Toutefois aucune peine ne sera prononcée, s'ils n'étaient pas tenus ou ne s'étaient pas obligés de pourvoir gratuitement à la nourriture et à l'entretien de l'enfant, et si personne n'y avait pourvu.

349. Ceux qui auront exposé et délaissé en un lieu solitaire un enfant au-dessous de l'âge de sept ans accomplis, ceux qui auront donné l'ordre de l'exposer ainsi, si cet ordre a été exécuté, seront, pour ce seul fait, condamnés à un emprisonnement de six mois à deux ans, et à une amende de seize à deux cents francs.

350. La peine portée au précédent article sera de deux ans à cinq ans, et l'amende de cinquante à quatre cents francs, contre les tuteurs ou tutrices, instituteurs ou institutrices de l'enfant exposé et délaissé par eux ou par leur ordre.

351. Si, par suite de l'exposition et du délaissement prévus par les articles 349 et 350, l'enfant est demeuré mutilé ou estropié, l'action sera considérée comme blessures volontaires à lui faites par la personne qui l'a exposé et délaissé; et si la mort s'en est ensuivie, l'action sera considérée comme meurtre: au premier cas, les coupables subiront la peine applicable aux blessures volontaires; et, au second cas, celle du meurtre.

352. Ceux qui auront exposé et délaissé en un lieu non solitaire un enfant au-dessous de l'âge de sept ans accomplis, seront punis d'un empri-

sonnement de trois mois à un an, et d'une amende de seize francs à cent francs.

353. Le délit prévu par le précédent article sera puni d'un emprisonnement de six mois à deux ans, et d'une amende de vingt-cinq francs à deux cents francs, s'il a été commis par les tuteurs ou tutrices, instituteurs ou institutrices de l'enfant.

§. II.

Enlèvement de mineurs.

354. Quiconque aura, par fraude ou violence, enlevé ou fait enlever des mineurs, ou les aura entraînés, détournés ou déplacés, ou les aura fait entraîner, détourner ou déplacer des lieux où ils étaient mis par ceux à l'autorité ou à la direction desquels ils étaient soumis ou confiés, subira la peine de la réclusion.

355. Si la personne ainsi enlevée ou détournée est une fille au-dessous de seize ans accomplis, la peine sera celle des travaux forcés à temps.

356. Quand la fille au-dessous de seize ans auroit consenti à son enlèvement ou suivi volontairement le ravisseur, si celui-ci était majeur de vingt-un ans ou au-dessus, il sera condamné aux travaux forcés à temps.

Si le ravisseur n'avait pas encore vingt-un ans, il sera puni d'un emprisonnement de deux à cinq ans.

357. Dans le cas où le ravisseur aurait épousé la fille qu'il a enlevée, il ne pourra être poursuivi que sur la plainte des personnes qui, d'après le Code Napoléon, ont le droit de demander la nullité du mariage ; ni condamné, qu'après que la nullité du mariage aura été prononcée.

§. III.

Infractions aux lois sur les Inhumations.

358. Ceux qui, sans l'autorisasion préalable de l'officier public, dans le cas où elle est prescrite, auront fait inhumer un individu décédé, seront punis de six jours à deux mois d'emprisonnement, et d'une amende de seize à cinquante francs, sans préjudice de la poursuite des crimes dont les auteurs de ce délit pourraient être prévenus dans cette circonstance.

La même peine aura lieu contre ceux qui auront contrevenu, de quelque manière que ce soit, à la loi et aux réglemens relatifs aux inhumations précipitées.

359. Quiconque aura recélé ou caché le cadavre d'une personne homicidée ou morte des suites de coups ou blessures, sera puni d'un emprisonnement de six mois à deux ans, et d'une amende de cinquante francs à quatre cents francs; sans préjudice de peines plus graves, s'il a participé au crime.

360. Sera puni d'un emprisonnement de trois mois à un an, et de seize francs à deux cents francs d'amende, quiconque se sera rendu coupable de violation de tombeaux ou de sépultures; sans préjudice des peines contre les crimes ou les délits qui seraient joints à celui-ci.

SECTION VII.

Faux témoignage, Calomnie, Injures, Révélation de secrets.

§. Ier.

Faux témoignage.

361. Quiconque sera coupable de faux témoignage en matière criminelle, soit contre l'accusé,

cusé, soit en sa faveur, sera puni de la peine des travaux forcés à temps.

Si néanmoins l'accusé a été condamné à une peine plus forte que celle des travaux forcés à temps, le faux témoin qui a déposé contre lui, subira la même peine.

362. Quiconque sera coupable de faux témoignage en matière correctionelle ou de police, soit contre le prévenu, soit en sa faveur, sera puni de la réclusion.

363. Le coupable de faux témoignage en matière civile, sera puni de la peine portée au précédent article.

364. Le faux témoin en matière correctionnelle, de police ou civile, qui aura reçu de l'argent, une récompense quelconque ou des promesses, sera puni des travaux forcés à temps.

Dans tous les cas, ce que le faux témoin aura reçu sera confisqué.

365. Le coupable de subornation de témoins sera condamné à la peine des travaux forcés à temps, si le faux témoignage qui en a été l'objet emporte la peine de la réclusion ; aux travaux forcés à perpétuité, lorsque le faux témoignage emportera la peine des travaux forcés à temps, ou celle de la déportation ; et à la peine de mort, lorsqu'il emportera celles des travaux forcés à perpétuité, ou la peine capitale.

366. Celui à qui le serment aura été déféré ou référé en matière civile, et qui aura fait un faux serment, sera puni de la dégradation civique.

§. II.

Calomnies, Injures, Révélation de secrets.

367. Sera coupable du délit de colomnie, celui qui, soit dans des lieux ou réunions publi-

ques, soit dans un acte authentique et public, soit dans un écrit imprimé ou non qui aura été affiché, vendu ou distribué, aura imputé à un individu quelconque des faits qui, s'ils existaient, exposeraient celui contre lequel ils sont articulés, à des poursuites criminelles ou correctionnelles, ou même l'exposeraient seulement au mépris ou à la haine des citoyens.

La présente disposition n'est point applicable aux faits dont la loi autorise la publicité, ni à ceux que l'auteur de l'imputation était, par la nature de ses fonctions ou de ses devoirs, obligé de révéler ou de réprimer.

368. Est réputée fausse, toute imputation à l'appui de laquelle la preuve légale n'est point rapportée. En conséquence, l'auteur de l'imputation ne sera pas admis, pour sa défense, à demander que la preuve en soit faite : il ne pourra pas non plus alléguer comme moyen d'excuse que les pièces ou les faits sont notoires, ou que les imputations qui donnent lieu à la poursuite sont copiées ou extraites de papiers étrangers, ou d'autres écrits imprimés.

369. Les calomnies mises au jour par la voie de papiers étrangers, pourront être poursuivies contre ceux qui auront envoyé les articles ou donné l'ordre de les insérer, ou contribué à l'introduction ou à la distribution de ces papiers en France.

370. Lorsque le fait imputé sera légalement prouvé vrai, l'auteur de l'imputation sera à l'abri de toute peine.

Ne sera considérée comme preuve l'égale, que celle qui résultera d'un jugement, ou de tout-autre acte authentique.

371. Lorsque la preuve légale ne sera pas rapportée, le calomniateur sera puni des peines suivantes :

Si le fait imputé est de nature à mériter la peine de mort, les travaux forcés à perpétuité ou la déportation, le coupable sera puni d'un emprisonnement de deux à cinq ans, et d'une amende de 200 francs à 5000 francs.

Dans tous les autres cas, l'emprisonnement sera d'un mois à six, et l'amende de 50 francs à 2000 francs.

372. Lorsque les faits imputés seront punissables suivant la loi, et que l'auteur de l'imputation les aura dénoncés, il sera, durant l'instruction sur ces faits, sursis à la poursuite et au jugement du délit de calomnie.

373. Quiconque aura fait par écrit une dénonciation calomnieuse contre un ou plusieurs individus, aux officiers de justice ou de police administrative ou judiciaire, sera puni d'un emprisonnement d'un mois à un an, et d'une amende de 100 francs à 3000 francs.

374. Dans tous les cas, le calomniateur sera, à compter du jour où il aura subi sa peine, interdit pendant cinq ans au moins et dix ans au plus des droits mentionnés en l'article 42 du présent Code.

375. Quant aux injures ou aux expressions outrageantes qui ne renfermeraient l'imputation d'aucun fait précis, mais celle d'un vice déterminé, si elles ont été proférées dans des lieux ou réunions publiques, ou insérées dans des écrits imprimés ou non, qui auraient été répandus et distribués, la peine sera une amende de 16 à 500 francs.

376. Toutes autres injures ou expressions outrageantes qui n'auront pas eu ce double caractère de gravité et de publicité, ne donneront lieu qu'à des peines de simple police.

377. A l'égard des imputations et des injures

qui seroient contenues dans les écrits relatifs à la défense des parties, ou dans les plaidoyers, les juges saisis de la contestation pourront, en jugeant la cause, ou prononcer la suppression des injures ou des écrits injurieux, ou faire des injonctions aux auteurs du délit, ou les suspendre de leurs fonctions, et statuer sur les dommages-intérêts.

La durée de cette suspension ne pourra excéder six mois : en cas de récidive, elle sera d'un an au moins et de cinq ans au plus.

Si les injures ou écrits injurieux portent le caractère de calomnie grave, et que les juges saisis de la contestation ne puissent connaître du délit, ils ne pourront prononcer contre les prévenus qu'une suspension provisoire de leurs fonctions, et les renverront, pour le jugement du délit, devant les juges compétens.

378. Les médecins, chirurgiens et autres officiers de santé, ainsi que les pharmaciens les sages-femmes, et toutes autres personnes dépositaires, par état ou profession, des secrets qu'on leur confie, qui, hors le cas où la loi les oblige à se porter dénonciateurs, auront révélé ces secrets, seront punis d'un emprisonnement d'un mois à six mois, et d'une amende de 100 francs à 500 francs.

(Décrété le 19 février 1810. Prom. le premier mars.)

TITRE II.

Crimes et délits contre des particuliers.

CHAPITRE II.

Crimes et Délits contre les Propriétés.

SECTION PREMIÈRE.

Vols.

379. Quiconque a soustrait frauduleusement une chose qui ne lui appartient pas, est coupable de vol.

380. Les soustractions commises par des maris au préjudice de leurs femmes, par des femmes au préjudice de leurs maris, par un veuf ou une veuve, quant aux choses qui avaient appartenu à l'époux décédé, par des enfans ou autres descendans, au préjudice de leurs pères ou mères ou autres ascendans, par des pères et mères ou autres ascendans au préjudice de leurs enfans ou autres descendans, ou par des alliés aux mêmes degrés, ne pourront donner lieu qu'à des réparations civiles.

A l'égard de tous autres individus qui auraient recélé ou appliqué à leur profit tout ou partie des objets volés, ils seront punis comme coupables de vol.

381. Seront punis de la peine de mort, les individus coupables de vols commis avec la réunion des cinq circonstances suivantes :

1°. Si le vol a été commis la nuit ;

2. S'il a été commis par deux ou plusieurs personnes.

3°. Si les coupables ou l'un d'eux étaient porteurs d'armes apparentes ou cachées.

4°. S'ils ont commis le crime soit à l'aide d'effraction extérieure ou d'escalade ou de fausses clefs, dans une maison, appartement, chambre ou logement habités ou servant à l'habitation, ou leurs dépendances, soit en prénant le titre d'un fonctionnaire public ou d'un officier civil ou militaire, ou après s'être revêtus de l'uniforme ou du costume du fonctionnaire ou de l'officier, ou en alléguant un faux ordre de l'autorité civile ou militaire;

5°. S'ils ont commis le crime avec violence ou menace de faire usage de leurs armes.

382. Sera puni de la peine des travaux forcés à perpétuité, tout individu coupable de vol commis à l'aide de violence, et, de plus, avec deux des quatre premières circonstances prévues par le précédent article.

Si même la violence à l'aide de laquelle le vol a été commis, a laissé des traces de blessures ou de contusion, cette circonstance seule suffira pour que la peine des travaux forcés à perpétuité soit prononcée.

383. Les vols commis dans les chemins publics, emporteront également la peine des travaux forcés à perpétuité.

384. Sera puni de la peine des travaux forcés à temps, tout individu coupable de vols commis à l'aide d'un des moyens énoncés dans le n°. 4 de l'article 381, même quoique l'effraction, l'escalade et l'usage des fausses clefs aient eu lieu, dans des édifices, parcs ou enclos non servant à l'habitation et non dépendans des maisons habitées, et lors même que l'effraction n'aurait été qu'intérieure.

385. Sera également puni de la peine des tra-

vaux forcés à temps, tout individu coupable de vols commis, soit avec violence, lorsqu'elle n'aura laissé aucune trace de blessure ou de contusion, et qu'elle ne sera accompagnée d'aucune autre circonstance, soit sans violence, mais avec la réunion des trois circonstances suivantes :

1°. Si le vol a été commis la nuit ;

2°. S'il a été commis par deux ou plusieurs personnes.

3°. Si le coupable, ou l'un des coupables, était porteur d'armes apparentes ou cachées.

386. Sera puni de la peine de la réclusion, tout individu coupable de vols commis dans l'un des cas ci-après :

1°. Si le vol a été commis la nuit et par deux ou plusieurs personnes, ou s'il a été commis avec une de ces deux circonstances seulement, mais en même temps dans un lieu habité ou servant à habitation ;

2°. Si le coupable, ou l'un des coupables, était porteur d'armes apparentes ou cachées, même quoique le lieu où le vol a été commis ne fût ni habité ni servant à habitation ; et encore quoique le vol ait été commis le jour et par une seule personne ;

3°. Si le voleur est un domestique ou un homme de service à gages, même lorsqu'il aura commis le vol envers des personnes qu'il ne servait pas, mais qui se trouvaient soit dans la maison de son maître, soit dans celle où il l'accompagnait ; ou si c'est un ouvrier, compagnon ou apprenti dans la maison, l'atelier ou le magasin de son maître ; ou un individu travaillant habituellement dans l'habitation où il aura volé ;

4°. Si le vol a été commis par un aubergiste, un hôtelier, un voiturier, un batelier ou un de leurs préposés, lorsqu'ils auront volé tout ou partie des choses qui leur étaient confiées à ce titre; ou enfin, si le coupable a commis le vol dans l'auberge ou l'hôtellerie dans laquelle il était reçu.

387. Les voituriers, bateliers ou leurs préposés, qui auront altéré des vins, ou toute autre espèce de liquide ou de marchandises dont le transport leur avait été confié, et qui auront commis cette altération par le mélange de substances malfaisantes, seront punis de la peine portée au précédent article.

S'il n'y a pas eu mélange de substances malfaisantes, la peine sera un emprisonnement d'un mois à un an, et une amende de seize francs à cent francs.

388. Quiconque aura volé, dans les champs, des chevaux, ou bêtes de charge, de voiture ou de monture, gros et menus bestiaux, des instrumens d'agriculture, des récoltes ou meules de grains faisant partie de récoltes, sera puni de la réclusion.

Il en sera de même à l'égard des vols de bois dans les ventes et de pierres dans les carrières, ainsi qu'à l'égard du vol de poisson en étang, vivier ou réservoir.

389. La même peine aura lieu, si pour commettre un vol il y a eu enlèvement ou déplacement de bornes servant de séparation aux propriétés.

390. Est réputé maison habitée, tout bâtiment, logement, loge, cabane même mobile, qui, sans être actuellement habitée, est destinée à l'habitation, et tout ce qui en dépend, comme cours, basses-cours, granges, écuries, édifices qui y sont enfermés, quel qu'en soit l'usage, et quand même ils auraient une clôture particulière dans la clôture ou enceinte générale.

391. Est réputé *parc* ou *enclos*, tout terrain environné de fossés, de pieux, de claies, de planches, de haies vives ou sèches, ou de murs, de quelque espèce de matériaux que ce soit, quelles que soient la hauteur, la profondeur, la vétusté, la dégradation de ces diverses clôtures, quand il n'y aurait pas de porte fermant à clef ou autrement, ou quand la porte serait à claire-voie et ouverte habituellement.

392. Les parcs mobiles destinés à contenir du bétail dans la campagne, de quelque matière qu'ils soient faits, sont aussi réputés enclos; et lorsqu'ils tiennent aux cabanes mobiles ou autres abris destinés aux gardiens, ils sont réputés dépendans de maison habitée.

393. Est qualifié *effraction*, tout forcement, rupture, dégradation, démolition, enlèvement de murs, toits, planchers, portes, fenêtres, serrures, cadenas, ou autres ustensiles ou instrumens servant à fermer ou à empêcher le passage, et de toute espèce de clôture, quelle qu'elle soit.

394. Les effractions sont extérieures ou intérieures.

395. Les effractions extérieures sont celles à l'aide desquelles on peut s'introduire dans les maisons, cours, basse-cours, enclos ou dépendances, ou dans les appartemens ou logemens particuliers.

396. Les effractions intérieures sont celles qui, après l'introduction dans les lieux mentionnés en l'article précédent, sont faites aux portes ou clôtures du dedans, ainsi qu'aux armoires ou autres meubles fermés.

Est compris dans la classe des effractions intérieures le simple enlèvement des caisses, boîtes, ballots sous toile et corde, et autres meubles fermés, qui contiennent des effets quelconques, bien que l'effraction n'ait été faite sur le lieu.

397. Est qualifiée *escalade*, toute entrée dans les maisons, bâtiments, cours, basses-cours, édifices quelconques, jardins, parcs et enclos, exécutée par-dessus les murs, portes, toitures ou toute autre clôture.

L'entrée par une ouverture souterraine, autre que celle qui a été établie pour servir d'entrée, est une circonstance de même gravité que l'escalade.

398. Sont qualifiés *fausses clefs*, tous crochets, rossignols, passe-partous, clefs imitées, contrefaites, altérées, ou qui n'ont pas été destinées par le propriétaire, locataire, aubergiste ou logeur, aux serrures, cadenas ou aux fermetures quelconques auxquelles le coupable les aura employées.

399. Quiconque aura contrefait ou altéré des clefs, sera condamné à un emprisonnement de trois mois à deux ans, et à une amende de vingt-cinq francs à cent cinquante francs.

Si le coupable est un serrurier de profession, il sera puni de la réclusion;

Le tout sans préjudice de plus fortes peines, s'il y échet, en cas de complicité de crime.

400. Quiconque aura extorqué par force, violence ou contrainte, la signature ou la remise d'un écrit, d'un acte, d'un titre, d'une pièce quelconque contenant ou opérant obligation, disposition ou décharge, sera puni de la peine des travaux forcés à temps.

401. Les autres vols non spécifiés dans la présente section, les larcins et filouteries, ainsi que les tentatives de ces mêmes délits, seront punis d'un emprisonnement d'un an au moins et de cinq ans au plus, et pourront même l'être d'une

amende qui sera de seize francs au moins et de cinq cents francs au plus.

Les coupables pourront encore être interdits des droits mentionnés en l'article 42 du présent Code, pendant cinq ans au moins et dix ans au plus, à compter du jour où ils auront subi leur peine.

Ils pourront aussi être mis, par l'arrêt ou le jugement, sous la surveillance de la haute police pendant le même nombre d'années.

SECTION II.

Banqueroutes, Escroqueries, et autres espèces de Fraude.

§. Ier.

Banqueroute et escroquerie.

402. Ceux qui, dans les cas prévus par le Code de commerce, seront déclarés coupables de banqueroute, seront punis ainsi qu'il suit :

Les banqueroutiers frauduleux seront punis de la peine des travaux forcés à temps.

Les banqueroutiers simples seront punis d'un emprisonnement d'un mois au moins et de deux ans au plus.

403. Ceux qui, conformément au Code de commerce, seront déclarés complices de banqueroute frauduleuse, seront punis de la même peine que les banqueroutiers frauduleux.

404. Les agens de change et courtiers qui auront fait faillite, seront punis de la peine des travaux forcés à temps ; s'ils sont convaincus de banqueroute frauduleuse, la peine sera celle des travaux forcés à perpétuité.

405 Quiconque, soit en faisant usage de faux noms ou de fausses qualités, soit en employant

des manœuvres frauduleuses pour persuader l'existence de fausses entreprises, d'un pouvoir ou d'un crédit imaginaire, ou pour faire naître l'espérance ou la crainte d'un succès, d'un accident ou de tout autre événement chimérique, se sera fait remettre ou délivrer des fonds, des meubles ou des obligations, dispositions, billets, promesses, quittances ou décharges, et aura, par un de ces moyens, escroqué ou tenté d'escroquer la totalité ou partie de la fortune d'autrui, sera puni d'un emprisonnement d'un an au moins et de cinq ans au plus, et d'une amende de cinquante francs au moins et de trois mille francs au plus.

Le coupable pourra être, en outre, à compter du jour où il aura subi sa peine, interdit, pendant cinq ans au moins et dix ans au plus, des droits mentionnés en l'art. 42 du présent Code : le tout sauf les peines plus graves, s'il y a crime de faux.

§. II.

Abus de confiance.

406. Quiconque aura abusé des besoins, des faiblesses ou des passions d'un mineur, pour lui faire souscrire, à son préjudice, des obligations, quittances ou décharges, pour prêt d'argent ou de choses mobilières, ou d'effets de commerce, ou de tous autres effets obligatoires, sous quelque forme que cette négociation ait été faite ou déguisée, sera puni d'un emprisonnement de deux mois au moins, de deux ans au plus, et d'une amende qui ne pourra excéder le quart des restitutions et des dommages-intérêts qui seront dus aux parties lésées, ni être moindre de vingt-cinq francs.

La disposition portée au second paragraphe du

du précédent article, pourra de plus être appliquée.

407. Quiconque, abusant d'un blanc-seing qui lui aura été confié, aura frauduleusement écrit au-dessus une obligation ou décharge, ou tout autre acte pouvant compromettre la personne ou la fortune du signataire, sera puni des peines portées en l'article 405.

Dans le cas où la blanc-seing ne lui aurait pas été confié, il sera poursuivi comme faussaire et puni comme tel.

408. Quiconque aura détourné ou dissipé, au préjudice du propriétaire, possesseur ou détenteur, des effets, deniers, marchandises, billets, quittances ou tous autres écrits contenant ou opérant obligation ou décharge, qui ne lui aurait été remis qu'à titre de dépôt ou pour un travail salarié, à la charge de les rendre ou représenter, ou d'en faire un usage ou un emploi déterminé, sera puni des peines portées par l'article 406.

Le tout sans préjudice de ce qui est dit aux art. 254, 255 et 256, relativement aux soustractions et enlèvement de deniers, effets ou pièces, commis dans les dépôts publics.

409. Quiconque, après avoir produit dans une contestation judiciaire quelque titre, pièce ou mémoire, l'aura soustrait de quelque manière que ce soit, sera puni d'une amende de vingt-cinq à trois cents francs.

Cette peine sera prononcée par le tribunal saisi de la contestation.

§. III.

Contravention aux Réglemens sur les maisons de jeu, les loteries, et les maisons de prêt sur gages.

410. Ceux qui auront tenu une maison de jeux

de hasard, et y auront admis le public, soit librement, soit sur la présentation des intéressés ou affiliés, les banquiers de cette maison, tous ceux qui auront établi ou tenu des loteries non autorisées par la loi, tous administrateurs, préposés ou agens de ces établissemens, seront punis d'un emprisonnement de deux mois au moins et de six mois au plus, et d'une amende de cent francs à six mille francs.

Les coupables pourront être de plus, à compter du jour où ils auront subi leur peine, interdits, pendant cinq ans au moins et dix ans au plus, des droits mentionnés en l'article 42 du présent Code.

Dans tous les cas, seront confisqués tous les fonds ou effets qui seront trouvés exposés au jeu ou mis à la loterie, les meubles, instrumens, ustensiles, appareils employés ou destinés au service des jeux ou des loteries; les meubles et les effets mobiliers dont les lieux seront garnis ou décorés.

411. Ceux qui auront établi ou tenu des maisons de prêt sur gages ou nantissement, sans autorisation légale, ou qui, ayant une autorisation, n'auront pas tenu un registre conforme aux réglemens, contenant de suite, sans aucun blanc ni interligne, les sommes ou les objets prêtés, les noms, domiciles et profession des emprunteurs, la nature, la qualité, la valeur des objets mis en nantissement, seront punis d'un emprionnement de quinze jours au moins, de trois mois au plus, et d'une amende de cent francs à deux mille francs.

§. IV.

Entraves apportées à la liberté des Enchères.

412. Ceux qui, dans les adjudications de la

propriété, de l'usufruit ou de la location de choses mobilières ou immobilières, d'une entreprise, d'une fourniture, d'une exploitation ou d'un service quelconque, auront entravé ou troublé la liberté des enchères ou des soumissions, par voies de fait, violences ou menaces, soit avant, soit pendant les enchères ou les soumissions, seront punis d'un emprisonnement de quinze jours au moins, de trois mois au plus, et d'une amende de cent francs au moins et de cinq mille francs au plus.

La même peine aura lieu contre ceux qui, par dons ou promesses, auront écarté les enchérisseurs.

§ V.

Violation des réglemens relatifs aux manufactures, au commerce et aux arts.

413. Toute violation des réglemens d'administration publique, relatifs aux produits des manufactures françaises qui s'exporteront à l'étranger, et qui ont pour objet de garantir la bonne qualité, les dimensions et la nature de la fabrication, sera punie d'une amende de deux cents francs au moins, de trois mille francs au plus, et de la confiscation des marchandises. Ces deux peines pourront être prononcées cumulativement ou séparément, selon les circonstances.

414. Toute coalition entre ceux qui font travailler des ouvriers, tendant à forcer injustement et abusivement l'abaissement des salaires, suivie d'une tentative ou d'un commencement d'exécution, sera punie d'un emprisonnement de six jours à un mois, et d'une amende de deux cents francs à trois mille francs.

415. Toute coalition de la part des ouvriers pour faire cesser en même temps de travailler,

interdire le travail dans un atelier, empêcher de s'y rendre et d'y rester avant ou après de certaines heures, et en général pour suspendre, empêcher, enchérir les travaux, s'il y a eu tentative ou commencement d'exécution, sera punie d'un emprisonnement d'un mois au moins et de trois mois au plus.

Les chefs ou moteurs seront punis d'un emprisonnement de deux à cinq ans.

416. Seront aussi punis de la peine portée par l'article précédent et d'après les mêmes distinctions, les ouvriers qui auront prononcé des amendes, des défenses, des interdictions ou toutes proscriptions sous le nom de damnations et sous quelque qualification que ce puisse être, soit contre les directeurs d'ateliers et entrepreneurs d'ouvrages, soit les uns contre les autres.

Dans le cas du présent article et dans celui du précédent, les chefs ou moteurs du délit pourront, après l'expiration de leur peine, être mis sous la surveillance de la haute police pendant deux ans au moins, et cinq ans au plus.

417. Quiconque, dans la vue de nuire à l'industrie française, aura fait passer en pays étranger des directeurs, commis ou des ouvriers d'un établissement, sera puni d'un emprisonnement de six mois à deux ans, et d'une amende de cinquante francs à trois cents francs.

418. Tout directeur, commis, ouvrier de fabrique, qui aura communiqué à des étrangers ou à des Français résidant en pays étrangers, des secrets de la fabrique où il est employé, sera puni de la réclusion, et d'une amende de cinq cents francs à vingt mille francs.

Si ces secrets ont été communiqués à des Français résidant en France, la peine sera d'un emprisonnement de trois mois à deux ans, et d'une amende de seize francs à deux cents francs.

419. Tous ceux qui, par des faits faux ou calomnieux semés à dessein dans le public, par des sur-offres faites aux prix que demandaient les vendeurs eux-mêmes, par réunions ou coalitions entre les principaux détenteurs d'une même marchandise ou denrée, tendant à ne la pas vendre ou à ne la vendre qu'à un certain prix, ou qui, par des voies ou moyens frauduleux quelconques auront opéré la hausse ou la baisse du prix des denrées ou marchandises ou des papiers et effets publics au-dessus ou au-dessous des prix qu'aurait déterminés la concurrence naturelle et libre du commerce, seront punis d'un emprisonnement d'un mois au moins, d'un an au plus, et d'une amende de cinq cents francs à dix mille francs. Les coupables pourront, de plus, être mis par l'arrêt ou le jugement, sous la surveillance de la haute police pendant deux ans au moins et cinq ans au plus.

420. La peine sera d'un emprisonnement de deux mois au moins et de deux ans au plus, et d'une amende de mille francs à vingt mille francs; si ces manœuvres ont été pratiquées sur grains, grenailles, farines, substances farineuses, pain, vin ou toute autre boisson.

La mise en surveillance qui pourra être prononcée, sera de cinq ans au moins, et dix ans au plus.

421. Les paris qui auront été faits sur la hausse ou la baisse des effets publics, seront punis des peines portées par l'article 419.

422. Sera réputée pari de ce genre, toute convention de vendre ou de livrer des effets publics qui ne seront pas prouvés par le vendeur avoir existé à sa disposition au temps de la con-

vention, ou avoir dû s'y trouver au temps de la livraison.

423. Quiconque aura trompé l'acheteur sur le titre des matières d'or ou d'argent, sur la qualité d'une pierre fausse vendue pour fine, sur la nature de toutes marchandises; quiconque, par usage de faux poids ou de fausses mesures, aura trompé sur la quantité des choses vendues, sera puni de l'emprisonnement pendant trois mois au moins, un an au plus, et d'une amende qui ne pourra excéder le quart des restitutions et dommages-intérêts, ni être au-dessous de cinquante francs.

Les objets du delit, ou leur valeur, s'ils appartiennent encore au vendeur, seront confisqués: les faux poids et les fausses mesures seront confisqués, et de plus seront brisés.

424. Si le vendeur et l'acheteur se sont servis, dans leurs marchés, d'autres poids ou d'autres mesures que ceux qui ont été établis par les lois de l'État, l'acheteur sera privé de toute action contre le vendeur qui l'aura trompé par l'usage de poids ou de mesures prohibés; sans préjudice de l'action publique pour la punition tant de cette fraude que de l'emploi même des poids et des mesures prohibés.

La peine, en cas de fraude, sera celle portée par l'article précédent.

La peine, pour l'emploi des mesures et poids prohibés, sera déterminée par le livre IV du présent Code, contenant les peines de simple police.

425. Toute édition d'écrits, de composition musicale, de dessin, de peinture ou de toute autre production imprimée ou gravée en entier ou en partie, au mépris des lois et réglemens relatifs à la propriété des auteurs, est une contrefaçon et toute contrefaçon est un délit.

426. Le débit d'ouvrages contrefaits, l'introduction sur le territoire français d'ouvrages qui, après avoir été imprimés en France, ont été contrefaits chez l'étranger, sont un délit de la même espèce.

427. La peine contre le contrefacteur, ou contre l'introducteur, sera une amende de cent francs au moins et de deux mille francs au plus; et contre le débitant, une amende de vingt-cinq francs au moins et de cinq cents francs au plus.

La confiscation de l'édition contrefaite sera prononcée tant contre le contrefacteur que contre l'introducteur et le débitant.

Les planches, moules ou matrices des objets contrefaits seront aussi confisqués.

428. Tout directeur, tout entrepreneur de spectacle, toute association d'artistes, qui aura fait représenter sur son théâtre des ouvrages dramatiques, au mépris des lois et réglemens relatifs à la propriété des auteurs, sera puni d'une amende de cinquante francs au moins, de cinq cent francs au plus, et de la confiscation des recettes.

429. Dans les cas prévus par les quatre articles précédens, le produit des confiscations ou les recettes confisquées, seront remis au propriétaire pour l'indemniser d'autant du préjudice qu'il aura souffert; le surplus de son indemnité ou l'entière indemnité, s'il n'y a eu ni vente d'objets confisqués ni saisie de recettes, sera réglé par les voies ordinaires.

§. VI.

Délits des Fournisseurs.

430. Tous individus chargés, comme membres de compagnie ou individuellement, de fournitures, d'entreprises ou régies pour le compte des armées de terre et de mer, qui, sans y avoir été

contraints par une force majeure, auront fait manquer le service dont ils sont chargés, seront punis de la peine de la réclusion, et d'une amende qui ne pourra excéder le quart des dommages-intérêts, ni être au-dessous de cinq cents francs; le tout sans préjudice de peines plus fortes en cas d'intelligence avec l'ennemi.

431. Lorsque la cessation du service proviendra du fait des agens des fournisseurs, les agens seront condamnés aux peines portées par le précédent article.

Les fournisseurs et leurs agens seront également condamnés, lorsque les uns et les autres auront participé au crime.

432. Si des fonctionnaires publics ou des agens, préposés ou salariés du Gouvernement, ont aidé les coupables à faire manquer le service, ils seront punis de la peine des travaux forcés à temps; sans préjudice de peines plus fortes, en cas d'intelligence avec l'ennemi.

433. Quoique le service n'ait pas manqué, si, par négligence, les livraisons et les travaux ont été retardés, ou s'il y a eu fraude sur la nature, la qualité ou la quantité des travaux ou main-d'œuvres ou des choses fournies, les coupables seront punis d'un emprisonnement de six mois au moins et de cinq ans au plus, et d'une amende qui ne pourra excéder le quart des dommages-intérêts, ni être moindre de cent francs.

Dans les divers cas prévus par les articles composant le présent paragraphe, la poursuite ne pourra être faite que sur la dénonciation du Gouvernement.

SECTION III.

Destructions, Dégradations, Dommages.

434. Quiconque aura volontairement mis le feu

à des édifices, navires, bateaux, magasins, chantiers, forêts, bois taillis ou récoltes, soit sur pied, soit abattus, soit aussi que les bois soient en tas ou en cordes, et les récoltes en tas ou en meules, ou à des matières combustibles placées de manière à communiquer le feu à ces choses ou à l'une d'elles, sera puni de la peine de mort.

435. La peine sera la même contre ceux qui auront détruit, par l'effet d'une mine, des édifices, navires ou bateaux.

436. La menace d'incendier une habitation ou toute autre propriété, sera punie de la peine portée contre la menace d'assassinat, et d'après les distinctions établies par les articles, 305, 306 et 307.

437. Quiconque aura volontairement détruit ou renversé, par quelque moyen que ce soit, en tout ou en partie, des édifices, des ponts, digues ou chaussées, ou autres constructions qu'il savait appartenir à autrui, sera puni de la réclusion et d'une amende qui ne pourra excéder le quart des restitutions et indemnités, ni être au-dessous de cent francs.

S'il y a eu homicide ou blessures, le coupable sera, dans le premier cas, puni de mort, et dans le second, puni de la peine des travaux forcés à temps.

438. Quiconque par des voies de fait, se sera opposé à la confection de travaux autorisés par le Gouvernement sera puni d'un emprisonnement de trois mois à deux ans, et d'une amende qui ne pourra excéder le quart des dommages-intérêts, ni être au-dessous de seize francs.

Les moteurs subiront le *maximum* de la peine.

438. Quiconque aura volontairement brûlé ou détruit d'une manière quelconque, des registres, minutes ou actes originaux de l'autorité publique,

des titres, billets, lettres de change, effets de commerce ou de banque, contenant ou opérant obligation, disposition ou décharge, sera puni ainsi qu'il suit :

Si les pièces détruites sont des actes de l'autorité publique, ou des effets de commerce ou de banque, la peine sera la réclusion.

S'il s'agit de toute autre pièce, le coupable sera puni d'un emprisonnement de deux ans à cinq ans, et d'une amende de cent francs à trois cents francs.

440. Tout pillage, tout dégât de denrées ou marchandises, effets, propriétés mobilières, commis en réunion ou bande et à force ouverte, sera puni des travaux forcés à temps ; chacun des coupables sera de plus condamné à une amende de deux cents francs à cinq mille francs.

441. Néanmoins, ceux qui prouveront avoir été entraînés par des provocations ou sollicitations à prendre part à ces violences, pourront n'être punis que de la peine de la réclusion.

442. Si les denrées pillées ou détruites sont des grains, grenailles ou farines, substances farineuses, pain, vin ou autre boisson, la peine que subiront les chefs, instigateurs ou provocateurs seulement, sera le *maximum* des travaux forcés à temps, et celui de l'amende prononcée par l'article 440.

443. Quiconque à l'aide d'une liqueur corrosive ou par tout autre moyen, aura volontairement gâté des marchandises ou matières servant à fabrication, sera puni d'un emprisonnement d'un mois à deux ans, et d'une amende qui ne pourra excéder le quart des dommages-intérêts, ni être moindre de seize francs.

Si le délit a été commis par un ouvrier de la fabrique ou par un commis de la maison de commerce, l'emprisonnement sera de deux à cinq ans, sans préjudice de l'amende ainsi qu'il vient d'être dit.

444. Quiconque aura dévasté des récoltes sur pied ou de plans venus naturellement ou faits de main d'homme, sera puni d'un emprisonnement de deux ans au moins, et de cinq ans au plus.

Les coupables pourront, de plus, être mis, par l'arrêt, ou le jugement, sous la surveillance de la haute police pendant cinq ans au moins et dix ans au plus.

445. Quiconque aura abattu un ou plusieurs arbres, qu'il savait appartenir à autrui, sera puni d'un emprisonnement qui ne sera pas au-dessous de six jours, ni au-dessos de six mois, à raison de chaque arbre, sans que la totalité puisse excéder cinq ans.

446. Les peines seront les mêmes à raison de chaque arbre mutilé, coupé ou écorcé de manière à le faire périr.

447. S'il y a eu destruction d'une ou plusieurs greffes, l'emprisonnement sera de six jours à deux mois, à raison de chaque greffe, sans que la totalité puisse excéder deux ans.

448. Le *minimum* de la peine sera de vingt jours dans les cas prévus par les articles 445 et 446, et de dix jours dans les cas prévus par l'article 447, si les arbres étaient plantés sur les places, routes, chemins, rues ou voies publiques vicinales, ou de traverse.

449. Quiconque aura coupé des grains ou des fourrages qu'il savait appartenir à autrui, sera puni d'un emprisonnement qui ne sera pas au-dessous de six jours, ni au-dessus de deux mois.

450. L'emprisonnement sera de vingt jours au

moins et de quatre mois au plus s'il a été coupé du grain en vert.

Dans les cas prévus par le présent article et les six précédens, si le fait a été commis en haine d'un fonctionnaire public et à raison de ses fonctions, le coupable sera puni du *maximum* de la peine établie par l'article auquel le cas se référera.

Il en sera de même, quoique cette circonstance n'existe point, si le fait a été commis pendant la nuit.

451. Toute rupture, toute destruction d'instrumens d'agriculture, des parcs de bestiaux, de cabanes de gardiens, sera punie d'un emprisonnement d'un mois au moins, d'un an au plus.

452. Quiconque aura empoisonné des chevaux ou autres bêtes de voiture, de monture ou de charge, des bestiaux à cornes, des moutons, chèvres ou porcs, ou des poissons dans des étangs, viviers ou réservoirs, sera puni d'un emprisonnement d'un an à cinq, et d'une amende de seize francs à trois cents francs. Les coupables pourront être mis, par l'arrêt ou le jugement, sous la surveillance de la haute police, pendant deux ans au moins et cinq ans au plus.

453 Ceux qui, sans nécessité, auront tué l'un des animaux mentionnés au précédent article, seront punis ainsi qu'il suit :

Si le délit a été commis dans les bâtimens, enclos et dépendances, ou sur les terres dont le maître de l'animal tué était propriétaire, locataire, colon ou fermier, la peine sera un emprisonnement de deux mois à six mois.

S'il a été commis dans des lieux dont le coupable étaient propriétaire, locataire, colon ou fermier,

fermier, l'emprisonnement sera de six jours à un mois.

S'il a été commis dans tout autre lieu, l'emprisonnement sera de quinze jours à six semaines.

Le *maximum* de la peine sera toujours prononcé en cas de violation de clôture.

454. Quiconque aura, sans nécessité, tué un animal domestique dans un lieu dont celui à qui cet animal appartient est propriétaire, locataire, colon ou fermier, sera puni d'un emprisonnement de six jours au moins et de six mois au plus.

S'il y a eu violation de clôture, le *maximum* de la peine sera prononcé.

455. Dans les cas prévus par les articles 444 et suivans, jusqu'au précédent article inclusivement, il sera prononcé une amende qui ne pourra excéder le quart des restitutions et dommages-intérêts, ni être au-dessous de seize francs.

456. Quiconque aura, en tout ou en partie, comblé des fossés, détruit des clôtures, de quelques matériaux qu'elles soient faites, coupé ou arraché des haies vives ou sèches; quiconque aura déplacé ou supprimé des bornes, ou pieds corniers, ou autres arbres plantés ou reconnus pour établir les limites entre différens héritages, sera puni d'un emprisonnement qui ne pourra pas être au-dessous d'un mois ni excéder une année, et d'une amende égale au quart des restitutions et des dommages-intérêts, qui, dans aucun cas, ne pourra être au-dessous de cinquante francs.

457. Seront punis d'une amende qui ne pourra excéder le quart des restitutions et des dommages-intérêts, ni être au-dessous de cinquante francs, les propriétaires ou fermiers, ou toute autre

personne jouissant de moulins, usines ou étangs, qui, par l'élévation du déversoir de leurs eaux au-dessus de la hauteur déterminée par l'autorité compétente, auront innondé les chemins ou les propriétés d'autrui.

S'il est résulté du fait quelques dégradations, la peine sera, outre l'amende, un emprisonnement de six jours à un mois.

458. L'incendie des propriétés mobilières ou immobilières d'autrui, qui aura été causé par la vétusté ou le défaut soit de réparation, soit de nettoyage des fours, cheminées, forges, maisons ou usines prochaines, ou par des feux allumés dans les champs à moins de cent mètres des maisons, édifices, forêts, bruyères, bois, vergers, plantations, haies, meules, tas de grains, pailles, foins, fourrages, ou de tout autre dépot de matières combustibles, ou par des feux ou lumières portés ou laissés sans précaution suffisante, ou par des pièces d'artifice allumées ou tirées par négligence ou imprudence, sera puni d'une amende de cinquante francs au moins, et de cinq cents francs au plus.

459. Tout détenteur ou gardien d'animaux ou de bestiaux soupçonnés d'être infectés de maladie contagieuse, qui n'aura pas averti sur le camp le maire de la commune où ils se trouvent, et qui même, avant que le maire ait répondu à l'avertissement, ne les aura pas tenus renfermés, sera puni d'un emprisonnement de six jours à deux mois, et d'une amende de seize francs à deux cents francs.

460. Seront également punis d'un emprisonnement de deux à six mois, et d'une amende de cent francs à cinq cents francs, ceux qui, au mépris des défenses de l'administration, auront

laissé leurs animaux ou bestiaux infectés communiquer avec d'autres.

461. Si, de la communication mentionnée au précédent article, il est résulté une contagion parmi les autres animaux, ceux qui auront contrevenu aux défenses de l'autorité administrative seront punis d'un emprisonnement de deux ans à cinq ans, et d'une amende de cent francs à mille francs ; le tout sans préjudice de l'exécution des lois et réglemens relatifs aux maladies épizootiques, et de l'application des peines y portées.

462. Si les délits de police correctionnelle dont il est parlé au présent chapitre ont été commis par des gardes champêtres ou forestiers, ou des officiers de police, à quelque titre que ce soit, la peine d'emprisonnement sera d'un mois au moins, et d'un tiers au plus en sus de la peine la plus forte qui serait appliquée à un autre coupable du même délit.

Disposition générale.

463. Dans tous les cas où la peine d'emprisonnement est portée par le présent Code, si le préjudice causé n'excède pas vingt-cinq francs, et si les circonstances paraissent atténuantes, les tribunaux sont autorisés à réduire l'emprisonnement, même au-dessous de six jours, et l'amende, même au-dessous de seize francs. Ils pourront prononcer séparément l'une ou l'autre de ces peines, sans, qu'en aucun cas, elle puisse être au-dessous des peines de simple police.

(Décreté le 20 février 1810. Prom. le 2 mars.)

LIVRE IV.

CONTRAVENTIONS DE POLICE ET PEINES.

CHAPITRE Ier.

Des Peines.

464. LES peines de police sont,
L'emprisonnement,
L'amende,
Et la confiscation de certains objets saisis.

465. L'emprisonnement, pour contravention de police, ne pourra être moindre d'un jour, ni en excéder cinq, selon les classes, distinctions, et cas ci-après spécifiés.

Les jours d'emprisonnement sont des jours complets de vingt-quatre heures.

466. Les amendes pour contravention pourront être prononcées depuis un franc jusqu'à quinze francs inclusivement, selon les distinctions et classes ci-après spécifiées, et seront appliquées au profit de la commune où la contravention aura été commise.

467. La contrainte par corps a lieu pour le paiement de l'amende.

Néanmoins le condamné ne pourra être, pour cet objet, détenu plus de quinze jours, s'il justifie de son insolvabilité.

468. En cas d'insuffisance des biens, les restitutions et les indemnités dues à la partie lésée sont préférées à l'amende.

469. Les restitutions, indemnités et frais en-

traîneront la contrainte par corps ; et le condamné gardera prison jusqu'à parfait paiement ; néanmoins si ces condamnations sont prononcées au profit de l'Etat, les condamnés pourront jouir de la faculté accordée par l'art. 467, dans le cas d'insolvabilité prévu par cet article.

470. Les tribunaux de police pourront aussi, dans les cas déterminés par la loi, prononcer la confiscation, soit des choses saisies en contravention, soit des choses produites par la contravention, soit des matières ou des instrumens qui ont servi ou étaient destinés à la commettre.

CHAPITRE II.

Contraventions et Peines.

SECTION Ire.

Première Classe.

471. Seront punis d'amende, depuis un franc jusqu'à cinq francs inclusivement.

1°. Ceux qui auront négligé d'entretenir, réparer ou nettoyer les fours, cheminées ou usines où l'on fait usage du feu ;

2°. Ceux qui auront violé la défence de tirer, en certains lieux, des pièces d'artifice,

3°. Les aubergistes et autres qui, obligés à l'éclairage, l'auront négligé, ceux qui auront négligé de nettoyer les rues ou passages, dans les communes où ce soin est laissé à la charge des habitans ;

4°. Ceux qui auront embarrassé la voie publique en y déposant ou y laissant, sans nécessité, des matériaux ou des choses quelconques qui empêchent ou diminuent la liberté ou la sûreté du passage ; ceux qui, en contravention aux lois et réglemens, auront négligé d'éclairer les matériaux par eux entreposés ou les escavations par eux faites dans les rues et places. 10.

5°. Ceux qui auront négligé ou refusé d'exécuter les réglemens ou arrêtés concernant la petite voirie, ou d'obéir à la sommation émanée de l'autorité administrative, de réparer ou démolir les édifices menaçant ruine ;

6°. Ceux qui auront jeté ou exposé au-devant de leurs édifices, des choses de nature à nuire par leur chute ou par des exhalaisons insalubres.

7°. Ceux qui auront laissé dans les rues, chemins, places, lieux publics, ou dans les champs, des coûtres de charrue, pinces, barres, barreaux ou autres machines, ou instrument ou armes dont puissent abuser les voleurs et autres malfaiteurs.

8°. Ceux qui auront négligé d'écheniller dans les campagnes ou jardins où ce soin est prescrit par la loi ou les réglemens ;

9°. Ceux qui, sans autre circonstance prévue par les lois, auront cueilli ou mangé, sur le lieu même, des fruits appartenant à autrui ;

10°. Ceux qui, sans autre circonstance, auront glané, râtelé ou grapillé dans les champs non encore entièrement dépouillés et vidés de leurs récoltes, ou avant le moment du lever ou après celui du coucher du soleil ;

11°. Ceux qui, sans avoir été provoqués, auront proférés contre quelqu'un des injures, autres que celles prévues depuis l'art. 368 jusques et compris l'art. 379 ;

12°. Ceux qui imprudemment auront jeté des immondices sur quelque personne ;

13°. Ceux qui, n'étant ni propriétaires, ni usufruitiers, ni locataires, ni fermiers, ni jouissant d'un terrain ou d'un droit de passage, ou qui n'étant agens ni préposés d'aucune de ces personnes, seront entrés et auront passé sur ce terrain ou sur partie de ce terrain, s'il est préparé ou ensemencé ;

14°. Ceux qui auront laissé passer leurs bestiaux ou leurs bêtes de trait, de charge ou de monture, sur le terrain d'autrui, avant l'enlèvement de la récolte.

472. Seront, en outre, confisquées les pièces d'artifice saisies dans le cas du paragraphe 2 de l'article 471, les coûtres, les instrumens et les armes mentionnés dans le septième numéro du même article.

473. La peine d'emprisonnement pendant trois jours au plus, pourra, de plus, être prononcée, selon les circonstances, contre ceux qui auront tiré des pièces d'artifice; contre ceux qui auront glâné, râtelé ou grapillé en contravention au n° 10 de l'article 471.

474. La peine d'emprisonnement contre toutes les personnes mentionnées en l'article 471, aura toujours lieu en cas de récidive, pendant trois jours au plus.

SECTION II.

Deuxième classe.

475. Seront punis d'amende depuis six francs jusqu'à dix francs inclusivement.

1°. Ceux qui auront contrevenu aux bans de vendanges ou autres bans autorisés par les réglemens;

2°. Les aubergistes, hôteliers, logeurs ou loueurs de maisons garnies, qui auront négligé d'inscrire de suite, et sans aucun blanc, sur un registre tenu régulièrement, les noms, qualités domicile habituel, dates d'entrée et de sortie de toute personne qui aurait couché ou passé une nuit dans leurs maisons: ceux d'entre eux qui auraient manqué à représenter ce registre aux époques déterminées par les réglemens; ou lorsqu'ils en auraient été requis, aux maires, adjoints, officiers ou commissaires de police, ou aux citoyens commis à cet effet; le tout sans préjudice des cas de responsabilité mentionnés en l'article 73 du présent Code, relativement aux crimes ou aux délits de ceux qui, ayant logé ou séjourné chez eux, n'auraient pas été régulièrement inscrits;

3°. Les rouliers, charretiers, conducteurs de voitures quelconques ou de bêtes de charge, qui auraient contrevenu aux réglemens par lesquels ils sont obligés de se tenir constamment à portée de leurs chevaux, bêtes de trait ou de charge et de leurs voitures, et en état de les guider et conduire, d'occuper un seul côté des rues, chemins ou voies publiques; de se détourner ou ranger devant toutes autres voitures, et, à leur approche, de leur laisser libre au moins la moitié des rues, chaussées, route et chemins;

4°. Ceux qui auront fait ou laissé courir les chevaux, bêtes de trait, de charge ou de monture, dans l'intérieur d'un lieu habité, ou violé les réglemens contre le chargement, la rapidité ou la mauvaise direction des voitures;

5°. Ceux qui auront établi ou tenu dans les rues, chemins, places ou lieux publics, des jeux de loterie ou d'autres jeux de hasard;

6°. Ceux qui auront vendu ou débité des boissons falsifiées, sans préjudice des peines plus sevères qui seront prononcées par les tribunaux de police correctionnelle, dans le cas où elles contiendraient des mixtions nuisibles à la santé;

7°. Ceux qui auraient laissé divaguer des foux ou des furieux étant sous leur garde, ou des animaux malfaisans ou féroces; ceux qui auront excité ou n'auront pas retenu leurs chiens lorsqu'ils attaquent ou poursuivent les passans, quand même il n'en serait résulté aucun mal ni dommage;

8°. Ceux qui auraient jeté des pierres ou d'autres corps durs ou des immondices contre les maisons, édifices ou clôtures d'autrui, ou dans les jardins ou enclos, et ceux aussi qui auraient volontairement jeté des corps durs ou immondices sur quelqu'un ;

9°. Ceux qui, n'étant propriétaires, usufruitiers ni jouissant d'un terrain ou d'un droit de passage, y sont entrés et y ont passé dans le temps où ce terrain était chargé de grains en tuyaux, de raisins ou autres fruits mûrs ou voisins de la maturité ;

10°. Ceux qui auraient fait ou laissé passer des bestiaux, animaux de trait, de charge ou de monture sur le terrain d'autrui, ensemencé ou chargé d'une récolte, en quelque saison que ce soit, ou dans un bois taillis appartenant à autrui ;

11.° Ceux qui auraient refusé de recevoir les espèces et monnaies nationales, non fausses ni altérées selon la valeur pour laquelle elles ont cours ;

12.° Ceux qui, le pouvant, auront refusé ou négligé de faire les travaux, le service, ou de prêter le secours dont ils auront été requis dans les circonstances d'accidens, tumultes, naufrages, inondation, incendie ou autres calamités, ainsi que dans les cas de brigandages, pillages, flagrant délit, clameur publique ou d'exécution judiciaire ;

13.° Les personnes désignées aux articles 284 et 288 du présent Code.

476. Pourra, suivant les circonstances, être prononcé, outre l'amende portée en l'article précédent, l'emprisonnement pendant trois jours au plus contre les rouliers, charretiers, voituriers et conducteurs en contravention, contre ceux qui auront contrevenu à la loi par la rapidité,

la mauvaise direction ou le changement des voitures ou des animaux : contre les vendeurs et débitans de boissons falsifiées ; contre ceux qui auraient jeté des corps durs ou des immondices.

477. Seront saisis et confisqués, 1.° les tables, instrumens, appareils des jeux ou des loteries établies dans les rues, chemins et voies publiques, ainsi que les enjeux, les fonds, d'enrées, objets ou lots proposés aux joueurs, dans le cas de l'art. 476 ; 2.° les boissons falsifiées, trouvées appartenir au vendeur et débitant : ces boissons seront répandues, 3°. les écrits ou gravures contraires aux mœurs, ces objets seront mis sous le pilon.

478. La peine de l'emprisonnement pendant cinq jours au plus, sera toujours prononcée, en cas de récidive, contre toutes les personnes mentionnées dans l'article 475.

SECTION III.

Troisième Classe.

479. Seront punis d'une amende de onze à quinze francs inclusivement,

1.° Ceux qui, hors les cas prévus depuis l'article 434 jusques et compris l'article 462, auront volontairement causé du dommage aux propriétés mobilières d'autrui.

2.° Ceux qui auront occasionné la mort ou la blessure des animaux ou bestiaux appartenant à autrui, par l'effet de la divagation des foux ou furieux, ou d'animaux malfaisans ou féroces, ou par la rapidité ou la mauvaise direction ou chargement excessif des voitures, chevaux, bêtes de trait, de charge ou de monture.

3.° Ceux qui auront occasionné les mêmes dommages par l'emploi ou l'usage d'armes sans précaution ou avec maladresse, ou par jet de pierres ou d'autres corps durs.

4.° Ceux qui auront causé les mêmes accidens par la vétusté, la dégradation, le défaut de réparation ou d'entretien des maisons ou édifices, ou par l'encombrement ou l'excavation, ou telles autres œuvres, dans ou près les rues, chemins, places ou voies publiques, sans les précautions ou signaux ordonnés ou d'usage;

5°. Ceux qui auront de faux poids ou de fausses mesures dans leurs magasins, boutiques, ateliers ou maisons de commerce, ou dans les halles, foires ou marchés, sans préjudice des peines qui seront prononcées par les tribunaux de police correctionnelle contre ceux qui auraient fait usage de ces poids ou de ces fausses mesures;

6.° Ceux qui emploieront des poids ou des mesures différentes de celles qui sont établies par les lois en vigueur;

7°. Les gens qui font le métier de deviner et pronostiquer ou d'expliquer les songes;

8°. Les auteurs ou complices de bruits ou tapage injurieux ou nocturnes, troublant la tranquillité des habitans.

480. Pourra, selon les circonstances, être prononcée la peine d'emprisonnement pendant cinq jours au plus:

1°. Contre ceux qui auront occasionné la mort ou la blessure des animaux ou bestiaux appartenant à autrui, dans les cas prévus par le § 3 du précedent article, 2°. contre les possesseurs de faux poids et de fausses mesures; 3° contre ceux qui emploient des poids ou des mesures différentes de celles que la loi en vigueur a établies; 4° contre les interprètes de songes; 5°. contre les auteurs ou complices de bruit ou tapages injurieux ou nocturnes.

481. Seront, de plus, saisis et confisqués, 1°. les faux poids, les fausses mesures, ainsi que les poids et les mesures différens de ceux que la loi a établis : 2°. les instrumens, ustensiles et costumes servant ou destinés à l'exercice du métier de devin, pronostiqueur ou interprète de songes.

482. La peine d'emprisonnement pendant cinq jours aura toujours lieu, pour récidive, contre les personnes et dans les cas mentionnés en l'article 479.

Dispositions communes aux trois sections ci-dessus.

483. Il y a récidive dans tous les cas prévus par le présent Livre, lorsqu'il a été rendu contre le contrevenant, dans les douze mois précédens, un premier jugement pour contravention de police, commise dans le ressort du même tribunal.

DISPOSITION GÉNÉRALE.

484. En tout ce qui n'a pas été réglé par le présent Code en matière de crimes, délits et contraventions, les cours et tribunaux continueront d'observer et de faire exécuter les dispositions des lois et des réglemens en vigueur.

Signé, NAPOLÉON.

Par l'Empereur

Le Ministre Secrétaire d'État,

Signé, H., B., DUC DE BASSANO.

Pour extrait conforme :

Le Secrétaire-général du Conseil d'État,

J. G. LOCRÉ.

TABLE
ALPHABÉTIQUE ET RAISONNÉE
DES MATIÈRES

CONTENUES DANS LE CODE DES DÉLITS ET DES PEINES.

Les chiffres renvoient aux articles.

A.

procuré des armes à des bandes illégalement formées, 96. Ce qu'on entend par le mot *arme*, 101. Distinction des couteaux et ciseaux de poches et cannes simples, *ibid.* Peines pour fournitures d'armes destinées à favoriser l'évasion des détenus ou les crimes des malfaiteurs, 243 et 268; pour fabrication ou débit de stylets, tromblons ou autres armes prohibées par la loi ou par des réglements d'administration publique, 314; contre les porteurs de ces armes, *ibid.*; contre les voleurs munis d'armes apparentes ou cachées, 381, 382, 385. Amende contre qui auraient laissé dans les rues, chemins, places et lieux publics, des armes ou instruments dont les voleurs et les malfaiteurs pourraient abuser, 471. Confiscation de ces armes, 472. Peines contre ceux qui auraient occasionné la mort ou la blessure des bestiaux par l'usage d'armes sans précaution ou avec maladresse, 479.

Arrestation. Peine contre les individus qui, sans ordre légal, et hors les cas prévus où la loi ordonne de saisir des prévenus, auraient arrêté des personnes quelconques, 341. Diminution de la peine en cas de relaxation de l'individu arrêté, 343. Circonstances qui donnent lieu contre les coupables à la peine de mort, 344.

Arrêt. Condamnation du parricide, lue au peuple pendant que celui-ci est exposé sur l'échafaud, 13. Les arrêts portant peine de mort des travaux forcés, de la déportation, du carcan, du bannissement ou de la dégradation civique, sont imprimés par extrait, 36. Communes dans lesquelles ils sont affichés *ibid.*

B

provocation

est demeuré mutilé ou estropié, est puni des peines applicables aux blessures volontaires, 351.

Bois Voy. *Champs*, *Incendies*, *Terrain.*

Boissons falsifiées Peines pour vente ou débit de ces boissons contenant des mixtions nuisibles à la santé, 318 et 476. Contre les voituriers, bateliers et autres qui ont altéré celles dont le transport leur étoit confié, 387. Peine, dans le cas de mélange de substances malfaisantes, *ibid.* Emprisonnement encouru par les vendeurs et débitants de boissons falsifiées, 475. Ces boissons sont confisquées et répandues, 477. Voy. *Commerce.*

Bornes. Peine pour vols accompagnés d'enlèvement ou de déplacement de bornes séparant les propriétés, 389. Voy. *Limites.*

Boulet. Les individus condamnés aux travaux forcés en traînent un à leurs pieds, 15.

Boutiques. Peines contre ceux qui auraient empêché d'ouvrir ou de fermer pendant certains jours les ateliers, boutiques ou magasins, et de faire quitter les travaux, 260.

Breuvages. Voy. *Avortement*, *Boissons falsifiées.*

Brigandage. Voy. *Etat*, *Secours.*

Bris de Prison (peines contre les coupables de), 241 et 243; et contre les détenus qui se seraient évadés par ces moyens, 245.

Bris de Scellés, Voy. *Scellés.*

Bruits nocturnes (amende contre les auteurs ou complices de) ou tapages injurieux troublant la tranquillité des habitans, 479. Circonstances qui peuvent donner lieu à leur emprisonnement, 480.

Bulletin, Voy. *Ecrits.*

C.

noncer la confiscation générale concurremment avec une peine afflictive, 7. La confiscation spéciale du corps du délit, des choses produites par le délit, ou de celles qui ont servi à le commettre, est une peine commune aux matières criminelle et correctionnelle, 11. En quoi consiste la confiscation générale, 37. Elle n'a lieu que dans le cas où la loi la prononce expressément, *ibid.* Charges dont la confiscation générale est grevée, 38. Personnes en faveur desquelles l'Empereur peut disposer des biens confisqués, 39 Les biens de tout Français qui a porté les armes contre la France sont confisqués, 75. Pareille confiscation pour intelligences avec les puissances étrangères et ennemies de l'État, 76 et 77. Confiscation de biens pour crime de lèse-majesté, 86; pour complot contre les membres de la famille impériale ou contre le Gouvernement, 87; pour crime tendant à troubler l'Etat par la guerre civile, 91 et suiv.; pour crime de fausse monnaie, 132; pour contrefaçon des sceaux de l'État, des billets de banque et des effets publics, 139. Confiscation des denrées appartenant à un Commerce interdit aux fonctionnaires publics, 176. Les exemplaires d'écrits imprimés et distribués sans nom d'auteur ni d'imprimeur, sont confisqués en cas de saisie 286. Il en est de même des images et gravures obscènes, 287; des armes prohibées, 314; des boissons falsifiées, 318; de l'argent reçu par un faux témoin, 364; des fonds ou effets qui seraient trouvés exposés aux jeux de hasard mis à des loteries non autorisées, et des meubles garnissant les maisons, 410; des marchandises à l'égard desquelles on a

ennemis de l'Etat, 77 et suiv.; pour concerter des mesures contraires à l'autorité, 123. Voy. *Ministres des cultes.*

Corruption. Peines qui se prononcent contre des individus convaincus d'avoir soustrait, par corruption, fraude ou violence, des plans de fortification etc., et de les avoir livrés à l'ennemi, 82; contre tout fonctionnaire public, tout agent ou préposé d'une administration publique qui aurait agréé des offres ou promesses, ou reçu des dons ou présents pour faire un acte de sa fonction non sujet à salaire, ou s'être abstenu d'en faire un qui entrait dans l'ordre de ses devoirs, 177 et 178. Celui qui aurait contraint, séduit, corrompu, ou tenté de contraindre ou corrompre un fonctionnaire ou préposé d'une administration publique, est puni des mêmes peines, 179. Cas où la peine de ces tentatives est moindre, *ibid.* Confiscation des choses livrées au profit des hospices des lieux, 180. Peine contre le juge prononçant en matière criminelle ou le juré qui se serait laissé séduire, 181 et 182. Voy. *Mœurs.*

Costume (Peines contre toute personne qui aurait publiquement porté un uniforme ou une décoration qui ne lui appartenait pas, 259. Peine pour arrestation illégale faite sous un faux costume 344. Pour vol commis sous l'uniforme ou le costume d'un fonctionnaire public ou d'un officier civil ou militaire, 381 et 384.

Coupables déclarés excusables. Voy. *Excuses.*

Coups. Voy. *Blessures.*

Couteaux. Voy. *Armes.*

Coutres de charrue. Voy. *Instruments.*

Crieurs (Réduction des peines encourues par les) afficheurs, vendeurs, distributeurs d'écrits, publiés sans nom d'auteur et d'imprimeur,

consiste, 17. A quoi est condamné, et sur la seule preuve d'identité, le déporté qui rentre sur le territoire de l'Empire, *ibid.*; et celui que l'on saisit dans les pays occupés par les armées françaises, *ibid.* Le Gouvernement peut accorder aux déportés, dans le lieu de la déportation, l'exercice des droits civils, 18. Celui qui, ayant été condamné pour crime, en a commis un second emportant la peine de la déportation, doit être condamné à mort, 56. L'accusé ayant moins de vingt ans qui, agissant avec discernement, a encouru la peine de la déportation, ne doit être condamné qu'à celle de dix à vingt ans d'emprisonnement dans une maison de correction, 67. Peine de la déportation contre ceux qui, par des actions hostiles, auraient occasionné une guerre, 85; contre les personnes faisant partie de bandes armées qui auraient été saisies sur les lieux de réunion, 98; contre les membres d'autorités civiles ou militaires qui auraient provoqué des mesures propres à empêcher l'exécution des lois ou des ordres du Gouvernement, 124; contre les fonctionnaires qui auraient requis ou ordonné l'emploi de la force publique pour empêcher l'exécution d'une loi, etc., lorsque la réquisition ou l'ordre ont été suivis de leur effet, 189; contre les ministres des cultes qui, pour la troisième fois, auraient procédé aux cérémonies d'un mariage sans justification de l'acte préalablement reçu par les officiers de l'état civil, 198; contre celui qui, dans un écrit pastoral, aurait provoqué la désobéissance aux lois ou autres actes de l'autorité publique, 205 et 206. Les étrangers déclarés

par les huissiers, les commandants en chef ou en sous-ordre, soit de la gendarmerie, soit de la force armée servant d'escorte ou garnissant les postes, les concierges, gardiens, geoliers, et tous autres préposés à la conduite, au transport ou à la garde des détenus, 237.

Dettes. La confiscation générale des biens d'un condamné est grevée de toutes les dettes légitimes jusqu'à concurrence de la valeur de ses biens, 38.

Dévastation Peine contre les complots ayant pour but de porter la dévastation, le massacre et le pillage dans une ou plusieurs communes, 91.

Devin. Voy. *Songes.*

Digues (destruction de). Voy. *Destruction.*

Dimanches. Voy. *Condamnation.*

Discernement (ce qui est prononcé à l'égard d'individus âgés de moins de seize ans, qui ont commis des crimes ou délits avec ou sans), 66 et 67.

Discours. Sont punis comme coupables de rebellion ceux qui l'ont provoquée par des discours tenus dans des réunions ou lieux publics, par des placards affichés ou par des écrits imprimés, 217.

Discours pastoral. Voy. *Censure de l'autorité publique.*

Distributeurs. Voy. *Crieurs.*

Domestique (peine pour vols commis par un), ou un homme de service à gages, 385.

Domicile. Peines contre tout juge, tout procureur général ou impérial, tout substitut, ou tout autre officier de justice ou de police qui se serait introduit dans le domicile d'un citoyen hors les cas prévus et sans les formalités prescrites, 184.

Dommages. Amende contre ceux qui auraient volontairement causé du dommage aux propriétés mobilières d'autrui, 479. Voy. *Destruction.*

Dommages-intérêts. Les sommes provenant des paiemens faits par les cautions d'un individu condamné pour crimes ou délits, sont affectées de préférence aux dommages-intérêts envers les parties lésées, 46. Mode de demande et de règlement des dommages-intérêts prononcés à raison d'attentat contre la liberté, 117. Dommages-intérêts dont sont tenus les fonctionnaires publics qui n'auraient pas constaté des détentions illégales et arbitraires, et ne les auraient pas dénoncées aux autorités supérieures, 119; dans le cas d'abus de confiance, 406; lorsque le service des armées a manqué par la négligence des fournisseurs, ou a été compromis par fraude sur la qualité des choses fournies, 430 et 433.

Dons (ceux qui, par), promesses, menaces, abus d'autorité ou de pouvoir, machinations ou artifices coupables, ont provoqué à un crime ou délit, sont réputés complices, 60. Voy. *Corruption.*

Droits. Voy. *Interdiction.*

Droits civils. Ceux dont sont privés les individus condamnés aux travaux forcés à temps, au bannissement, à la réclusion, au carcan ou à la dégradation civique, 28 et 34. Les tribunaux peuvent, dans certains cas, interdire temporairement l'exercice des droits civils, 42 et 43. Voy. *Déportation.*

Droits civiques. On peut prononcer l'interdiction temporaire de l'exercice du droit de vote, d'élection et d'éligibilité, 42. Crimes

E.

par des voies ou moyens frauduleux, auraient opéré la hausse ou la baisse des effets publics, 419. Les paris qui auraient eté faits sur cette hausse ou baisse sont punis des mêmes peines, 421. Quelle convention est réputée pari de ce genre, 422.

Effraction (ce qui est qualifié), 392. Division des effractions en extérieures ou intérieures, 393 à 396. Voy. *Escalade.*

Election. Voy. *Vote.*

Eligibilité (cas dans lesquels les tribunaux peuvent interdire pour un temps l'exercice du droit d'), 42 et 43. Interdiction temporaire du droit d'éligibilité contre ceux qui auraient empêché l'exercice des droits civiques, 109.

Empereur (attentat contre l'). Voy. *Attentat, Lèse-majesté.*

Empiètemens (peines auxquelles donnent lieu les) des autorités administratives et judiciaires, 127 et suiv.

Emplois publics (les fonctionnaires qui concertent entre eux des mesures non autorisées par les lois encourent la peine d'une interdiction temporaire de tous), 123. Voy. *Administration, Fonctions publiques.*

Empoisonnement. Quel attentat est ainsi qualifié, 301. De quelle peine ce crime est puni, 302. Peines contre quiconque aurait empoisonné des chevaux ou autres bêtes de voiture, de monture ou de charge, des bestiaux à cornes, des moutons, chèvres ou porcs, ou des poissons dans les étangs, viviers et reservoirs, 452.

Emprisonnements (l') à temps dans un lieu de correction est une des peines qui se prononcent en matière correctionnelle, 9. Maison dans laquelle sont renfermés ceux qui ont été condamnés à la peine d'emprison-

quels cette peine est toujours prononcée pour récidive, 483. Voy. *Age*, *Amendes*, *Excuses*.

Enchères (peines pour entraves apportées à la liberté des) ou des soumissions, 412.

Enclos. Quelle espèce de clôture constitue un terrain réputé parc ou enclos, 391. Les parcs mobiles destinés à contenir du bétail dans la campagne sont aussi réputés enclos, 392. lorsqu'ils tiennent aux cabanes mobiles des gardiens, ils sont réputés dépendants de la maison habitée, *ibid.*

Enfant (peines contre les coupables d'enlèvement de recélé ou de suppression d'un), de substitution d'un enfant à un autre ou de supposition d'un enfant à une femme qui ne serait pas accouchée, 345; contre ceux qui, étant chargés d'un enfant, ne le représenteraient pas aux personnes ayant droit de le réclamer, *ibid.*; contre toute personne qui, ayant trouvé un enfant nouveau-né, ne l'aurait pas remis à l'officier de l'état civil, à moins qu'elle n'ait déclaré consentir à se charger de cet enfant, 347; contre ceux qui auraient porté à un hospice un enfant au-dessous de l'âge de sept ans à eux confié, 348. Exception, *ibid.* Peines contre ceux qui l'auraient exposé et délaissé, 349 et suiv.

Enfans naturels. Voy. *Pères et Mères*.

Engagement. Voy. *Enrôlement*.

Enlèvement d'enfants. Voy. *Enfants et Mineurs*.

Enlèvement de procédures criminelles. Voy. *Scellés*.

Ennemi (intelligences avec l') Voy. *Intelligences*.

Enrôlement. Peine de mort, avec confiscation de biens, pour engagement ou enrôlement de soldats sans ordre du pouvoir légitime, 92.

Entreprises et fournitures. Voy. *Fournisseurs*.

leurs fournissent logement, lieu de retraite ou de réunion, sont punis comme leurs complices, 61. Crimes contre la sûreté extérieure de l'Etat, 86 et suiv. Crimes tendant à troubler l'Etat par la guerre civile, l'illégal emploi, la dévastation et le pillage public, 91 et suiv. Dispositions relatives à la révélation ou non révélation des crimes qui compromettent la sûreté intérieure ou extérieure de l'Etat, 103 et suiv. Voy *Intelligences.*

Etat civil (peines pour contraventions propres à compromettre l') des personnes, 199 et suiv. Crimes et délits tendant à empêcher ou détruire la preuve de l'état civil d'un enfant, 343. Voy *Actes de l'état civil.*

Etrangers. Voy. *Transportation.*

Evasions des détenus. Peines encourues par les individus non chargés de la garde ou conduite des détenus, qui auraient procuré ou facilité leur évasion, 237, 238 et suiv. Voy. *Détenus.*

Excavation Voy. *Voie publique.*

Excuses. Seuls cas dans lesquels les crimes ou délits peuvent être excusés, 65. Emprisonnement auquel doivent être condamnés les individus déclarés coupables de crimes ou délits, mais excusables, 69. Celui qui, ayant eu connaissance de crimes ou complots contre la sûreté de l'Etat, ne les a point révelés, n'est pas admis à excuses, 106. Exceptions, 107. Amendes et emprisonnement pour excuses de témoins et de jurés reconnues fausses, 236. Réduction de peine pour crimes et délits à l'égard des quels l'auteur a été reconnu excusable, 326. Voy. *Blessures*, *Castration*, *Meurtre*, *Parricide* et *Surveillance*

Exécuteur de jugements (violences entre les) Voy *Violences.*

F.

Faillite. Voy *Banqueroute.*

Falsification Voy. *Contrefaçon.*

Famille impériale (attentat contre la) Voy. *Attentat.*

Farines. (commerce de) Voy. *Farines.*

Faussaire (tout) condamné à la réclusion ou aux travaux forcés à temps subit préalablement la peine de la marque, 165. Celui qui a abusé d'un blanc-seing qu'on ne lui avait pas confié, est poursuivi comme faussaire, 407.

Fausse monnaie. Peine de mort avec confiscation de biens pour contrefaçon ou altération des monnaies d'or ou d'argent, et émission ou exposition des monnaies contrefaites, 132. Peine pour contrefaçon, etc., des monnaies de billon ou de cuivre, 133. Peine pour contrefaçon des monnaies étrangères, 134. Amendes pour avoir fait usage des pièces fausses après en avoir reconnu les vices, 135. Peines pour non révélation d'une fabrique ou d'un dépôt de monnaies contrefaites, 136. Exceptions, 137. Exemption des peines envers les coupables qui, avant la consommation des crimes, en auraient révélé les auteurs aux autorités constituées, 138. Surveillance à laquelle ils peuvent néanmoins être soumis, *ibid.* Voy. *Contrefaçon.*

Fausses clefs (peines contre les individus coupables de vols commis à l'aide de) dans une maison habitée, 381 et 384. Tous crochets, rossignols, passe-partouts, clefs imitées, contrefaites ou qui n'ont pas été destinés aux serrures, cadenas et fermetures auxquels le coupable les emploie, sont qualifiés fausses clefs, 398. Peine de quiconque a contrefait ou altéré des clefs, 399.

Fausses signatures. Voy. *Faux.*

168. La forfaiture est encourue par tout juge ou administrateur qui se serait décidé par faveur ou par inimitié contre une partie, 181 et 183.

Forteresses. Voy. *Bandes armées*, *Places.*

Fortifications Voy. *Plans*..

Fossés. Peines contre quiconque en aurait comblé, 456.

Fournisseurs. Peines contre tous individus qui, chargés de fournitures pour le compte des armées de terre ou de mer, auraient, par leur faute personnelle, fait manquer le service, 430. Peines plus forte en cas d'intelligence avec l'ennemi, *ibid.* Cas dans lequel les agens des fournisseurs encourent la même peine, 431. Peines encourues quand le service n'aurait été que retardé, s'il y a eu négligence ou fraude sur la nature ou la qualité des choses fournies, 433. La poursuite des fournisseurs ne peut être faite que sur la dénonciation du Gouvernement, *ibid.*

Fourrages. Voy. *Grains.*

Fours (ceux qui ont négligé d'entretenir, réparer ou nettoyer les), cheminées ou usines où l'on fait usage du feu, sont punis d'une amende depuis un franc jusqu'à cinq, 471. Voy *Incendie.*

Fous. Amende contre ceux qui en auraient laissé divaguer, 475; contre ceux qui auraient occasionné la mort ou la blessure d'animaux ou de bestiaux par l'effet de la divagation des fous ou furieux, 479. Emprisonnement, suivant les circonstances, 480.

Frais. Les sommes provenant des paiements faits par les cautions d'un individu condamné pour crimes ou délits, sont affectées de préférence aux frais adjugés aux parties lésées, 46. Durée de l'emprisonnement, pour acquit de frais prononcés au profit de l'État, après laquelle le condamné insolvable peut obtenir sa liberté provisoire, 53.

Fraude. Voy. *Corruption*, *Marchandises.*

Frères et sœurs, receleurs de criminels. Voy. *Recèlement.*

Furieux. Amende contre ceux qui en auraient laissé divaguer, 475. Voy. *Fous.*

G.

Gages. Voy. *Maisons de prêt.*

Gardes champêtres. (délit de police correctionnelle qui donnent lieu à une peine plus grave lorsqu'ils ont été commis par des) ou forestiers, ou par des officiers de police, 434 à 462.

Gardes forestiers. Voy. *Gardes champêtres.*

Gardiens de prisons. Voy. *Concierges*, *Détenus.*

Gardiens de scellés. Voy. *Scellés.*

Gendarmerie. Voy. *Détenus*

Gens sans aveu. Voy. *Vagabondage.*

Geoliers Voy. *Détenus.*

Gestes (menaces et outrages par) Voy. *Outrages.*

Glanage. Amende contre ceux qui auraient glané, râtelé ou grapillé dans les champs non encore entiérement dépouillés et vidés de leurs récoltes, ou avant le moment du lever ou après celui du coucher du soleil, 471. Peine d'emprisonnement pour les mêmes contraventions, 473.

Gouvernement (délits qui donnent lieu de mettre les auteurs à la disposition du), après avoir subi leur peine, 271 et 282.

Grains (peines pour avoir coupé des) ou des fourrages

fourrages appartenant à autrui, 449. Peine plus forte quand le crime a été commis en haine d'un fonctionnaire public et à raison de ses fonctions, ou pendant la nuit. Voy. *Commerce.*

Grapillage. Voy. *Glanage.*

Gravures. Peine encourue pour exposition ou distribution de chansons, pamflets, figures ou images contraires aux bonnes mœurs, 287 et suiv. Confiscation des écrits et gravures contraires aux mœurs, lesquels sont mis sous le pilon, 477. Voy. *Contrefaçons, Crieurs.*

Greffes des arbres. Voy. *Arbres.*

Greffiers. Voy. *Scellés.*

Grossesse. Voy. *Femmes.*

Guerre. Peines contre ceux qui, par leurs manœuvres, auraient engagé des puissances étrangères à entreprendre la guerre contre la France, 76; contre ceux dont les actions hostiles, non approuvées par le gouvernement auraient exposé l'État à une déclaration de guerre, 84; contre les complots tendant à exciter la guerre civile, 91.

Guet-apens (peines encourues pour violences envers des magistrats, lorsqu'il y a eu), 232. En quoi consiste le guet-apens, 298. Voy. *Assassinat.*

H.

Haies (peines pour avoir coupé ou arraché des) vives ou sèches, 456.

Hausse et baisse des effets publics. Voy. *Effets publics.*

Haute police (surveillance de la). Voy. *Surveillance*

Héritages (limites des). Voy. *Limites.*

qui auraient laissé dans les champs des coutres de charrue, des pinces, des barres ou autres instruments dont pourraient abuser les voleurs et autres malfaiteurs, 471. Confiscation de ces instruments, 472. Voy. *Champs*.

Instruments de crime. Cas dans lequel ceux qui ont procuré des armes, des instruments ou tout autre moyen pour faciliter l'exécution d'un crime, sont réputés complices, 60. Peine pour avoir fourni des instruments de crime à des bandes armées, 96.

Intelligences. Peine encourue pour avoir pratiqué des machinations ou entretenu des intelligences avec les puissances étrangères à l'effet de les engager à commettre des hostilités contre la France, 76; pour avoir pratiqué des manœuvres avec les ennemis de l'Etat, à l'effet de leur faciliter l'entrée sur le territoire de l'Empire; de leur livrer des places, de leur fournir des secours, etc.; 77; contre ceux dont la correspondance, sans avoir eu un but criminel, a procuré aux ennemis des instructions nuisibles à la France ou à ses alliés, 78; pour les manœuvres commises envers les alliés de la France agissant contre l'ennemi commun, 79; pour avoir trahi le secret d'une négociation, d'une expédition, ou livrés des plans, de ports et fortifications, 80 et 81; si ces plans ont été livrés aux agents d'une puissance neutre ou alliée, *ibid.*; Peine pour intelligences pratiquées avec des bandes armées illégalement, 96. Peines encourues par les fournisseurs qui auraient fait manquer le service des armées, et par les fonctionnaires qui auraient aidé les coupables, en cas d'intelligence avec l'ennemi, 430 et 432.

Intercalation d'écriture. Voy. *Faux*.

Interdiction (l') à temps de certains droits civiques, civils ou de famille, est une des peines qui se prononcent en matière correctionnelle, 9. Celui qui a été condamné à la peine des travaux forcés à temps, ou à la réclusion, est, pendant la durée de la peine, en état d'interdiction légale, 29. Les tribunaux jugeant correctionnellement peuvent, dans certains cas, interdire temporairement, en tout ou en partie, l'exercice des droits civiques, civils et de famille, 42, 43 et 109. Interdiction temporaire de l'exercice des fonctions publiques pour déni de justice et suppression ou ouverture de lettres, 185 et 187. Pour exercice prolongé de ses fonctions de la part d'un fonctionnaire public révoqué, etc., 197. Interdiction de tutelle et curatelle pour les pères, mères et autres personnes chargées de la surveillance de jeunes gens dont ils ont favorisé la prostitution, 334. Droits dont les coupables de larcins et filouteries peuvent être interdits, 401. Pareille interdiction contre les coupables d'escroqueries, 405; contre les coupables d'abus de confiance, 406; contre les individus qui auraient établi ou tenu des maisons de jeu, 410. Voy. *Fonctionnaires publics.*

Introduction de contrefaçons. Voy. *Contrefaçons.*

J.

Jeu de hasard. Amende contre ceux qui auraient établi dans les rues, chemins, places et lieux publics, des jeux de loterie ou d'autres jeux de hasard, 477. Confiscation des tables, instruments et appareils de ces

tout fonctionnaire, agent ou préposé du Gouvernement qui aurait ordonné ou fait quelque acte arbitraire attentatoire à la liberté individuelle ou aux droits civiques des citoyens, 114.

Liberté provisoire. Durée de l'emprisonnement pour amendes et frais prononcés au profit de l'Etat, après laquelle le condamné insolvable peut l'obtenir, sauf à reprendre la contrainte par corps, s'il lui survient des moyens de solvabilité, 53.

Licenciement. Voy. *Commandement militaire.*

Limites. Peines pour déplacement ou suppression de bornes, pieds corniers, ou autres arbres plantés ou reconnus pour établir les limites entre différents héritages, 456.

Liqueur corrosive. Voy. *Fabriques.*

Liquides. Voy. *Boissons.*

Logeurs. Voy. *Aubergistes.*

Lois (peines contre les juges, les procureurs généraux, etc., qui auraient arrêté ou suspendu l'exécution des), ou délibéré sur leur publication ou exécution, 127. Exécution des dispositions des lois et des réglements en vigueur en tout ce qui n'a pas été réglé par le Code, 484.

Loteries (peines contre ceux qui auraient établi ou tenu des) non autorisées par la loi, et contre les administrateurs et agents de ces établissements, 410.

M.

Maires. Voy. *Aubergistes*, *Epizootie*, *Préfets*, *Registres.*

Maisons. Quels bâtiments sont réputés maisons habitées, 390. Peines contre ceux qui

soit excusable, 324. Lorsqu'un enfant délaissé est mort par suite de l'exposition, les coupables subissent la peine du meurtre, 351. Voy. *Assassinat.*

Mine. Peine contre tout individu qui aurait détruit par l'explosion d'une mine, des arsenaux, des vaisseaux, édifices, magasins ou autres propriétés de l'Etat, 95; contre ceux qui auraient détruit par l'effet d'une mine des bâtimens, maisons, édifices, navires ou bateaux, 433.

Mineur. Peine contre quiconque aurait, par fraude ou violence, enlevé ou fait enlever, entraîner, détourner ou déplacer des mineurs des lieux où ils étaient mis par ceux à l'autorité desquels ils étaient confiés, 354 et suiv. Seules poursuites qu'on puisse exercer contre le ravisseur qui aurait épousé la fille par lui enlevée, 357.

Ministère public. Voy. *Accusation*, *Autorité administrative*, *Conflit*, *Dégradation civique*, *Loi*, *Mandat*, *Pouvoir législatif*, *Préposés du Gouvernement*, *Revendication.*

Ministres (peine encourue par les) qui auraient ordonné ou fait des actes arbitraires, et qui, sur invitations légales, auraient refusé ou négligé de les faire réparer, 115. Ce que les ministres doivent faire lorsque la signature à eux imputée leur a été surprise, 116. punition des personnes qui auraient fait usage d'une fausse signature du nom d'un ministre, 118.

Ministres des cultes. Peines contre ceux qui procéderaient aux cérémonies religieuses d'un mariage sans justification d'un acte de mariage préalablement reçu par les officiers de l'état civil, 199 et 200; pour correspondance secrète avec des cours ou puissances étrangères sur des matières de religion, 207 et 208; pour viol, 333. Voy. *Cultes.*

Minutes (destruction de). Voy. *Destruction.*

Mœurs. Peines contre toute personne qui aurait commis un outrage à la pudeur, 330; contre quiconque se serait rendu coupable de viol ou de tout autre attentat à la pudeur, 331; contre ceux qui auraient attenté aux mœurs en favorisant la débauche et la corruption de la jeunesse au-dessous de l'âge de vingt ans, 334. Accroissement de peine lorsque la prostitution ou la corruption des jeunes gens a été facilitée par leurs pères, tuteurs et autres personnes chargées de leur surveillance, *ibid.* Interdiction temporaire de tutelle, curatelle et de toute participation aux conseils de famille pour les personnes ci-dessus désignées, 335. Privation particulière de droits et avantages accordés par le Code Nopoléon aux père et mère sur la personnes et les biens de l'enfant, *ibid.*

Monnaies. Amende contre ceux qui auraient refusé de recevoir les espèces ou monnaies nationales non fausses ni altérées, selon la valeur du cours, 475. Voy. *Fausse monnaie.*

Monuments (peines infligées pour destruction, mutilations ou dégradation de), statues et autres objets destinés à l'utilité ou à la décoration publique, 257.

Mort (peine de). Cette peine est tout-à-la-fois afflictive et infamante, art. 7. Tout condamné à mort doit avoir la tête tranchée, 12. Crimes qui, commis par récidive, entraînent la condamnation à la peine de mort, 56. L'accusé ayant moins de vingt ans, qui, agissant avec discernement, a encouru la peine de mort, est condamné à la peine de dix à vingt ans d'emprisonnement dans une maison de correction, 67. La peine de mort se prononce contre les recéleurs d'espions, 83 ; contre les coupables d'attentat ayant pour but de changer la forme du Gouvernement, 87 ; ou de troubler l'Etat par la guerre civile, le pillage public, etc., 91 et 125 ; contre les fabricateurs de fausse monnaie, 132 ; contre les contrefacteurs des sceaux de l'Etat, des billets de banque, des effets publics, 139. Cas dans lesquels les violences commises envers les dépositaires de l'autorité donnent lieu à la peine de mort, 231 et 233. L'assassinat, le parricide, l'infanticide, l'empoisonnement, le meurtre, sont punis de mort, 302 et 304. Cas dans lequel le crime de castration est puni de mort, 316. Circonstances dans lesquelles la peine de mort a lieu contre les coupables de subornation de témoins, 365. Cas dans lesquels les coupables de vols sont punis de mort, 381. Destructions pour lesquelles la même peine est encourue, 434, 435 et 439.

Mort civile, (condamnation à la). Voy. *Mort civile*.

Moules (contrefaçon de) Voy. *Contrefaçon*.

Moulins. Voy. *Inondations*, *Usines*.

Moutons (empoisonnement de). Voy. *Empoisonnement*.

Municipalités. Déclaration à faire devant la municipalité par celui qui consent à se charger d'un enfant trouvé, 347.

Munitions. Peine contre ceux qui auraient fourni ou procuré des armes ou munitions aux soldats par eux enrolés, sans autorisation du

pouvoir légitime, 94 ; ou à des bandes armées illégalement, 96.
Mur (escalade d'un). Voy. *Escalade.*
Musique (contrefaçon de). Voy. *Contrefaçon.*
Mutilation de monuments. Voy. *Monuments.*

N.

Nantissement (maisons de prêt sur). Voy. *Maisons de prêt.*
Naufrage (refus de secours dans un). Voy. *Secours.*
Navire. Voy. *Incendie*, *Mine.*
Négligence. Peines auxquelles l'évasion des détenus donne lieu contre ceux à la négligence de qui elle peut être imputée, 237 et suiv. Cessation de l'emprisonnement contre les conducteurs ou gardiens lorsque les évadés sont repris dans un délai de quatre mois, 246.
Nom. Peine pour arrestation illégale faite sous un faux nom, 344. Voy. *Aubergistes.*
Nuit. Peines pour vols commis la nuit avec violences, effractions, etc., 322, 381, 385 et 386.

O.

Officier de l'état civil. Peines par eux encourues pour divers délits relatifs à leurs fonctions, 192 et suiv. ; plus forte peine qui se prononce en cas de collusion, 195. Voy. *Inhumation*, *Mariage.*
Officiers de police. Les concierges des prisons sont tenus de leur représenter les détenus, 120. Cas dans lesquels ces officiers sont coupables de forfaiture, 121. Voy. *Accusation*, *Aubergistes*, *Dégradation civique*, *Domicile*,

tures sont punies comme réunions de rebelles, 219. Peine pour vol commis par un ouvrier, compagnon ou apprenti dans la maison d'atelier ou le magasin de son maître, 386. Voy. *Coalition*, *Fabrique*.

P.

Paix publique. Crimes et délits contre la paix publique, 132 et suiv.
Pamflets. Voy. *Gravures.*
Papiers. Voy. *Scellés.*
Papiers publics. Voy *Effets publics. Journaux.*
Parc. Voy. *Champs*, *Enclos.*
Pari. Voy. *Effets publics.*
Paroles. Voy. *Outrages.*
Parricide. Comment le coupable condamné à mort pour parricide doit être conduit sur le lieu de l'exécution, 13. Son exposition sur l'échafaud pendant la lecture de l'arrêt de condamnation, *ibid.* On lui coupe le poing droit avant l'exécution, *ibid.* Personnes dont le meurtre est qualifié de parricide, 299. De quelle peine est puni le parricide, 302. Le parricide n'est jamais excusable, 323. Voy. *Lèse-Majesté*, *Meurtre.*
Passage. Voy. *Rues.*
Passe-partout. Voy. *Fausses Clefs.*
Passe-ports. Les peines établies contre les porteurs de faux passe-ports sont portées au *maximum* à l'égard des vagabonds et des mendians, 280.
Peine de mort. Voy. *Mort.*
Peines. Les contraventions, les délits ou les crimes ne peuvent être punis de peines que la loi n'avait pas prononcées avant qu'ils fussent commis, 4. Des peines et de leurs ef-

nes contre ceux qui, en jetant des pierres ou d'autres corps durs, auraient occasionné la mort ou la blessure d'animaux ou de bestiaux. Voy. *Champs.*

Pillage. Voy. *Bandes armées*, *Dévastation*, *Réunion armée et séditieuse*, *Secours*, *Vols.*

Placards. Voy. *Discours.*

Places de guerre. Peine encourue pour des intelligences et manœuvres tendant à livrer aux ennemis des villes, forteresses, places, postes, ports, magasins, arsenaux, vaisseaux ou bâtiments appartenant à la France, 77. Voy. *Armes*, *Bandes armées*; *Commandement militaire.*

Place publique C'est sur la place publique que les individus condamnés au carcan y sont attachés, 22. Les arrêts de condamnation indiquent celles des places publiques sur lesquelles l'exécution doit avoir lieu, 16. Voy. *Voie publique.*

Planche Voy. *Contrefaçon.*

Plans Peine contre ceux qui auraient livré aux ennemis des plans de fortifications, arsenaux, ports ou rades, 81 et 82.

Plants. Voy. *Recoltes.*

Poids Voy. *Mesures.*

Poinçons. Peines contre les contrefacteurs ou falsificateurs de poinçons servant à marquer les matières d'or ou d'argent, ou contre ceux qui auront fait usage de poinçons falsifiés, 140, 141, 142 et 143.

Poing. Les coupables condamnés à mort pour parricide ont le poing droit coupé avant l'exécution, 13.

Poissons. Voy. *Champs*, *Empoisonnement.*

Police (haute) Voy. *Surveillance.*

Ponts. Voy. *Destruction.*

R.

choses enlevées, détournées ou obtenues à l'aide d'un crime ou d'un délit, sont punis comme complices, 62. Seuls cas dans lesquels puisse leur être appliquée la peine de mort, des travaux forcés à perpétuité ou de la déportation, 63. Peine de mort contre ceux qui auraient recélé les espions ou soldats ennemis envoyés à la découverte, 83.

Récidive (peines de la), pour crimes ou délits. Cas dans lesquels il y a récidive pour contravention de police, 474. Peine d'emprisonnement pour le cas de recidive de diverses contraventions de police, 478. Délai fixé pour constater la récidive, 483. Voy. *Emprisonnement*.

Réclamation légale contre une détention, 119.

Réclamation. Voy. *Vagabondage*.

Réclusion Cette peine est afflictive et infamante, 7. Maison de force dans laquelle sont renfermés les individus condamnés à la réclusion, et travaux auxquels ils y sont employés, 21. Durée de la peine de réclusion, *ibid*. De quel jour se compte la durée de la réclusion, 23. Impression des arrêts qui prononcent cette peine, 36. Les coupables condamnés à la réclusion sont pendant toute leur vie sous la surveillance de la haute police, 47. Celui qui, ayant été condamné pour un crime, en a commis un second emportant la peine de la réclusion, doit être condamné aux travaux forcés à temps et à la marque, 56. Temps pendant lequel doit être renfermé dans une maison de correction l'individu ayant moins de seize ans, qui, agissant avec discernement, a encouru la peine de la réclusion, 67. La peine de la réclusion doit remplacer celle des travaux forcés et de la déportation

causé un homicide involontaire, 319 Voy. *Loi.*
Réparation. Cas dans lesquels les outrages envers les dépositaires de l'autorité et de la force publique donnent lieu à une réparation, 226 et 227.
Réparations civiles, Celles qui peuvent être dues par les dépositaires de la force publique pour avoir refusé de la faire agir sur la réquisition de l'autorité civile, 234. Soustractions qui ne peuvent donner lieu qu'à des réparations civiles, 380.
Représailles. Peines du bannissement contre ceux qui, par des actes non approuvés par le Gouvernement, auraient exposé des Français à éprouver des représailles, 85.
Réquisition. Voy. *Détention arbitraire*, *Force publique*, *Réparations civiles.*
Réservoirs. Voy. *Champs*, *Empoisonnement*
Responsabilité civile. Celles des logeurs et aubergistes, 73. Dispositions du Code Napoléon auxquelles les cours et tribunaux doivent se conformer dans les autres cas de responsabilité civile qui peuvent se présenter dans les affaires criminelles, correctionnelles et de police, 74.
Restitution. Les sommes provenant des paiements faits par les cautions d'un individu condamné pour crimes ou délits, sont affectées de préférence aux restitutions des parties lésées, 46. En cas de concurrence de l'amende ou de la confiscation avec les restitutions et les dommages-intérêts sur les biens insuffisants du condamné, ces dernières condamnations obtiennent la préférence, 54. Restitutions et indemnités qui sont ordonnées dans le cas de soustractions commises par des

dépositaires publics, 172; pour abus de confiance, 406. Celui qui a trompé l'acheteur sur le titre, la qualite ou le poids des marchandises, est tenu, outre les restitutions et dommages-intérêts, d'une amende qui peut monter au quart de ces restitutions, 423. Autres cas de restitution et de dommages-intérêts sur lesquels l'amende est réglée 437, 439, 443, 455, et 457. En cas d'insuffisance des biens d'un individu condamné pour contraventions de police, les restitutions, et les indemnités dues à la partie lésée sont préférées à l'amende, 468. Les restitutions, le paiement des indemnités et des frais, et généralement toutes les condamnations prononcées pour contraventions de police, entraînent la contrainte par corps, 469. Lorsque ces condamnations sont prononcées au profit de l'État, les condamnés peuvent, après quinze jours d'emprisonnement, obtenir leur liberté, *ibid.*

Réunion armée et séditieuse. Dans quels cas est ainsi qualifiée une réunion d'individus pour un crime ou un délit, 213. Comment sont punies les personnes munies d'armes cachées, qui auraient fait partie d'une troupe ou réunion non réputée armée, 214. Cas dans lesquels les blessures et les coups sont imputables aux chefs, auteurs, instigateurs et provocateurs des réunions séditieuses où il y a eu rebellion ou pillage, 313.

Réunions illicites Voy. *Sociétés.*

Réunions littéraires. Voy. *Sociétés.*

Réunions publiques (provocation au pillage dans des), 102.

Révélation. Dispositions relatives à la révélation ou non-révélation de crimes contre la sûreté

S.

Sûreté publique. Voy. *Etat.*

Surprise. Dénonciation à faire par les ministres qui prétendent que la signature d'actes arbitraires leur a été surprise, 116.

Surveillance de la haute police (le renvoi sous la) est une peine commune aux matières criminelles et correctionnelles, 11. Cautionnement de bonne conduite que la haute police de l'Etat a droit d'exiger de l'individu placé sous sa surveillance, s'il est en âge de minorité, 44. Le même droit appartient à la partie intéressée, *ibid.* Ce qui résulte du défaut de cautionnement, *ibid.* et 45. Coupables que la nature de leur condamnation place pour toute leur vie sous la surveillance de la haute police de l'Etat, 47 à 50. les coupables condamnés correctionnellement à un emprisonnement de plus d'un année, qui commettent un nouveau délit, doivent, outre les peines par eux encourues, être mis sous la surveillance spéciale du Gouvernement pendant cinq à dix années, 56. Nombre d'années pendant lesquelles on peut mettre sous la surveillance de la haute police les individus ayant moins de seize ans qui ont encouru des peines afflictives et infamantes, 67. Les individus déclarés coupables, mais excusables, peuvent être mis pendant cinq à dix ans sous la surveillance de la haute police, 69. Ceux qui, ayant fait partie de bandes armées, s'en seraient retirés au premier avertissement des autorités civiles ou militaires, n'encourent aucune peine; mais ils peuvent être renvoyés sous la surveillance spéciale de la haute police, 100. Pareille surveillance à l'égard des époux, des ascendants ou descendants, etc., qui n'auraient point revélé un complot contre la sûreté de l'Etat, 107; et à l'égard des coupables qui, avant l'exécution de ces complots, en auraient donné connaissance et auraient procuré l'arrestation des auteurs, 108. Surveillance des individus qui, coupables de crimes relatifs à la fausse monnaie, auraient fait des révélations aux autorités constituées, 138. Les chefs de rebellion peuvent, après l'expiration de leurs peines, rester sous la surveillance spéciale de la haute police, 221. Il en est de même d'individus convaincus d'avoir favorisé l'évasion de détenus, 246 et de ceux qui ont été condamnés pour menaces d'attentat contre les personnes, 308; pour blessures et coups volontaires dans des réunions séditieuses, et pour fabrique, débit ou port d'arme prohibés, 313 à 315; pour crimes et délits déclarés excusables, 326; pour arrestations illégales et séquestration de personnes, 343; pour larcins et filouteries, 401; pour violation des réglements relatifs aux manufactures, au commerce et aux arts, 416, 419 et 420; pour destruction, dégradation, et dommages de différentes sortes, 444 et 452

Suspension. Voy. *Fonctionnaires publics, Injonction.*

T.

Tapage noturne. Voy. *Bruits nocturnes.*

Témoin. Celui qui a été condamné à la peine des travaux forcés à temps, au bannissement, à la réclusion ou au carcan, ne peut être employé comme témoin dans les actes, ni déposer en justice, autrement que pour y donner de simples renseignemens, 28. Les tribunaux jugeant correctionnellement peuvent interdire pour un temps l'exercice du même droit, 42 et 43. Voy. *Excuses*, *Faux témoignage*, *Subornation*.

Tentative. Voy. *Crimes*, *Délit*.

Terrains. Amende pour avoir passé sur le terrain d'autrui préparé ou ensemencé, 471; et contre ceux qui y auraient laissé passer leurs bestiaux ou leurs bêtes de traits, de charge ou de monture avant l'enlèvement de la récolte, *ibid.*; pour être entré sur le terrain d'autrui lorsqu'il etait chargé de grains en tuyau, de raisins ou autres fruits mûrs ou voisins de la maturité, 475. Pareille peine contre ceux qui auraient fait passer des bestiaux ou animaux de trait ou de monture sur des terrains ensemencés ou chargés d'une récolte, ou dans un bois taillis, *ibid.*

Théâtres. Peines contre tout directeur, tout entrepreneur de spectacles, toute association d'artistes qui aurait fait représenter sur son théâtre des ouvrages dramatiques, au mépris des lois relatives à la propriété des auteurs, 428.

Timbres nationaux. Peines des travaux forcés à temps pour contrefaçon, falsification et usage de timbres nationaux, 140, 141, 142 et 143.

Timbres particuliers. Voy. *Sceaux particuliers*.

Titres. Peines contre celui qui se serait faussement attribué des titres impériaux, 259; contre celui qui aurait commis un vol en prenant le titre d'un fonctionnaire public, ou d'un officier civil et militaire, 381. Voy. *Destruction*, *Extorsion*.

Tombeaux Voy. *Sépultures*.

Tortures exercées par des malfaiteurs. Voy. *Assassinat*.

nés à la peine d'emprisonuement ont le choix de l'un des travaux établis dans la maison de correction où ils sont renfermés, 40. Les coupables condamnés aux travaux forcés à temps sont pendant toute leur vie sous la surveillance de la haute police de l'Etat, 47. Celui qui ayant été condamné pour crime, en a commis un second emportant la peine des travaux forcés à temps, doit être condamné à celle des travaux forcés à perpétuité, 56. Si le second crime entraîne cette dernière peine, il y a lieu à la condamnation à mort, *ibid.* L'accusé ayant moins de seize ans, qui, agissant avec discernement, a encouru la peine des travaux forcés à perpétuité, est condamné à la peine de dix à vingt ans d'emprisonnement dans une maison de correction, 67. Durée de cette détention lorsqu'il n'avait encouru que la peine des travaux forcés à temps, *ibid.* Peine des travaux forcés à temps contre les individus qui auraient fourni de logements ou lieux de retraite à des bandes illégalement armées, 99; contre les auteurs de faux pour actes contraires aux constitutions, 118. Peine des travaux forcés à perpétuité pour contrefaçon ou altération des monnaies françaises de billon ou de cuivre, 133; et des travaux forcés à temps pour contrefaçon ou altération des monnaies étrangères, 134; pour contrefaçon ou falsification de timbres, marteaux ou poinçons de l'Etat, 140. Peine des travaux forcés à perpétuité pour faux commis par des fonctionnaires publics, 145; des travaux forcés à temps pour faux commis par d'autres personnes, en écriture authentique et publique, ou en écriture de commerce ou de banque, 146 et 147. Cas dans lesquels la peine des

remise d'un écrit ou d'une pièce quelconque, contenant obligation ou opérant décharge, 400 ; contre les banqueroutiers frauduleux et les agents de change ou courtiers qui ont fait faillite, 402 à 404. Travaux forcés à perpétuité contre les agents de change et courtiers convaincus de banqueroute frauduleuse, 404. Travaux forcés à temps contre les fonctionnaires publics et agents du Gouvernement qui auraient aidé les fournisseurs à faire manquer le service des armées, 432. Cas dans lesquels la peine des travaux forcés à temps, ou à perpétuité, est encourue pour menace d'incendie, 436 et 437. Travaux forcés à temps pour pillage ou dégât de denrées et marchandises, commis en réunion et à force ouverte, 440 et 442.

Travaux publics. Peine de quiconque, par des voies de fait, se serait opposé à la confection de travaux autorisés par le Gouvernement, 438.

Tribunaux de police. Voy. *Confiscation.*

Troubles apportés aux cérémonies religieuses. Voy. *Cultes.*

Troupes. Peine de mort avec confiscation de biens contre ceux qui auraient levé des troupes armées sans l'autorisation du pouvoir légitime, 92.

Tutelle. Celui qui a été condamné à la peine des travaux forcés à temps, au bannissement, à la réclusion ou au carcan, est incapable de tutelle et de curatelle, si ce n'est de ses enfants, et sur l'avis seulement de sa famille, 28. La même interdiction peut, dans certains cas, être prononcée par les tribunaux jugeant correctionnellement, 42 et 43. Attentats aux mœurs qui font inter-

U.

V.

me a été commis sur un enfant au-dessous de l'âge de quinze ans, 332. Différentes sortes de peines suivant la classe des coupables, 333.

Violation des Sépultures. Voy. *Sépultures.*

Violences (peines pour) exercées de la part d'un fonctionnaire ou officier public, d'un administrateur, d'un agent ou d'un préposé du Gouvernement ou de la police, d'un exécuteur des mandats de justice ou de jugement, d'un commandant en chef ou en sous-ordre de la force publique, 186. Contre un officier ministériel, ou agent de la force publique, ou un citoyen chargé d'un ministère de service public, 230. Peines plus fortes en cas d'effusion de sang, blessures, maladie ou mort, 231 à 233. Dans le cas même où ces violences n'auraient pas eu de pareilles suites, 232. Peines contre les mendiants ou vagabonds qui auraient exercé quelque acte de violence, 279. Peine pour vol avec violences ou menaces de faire usage d'armes, 382, 383 et 385.

Viviers (empoisonnement de). Voy. *Empoisonnement.*

Vivres. Peine pour avoir fourni des vivres à des bandes illégalement armées, 96.

Voie publique (amende contre ceux qui auraient embarassé la) en y déposant ou laissant des matériaux propres à empêcher la liberté ou la sûreté du passage, qui ne les auraient pas éclairés, ainsi que les excavations, 471.

Voies de fait contre un fonctionnaire ou agent public, 179. Cas dans lequel les voies de fait contre un magistrat donnent lieu contre le coupable à la peine du carcan, 228.

Fin de la Table alphabétique des matières.

A B

www.ingramcontent.com/pod-product-compliance
Lightning Source LLC
Chambersburg PA
CBHW052100230326
41599CB00054B/3530